模糊性治理

县域政府社会冲突治理运作逻辑

樊红敏　马闯　杨曦◎著

中国社会科学出版社

图书在版编目（CIP）数据

模糊性治理：县域政府社会冲突治理运作逻辑/ 樊红敏，马闯，杨曦著. —北京：中国社会科学出版社，2019.12 （2020.6 重印）

ISBN 978-7-5203-5530-8

Ⅰ.①模…　Ⅱ.①樊…②马…③杨…　Ⅲ.①县—地方政府—行政管理—研究—中国　Ⅳ.①D625

中国版本图书馆 CIP 数据核字（2019）第 237247 号

出 版 人	赵剑英
责任编辑	冯春凤
责任校对	张爱华
责任印制	张雪娇

出　　　版	中国社会科学出版社
社　　　址	北京鼓楼西大街甲 158 号
邮　　　编	100720
网　　　址	http：//www.csspw.cn
发 行 部	010 - 84083685
门 市 部	010 - 84029450
经　　　销	新华书店及其他书店

印　　　刷	北京君升印刷有限公司
装　　　订	廊坊市广阳区广增装订厂
版　　　次	2019 年 12 月第 1 版
印　　　次	2020 年 6 月第 2 次印刷

开　　　本	710×1000　1/16
印　　　张	18.25
插　　　页	2
字　　　数	300 千字
定　　　价	98.00 元

凡购买中国社会科学出版社图书，如有质量问题请与本社营销中心联系调换
电话:010 - 84083683

代　序

　　社会冲突及其治理作为一个学术热点，已经流行十多年了。学界在这方面已积累了可观的研究成果。不过，今天看来，其仍有继续深化的空间。因此，我很高兴地看到樊红敏教授的新著《模糊性治理：县域政府社会冲突治理运作逻辑》的出版。在我看来，该书有三个突出的特点：

　　首先，以县为研究单位，别具匠心。以往的中国农村基层研究大多以乡镇或村庄为单位，虽然近年已经出现了一些以县为单位的社会政治研究，但既与县在中国农村政治中的核心地位不相匹配，也与以往的乡村研究不相称。在中国几千年的地方行政制度史中，县是最稳定的行政区划。县既是中国上下分治的治理体制的交叉点，也是中国城乡结构的交汇点。治事与治人，治城与治乡，上下相维，轻重相制，社会治理的种种线索均从县穿越而过，由此而生的社会矛盾和利益冲突也尤为突出。因此，县域政府无疑担负着社会稳定最重要的主体责任。近年来，国家明显加重了县域政府的政治分量。而学界对县域政治的研究也亟待强化。樊红敏教授对县域政治研究有年，现在这部新著以县域政治的社会冲突治理为主题，既是她以往研究的深化，也是对学界一个重要空白的填补。

　　其次，该书以"模糊性治理"为焦点，可谓切中要害。中国的基层治理存在着相当的模糊性，这是人所共知的。但要把这种"模糊"在学理上说清楚，却绝非易事。我们可以从几个层面来理解这种模糊性。首先，模糊在功能上的两面性。从科层制的正常运作来说，讲求的是规则之治、权责明晰，"模糊"属于官僚主义陋习。不过，如果从潜功能的角度来看的话，模糊在中国社会的具体背景下也可以发挥出独特的灵活性功能。其次，模糊在官民上的对称性。我们在解析上访民众的行为动机时常常称其为"机会主义"，却没有意识到，民众的机会主义行径与基层政府的模糊治理行为实际上是相互建构的，是共生互赖的。再次，模糊在机制上的复杂性。这个层面是该书着力分析的，它包含了社会冲突治理的责任泛化机制、非规则化机制和治理交易化机制等。用作者的话来说，"模糊性"已经构成县域社会冲突治理的基本生态。这样的研究发现无疑丰富和深化了对中国基层政治及其权力运作的理论认识。

　　总的说来，《模糊性治理：县域政府社会冲突治理运作逻辑》是一本富于新意和启发的学术力作。我读得比较匆忙，希望这寥寥数语的推荐没有辜负作者的苦心。

应　星

2019 年 8 月 20 日

目　录

第一章　绪论

第一节　研究意义

党的十八大报告强调构建中国特色社会主义社会管理体系，将"创新社会治理"提升至推进国家治理体系和治理能力现代化的战略高度，以专章形式对创新社会治理的目标、方向和任务等进行了全面部署。党的十八届三中全会对全面深化改革作出了新的部署，提出了"推进国家治理体系和治理能力现代化"的新目标，以及创新社会治理，必须着眼于维护最广大人民根本利益，最大限度增加和谐因素，增强社会发展活力，提高社会治理水平，维护国家安全，确保人民安居乐业、社会安定有序。① 党的十八届四中全会进一步指出，坚持依法治国、依法执政、依法行政共同推进，坚持法治国家、法治政府、法治社会一体建设，实现科学立法、严格执法、公正司法、全民守法，促进国家治理体系和治理能力现代化。十八届五中全会提出加强和创新社会治理，推进社会治理精细化，构建全民共建共享的社会治理格局。习近平总书记在 2014 年中央政法工作会议上指出：维权是维稳的基础，维稳的实质是维权，要求通过完善制度来切实维护群众切身利益，强化法律在化解矛盾中的权威地位。2014 年国家信访局印发《关于进一步规范信访事项受理办理程序引导来访人依法逐级走访的办法》，规定引导群众依法逐级走访，明确各级信访机构分级受理来访事项，并再次强调实行诉访分离。习近平在 2015 年中央政法工作会议上指出：各级党委要切实担负起维护一方稳定的政治责任，把

---

① 中国经济网综合：《十八届三中全会〈决定〉、公报、说明（全文）》，中国经济网，2013 年 11 月 18 日。http://www.ce.cn/xwzx/gnsz/szyw/201311/18/t20131118_ 1767104.shtml。

政法工作摆到经济社会发展全局中来谋划，积极研究解决影响政法工作的重大问题。[1] 党的十九大进一步明确了推动社会治理现代化的方略，提出要推动社会治理重心向基层下移；加强法治在社会治理中的运用，要提高社会治理的法治化水平；鼓励多元主体参与治理，完善政府负责、社会协同、公众参与、法治保障的社会治理体制；提高社会治理社会化、智能化和专业化水平。

随着体制转轨与社会转型全面推进，社会结构和利益关系不断分化，民众利益诉求愈加多元，"重要战略机遇期""社会矛盾凸显期""问题不断"等话语成为热词，社会冲突和社会稳定形势依然严峻。从空间上看，社会稳定问题不是中国某个区域的问题，而是一个总体性的问题；从时间上看，它也不是短期内的问题，而是会持续很长时间；从影响上看，地方社会冲突治理这个问题不仅事关社会稳定，而且也涉及影响国家政治、经济、文化与社会等诸多方面的制度建设。由于中国上下分治的独特稳定机制，县域政府是治民权的承担者，也由于县域在国家治理体系中的"接点"[2] 位置，是直接与农村社会连接的一级政府，也是社会矛盾的集聚点，激增的社会矛盾与利益冲突往往在县域层面产生，并最终在此化解，而县域政府是社会冲突治理的主要责任者和维稳前沿阵地。在当下社会结构转型和国家治理现代化的框架下，县毫无疑问是置于整个政治行政系统的薄弱环节和脆弱地带，换言之"国家治理，成在县，败也在县"。日益严峻的社会冲突形势、互联网的激化和扩散效应、基层信访和群体冲突事件数量居高不下，迫使政府与社会公众反思当前基层社会治理制度体系的有效性、合法性和可持续性。面对中国基层社会治理模式面临的巨大挑战，基于权利的社会冲突治理机制正在发生怎样的变革，应该如何变革，如何进行调适治理，如何建立能将社会抗争制度化的良性的国家与社会关系，从而实现长治久安，并进而提出县域社会冲突治理制度化的发展方向及可行性政策建议，是本研究的现实关切，也是本研究的问题意识。

---

① 新华网：习近平就政法工作做出重要指示，新华网，2015 年 1 月 20 日。http://news.xinhuanet.com/politics/2015 – 01/20/c_ 1114065786.htm。

② 曹正汉：《中国上下分治的治理体制及其稳定机制》，《社会学研究》2011 年第 1 期；徐勇：《"接点政治"：农村群体性事件的县域分析——一个分析框架及以若干个案为例》，《华中师范大学学报》2009 年第 6 期。

第二节 县域社会冲突形势及治理特征

一 维权抗争和信访拥堵严重

尽管国人的权利观念与西方有差异，但随着中国现代法治秩序的建立，以权利为基础的政治社会秩序已经成为国家和民众的共识。市场经济转型和互联网的快速发展，使利益诉求日益多元化，民众权益维护意识和表达参与能力不断提升。以互联网为代表的新媒体对公民的主体性和草根权力的生成进行了赋权和再构，公民权利意识和参与意识增强，据 2017 年社会治理河南省协同创新中心对全国 28 个省（区、市）社会治理情况进行的综合调查结果显示，与其他人发生矛盾纠纷时，58.6% 的居民选择法律途径解决，23.9% 的居民选择找居委会解决，21.4% 的居民选择寻求民间调节组织协调解决，仅有 23.6% 的居民选择"忍了算了"，可见当居民的权益遭受不合理侵害时，超过 70% 以上的居民会选择自觉站出来维护自己的权益。

进入了"全民维权时代"，但民众的正当权益却没有得到有效的维护。2017 年社会治理河南省协同创新中心的综合调查结果显示，58.53% 的民众认为自身正当权益得到维护的情况一般，认为"比较差"和"很差"的分别占 15.21% 和 1.84%，仅有不到四分之一的居民认为正当权益维护情况"非常好"和"比较好"。而在居民寻求当地派出所解决纠纷的过程中，有 48.26% 的居民认为派出所公正程度一般，认为"不太公正"和"很不公正"的分别占 10.27% 和 1.94%，仅有 39.53% 的居民认为本地派出所化解矛盾纠纷时"非常公正"和"比较公正"。权力公平状况不佳成为持续不断的维权抗争冲突的隐患，民众进而选择通过信访寻求"庇护"，信访拥堵现象凸显。近年来信访一直处于拥堵和过载的状态，我国的信访量一直在高位运行，且无理访、缠访、闹访成为信访治理的毒瘤，难以有效根治。在随机信访访谈的 132 个案例中，信访事由多为土地纠纷、经济类纠纷，其余依次为社会保障、拆迁安置、干部作风、社会纠纷、历史遗留等问题；信访对象以政府部门居多，大多数是民告官，且原发型信访占多数；信访解决周期长，一半以上超过 3 年；访民制度意识较强，认为信访可以解决问题，但事实上过半的信访案例没有解决，访民普遍对信访结果不满意①。

从群体社会抗争形势来看，群体性事件类维权行动此彼起伏。据较为保守的估计，全国群体性事件自 1993 年以来增加了 20.6 倍，从最初的 8700 起增加到 2011 年的 127460 起。② 中国社科院单光鼐的研究认为，近年来中国每年的群体性事件在 10 万—12 万之间，属于上不去下不来的状态。③ 群体性事件的参与主体多以社会身份、职业身份而不是以阶级身份投入，具有时间短、规模小、组织化程度低的特点，且大都以追求具体、特殊的经济民生、利益诉求为主。尽管如此，地方政府在信访治理和群体性事件应对中，却反映出治理能力和治理水平不匹配的状态。从信访治理来看，当前中国多数访民呈现原子化状态，对信访的治理呈现出断裂式状态，信访具有非理性特点。随着政府在防止社会抗争和处置群体性事件资源空间的大大拓展，调控手段更为灵活多样，但这些资源运用和手段基本上都是权宜性的，这些行为虽然在某种程度上有助于短期遏制群体性抗争行动的蔓延，但是也促进形成了"越维稳越不稳"的恶性循环。社会治理河南省协同创新中心 2017 年综合调查数据显示，0.97% 和 18.90% 的居民认为当地有关矛盾纠纷化解的制度规范或村规民约"非常完善"和"比较完善"，34.59% 的居民认为"一般"，45.54% 的居民认为"不太完善"和"没有"，仅有不到 20% 的居民认为当地矛盾纠纷化解制度较为完善，居民维权的制度建设需进一步加强，县域政府回应社会矛盾的解决要进行制度化建设，需要增强体制容纳矛盾和冲突的能力，提高用制度化方式解决矛盾和冲突的能力。④

二 经济和社会矛盾政治化

经济领域社会矛盾凸显。当前随着经济社会的发展，城镇化进程的加

---

① 资料来源：课题组对 2015 年—2017 年信访访谈专项调查案例的统计分析。

② Jae Ho Chung, "Managing Political Crises in China: The Cases of Collective Protests," in Jae Ho Chung (ed.), China's Crisis Management (London: Routledge, 2011), p. 25 - 42.

③ 引自单光鼐在 2016 年郑州大学社会治理河南省协同创新中心举办的社会冲突治理高端论坛上发言。

④ 孙立平：利益表达制度化之路，经济观察报，2010 年 5 月 21 日。http://www.eeo.com.cn/observer/dajia/2010/05/28/171201_1.shtml。

快，农民土地的大规模征用和合理土地补偿安置、农民不断增加的非农化要求与城市就业难以及城乡居民需求差异之间的矛盾不断积聚，各地出现了大量的土地征用、房屋拆迁、征地补偿费、债务等纠纷，并呈现不断上升的趋势。2017 年 3 月，社会治理河南省协同创新中心对全国 28 个省（区、市）社会治理情况进行的综合调查结果显示，近五成的居民认为最能引起社会冲突的事件为征地拆迁补偿、医疗纠纷和土地征用，可见当前经济领域矛盾突出。而城镇化进程中出现的大量拆迁补偿、征地补偿费、土地经营权、承包权等经济领域的纠纷，不断引起人身伤害纠纷、健康权纠纷、劳资等社会矛盾纠纷，甚至引发群体性事件，给社会稳定带来巨大压力。

社会矛盾政治化。社会矛盾不断凸显的同时，矛盾冲突政治化的现象也尤为突出，即社会矛盾本身并非政治性质，但最终却被政治化处理。近年发生的社会矛盾和冲突，多在征地、拆迁、劳资、劳工权益等方面，本质上属于人民内部矛盾范围内的利益矛盾冲突。政府部门在处理频发的社会矛盾中出现两种现象，一是将经济、社会矛盾政治化或意识形态化，不恰当地上升为影响危及国家基本制度和社会稳定的政治问题，一旦出现大规模抗议或者采取自焚等其他极端方式时，政府不得不将其作为社会治理对象进行稳控，将民众的利益表达与社会稳定对立起来，将公民正当的利益诉求和表达视为不稳定因素；二是政府又承担了大量的无限责任。为了确保绝对稳定，各级政府不得不承担"全能保姆"的角色，包揽了政府职责以外的社会治理责任。这就给民众一种误导性的预期，一些个体或者集体不通过合理合法的法律途径，而是通过法律外的方式、甚至诉诸暴力来表示与发泄不满，即"大闹大解决，小闹小解决，不闹不解决"，使得社会上的矛盾冲突更加激化，社会愈加不稳定。此外，伴随着地方各级政府普遍开始设立"信访专项基金"等，"花钱买稳定"的方式也变得普遍起来，这一"权宜性治理"方式就导致谋利型上访群体产生，增加了矛盾化解的难度。

地方社会冲突信访化。当前，信访是我国民众经常采用的抗争手法之一，由于我国独特的制度环境，信访行动与其他社会抗争形式之间的界限比较模糊，常常相互转化，作为一种在意识形态上得到承认，在制度上有独特安排的社会行动，信访行动成为社会抗争的一种独特景观。而地方政府也通过信访机制应对社会抗争与社会冲突。一方面，由于信访的门槛相对较低，较为便捷，加之网上信访以及采短信、传真、电子邮件等形式向国家机关反映利益诉求等方式，使信访渠道也变得多样化、便捷化，民众形成了对信访的制度依赖，越来越"热衷"于通过上访来表达利益诉求，不断加剧了信访的压力，进而形成了信访与法治的冲突。另一方面，信访作为民众触摸国家权力的快捷方式，地方政府在抗争回应方面，也已经形成了以信访为中心的矛盾化解机制，如领导包案制度、信访排查制度、信访稳控制度、信访结案制度、信访考核制度等，地方政府社会冲突治理法治化面临挑战。

三　利益群体组织化趋势加强

社会矛盾的利益主体不断扩展，利益群体不断增多。随着社会利益格局调整幅度越来越大，涉及的利益主体范围不断扩展，触及的利益层面一步步加深。工人、农民、农民工、教师、专业技术人员、个体工商户、私营企业主、国家与社会管理者、企业军转干部、部队退役人员、无业人员、下岗人员、残疾人等社会各个阶层，都在不断形成利益群体，近期又出现了退伍专业军人等比较活跃的特殊群体。另有数据显示，1996 年以来，环境群体性事件数量以年均 29% 的速度递增[1]。同时，暴力恐怖事件、个人极端和报复社会事件也不容忽视。

从群体行动渠道来看，除了选择信访等制度化的渠道以外，利益群体通过联合行动以非制度化渠道和方式主张诉求并利用媒体维权的现象越来越多。比如拉横幅、静坐、下跪等方式请愿并上传网络，拦截、堵塞交通，围堵、冲击政府机关，以及召集媒体召开新闻发布会等方式越来越普遍，选择在元旦、春节、五一、国庆等重大节日和全国"两会"、党代会等敏感时期采取行动也日益常态化。面对越来越大的社会稳定压力，如何将这些非制度化的利益表达行为转化为制度化利益表达行为，成为更为复杂的问题。

---

① 光明网评论员：《环境群体事件年均递增 29% 说明什么》，光明网，2012 年 10 月 29 日。http：//cpc. people. com. cn/pinglun/n/2012/1029/c78779 - 19420176. html。

　　随着利益群体组织化程度不断提高，利益群体的诉求表达和抗争不断呈现新特点、新形势，对地方政府回应也产生了极大的挑战。一是在信息联络与社会动员上，社交媒体的运用程度越来越高，新媒体与民众维权抗争的互动性愈加紧密，越来越多的民众通过线上组织形成了策划、招募、安排、总结甚至发放报酬的一整套流程，线上安排与线下实施的同步推进，这就要求政府有效预防，及时应对，给地方政府的前瞻预警能力带来挑战。二是组织化的民众抗争或群体性实践具有明确的行动目的，容易转化为政治性事件，如果政府回应不当，极易产生难以控制的局面，这就对地方政府回应的策略、技术以及应对能力提出了更高的要求。

四　社会冲突网络化倾向明显

　　根据中国互联网信息中心（CNNIC）于 2019 年 2 月 28 日在北京发布的《第 40 次中国互联网络发展状况统计报告》显示，截止到 2018 年 12 月，我国的互联网普及率已经达到 59.6%。网民上网设备中，手机使用率达 98.6%，网民手机上网比例在高基数基础上进一步攀升。[①] 移动互联网为网民随时随地传播、围观、追踪、聚焦公共事件，提供了更便利的渠道和舆论场，成为公民表达的重要出口和信息传播平台。2018 年上半年，国家信访局受理的网上信访占比已超过 50%，国家信访局移动端信访占网上信访量七成以上，许多省份网上信访也占到信访量的一半以上，网上信访已成为群众信访主渠道[②]。群众通过互联网表达利益诉求的趋势明显，社会不稳定因素空前放大。

　　互联网的匿名性和互动性，使互联网成为集体行动动员的热土，社会冲突网络化倾向明显。一些利益群体利用网络网站、社区论坛、QQ 群、博客和手机短信等方式，发动人员，进行组织活动。省政法委的监测数据显示，郑州、洛阳、安阳、新乡等地担保公司客户已建立维权 QQ 群 550 多个，涉及 50000 多人。一旦有网络舆情事件发生，国内、省内就有不少民众通过 QQ 群、微博进行积极讨论，大胆发表自己的观点，并组织一些

---

① 中国互联网络信息中心：《第 40 次中国互联网络发展状况统计报告》，2017 年 8 月 4 日。

② 《去年全国信访总量同比下降 1.2%》，人民网，2017 年 1 月 16 日，http://legal.people.com.cn/n1/2017/0116/c42510 - 29024412.html。

群体性活动。这些情况表明，当前社会冲突越来越呈现出网络化动员特征，如果不加重视，就会发生"蝴蝶效应"，酿成重大影响社会稳定的事件。

社会冲突不断通过网络平台凸显、放大，对政府与民众的互动也提出了新的要求。然而，当前县域政府在解决网络化的社会冲突过程中，仍然以传统的"开口子""拔钉子""捂盖子"等策略性方式为主，解决手段呈现明显的两极特征，一是以花钱买稳定来"摆平"社会冲突。数据显示，近年来中央公共安全支出逐年增加，从 2008 年的 875.77 亿元增加到 2016 年的 1668.15 亿元，如果算上地方支出，这一数字更加庞大。二是以强制性手段解决矛盾冲突，实现县域社会表面上的绝对稳定。总体来看，县域政府与民众诉求和抗争之间以非制度化的、被动解决矛盾冲突为主，缺乏制度化的互动。

第三节   文献回顾

社会稳定不仅是一个需要认真对待的难题，也日益成为学界关注的论题，越来越多地受到学界的关注和重视，对本书有启发和借鉴意义的主要包含在县域治理、政府社会冲突治理以及基层民众社会抗争的相关研究中，这些研究以多学科、多视角的态势，产生了丰富的研究成果，主要包括以下三个层面：

一   地方政府角色研究

一是经济学视角对地方经济发展中角色与行为的研究。在很多学者看来，我国改革开放后，尤其是财政分税制改革以来，地方政府不再完全是上级或中央政府的命令执行者，政治忠诚也不再成为支配地方政府行为的关键逻辑。[①] 中央与地方关系上呈现出"财政联邦主义"特征。[②] 更多学

---

① 钟伟军：《地方政府在社会管理中的"不出事"逻辑：一个分析框架》，《浙江社会科学》2011 年第 9 期。

② "财政联邦主义"由钱颖一等人提出，主要来解释地方政府在发展经济中的激励问题，Gabriella Montinola, Yingyi Qian and Barry R. Weingast. Federalism, Chinese Style: the political basis for economic suc－cess in China. Britain: Cambridge University Press, 1995, p. 50－81.

者从地方政府之间的竞争、地方政府的制度创新等方面对地方政府在我国经济发展中的角色和作用进行了富有洞察力的解释。提出了"地方法团主义""地方政府即厂商""地方性市场社会主义""村镇政府即公司"等解释模式,如戴慕珍提出的"地方政府法团主义"认为地方官员是市场取向的代理人和行动者,完全像一个董事会成员那样行动,并通过各种行政手段介入企业的经营运作,获得更多利润。[①] 曹正汉和史晋川则比较了我国改革开放过程中地方政府发展理念的不同特征,提出当前我国地方政府行为目标和行为原则是"抓住经济发展的主动权",即在我国转向市场经济的过程中,地方政府的演变方向不是单纯的公共服务政府,而是从整体上控制和经营地区经济。[②] 周飞舟提出影响政府行为的"软预算约束"因素,试图以此分析土地征用和开发中的地方政府收入和地方政府行为,理解转型期地方政府行为的特点和模式。[③] 折晓叶关注了分税制改革后县域治理的模式,提出"县域统合化治理"解释框架,认为借助"项目平台",通过行政审批权获得对土地等核心资源的垄断权力,通过政治动员发挥主导力量,通过公司制承担经济发展主体的角色,县域政府的权力、意志、绩效三者空前地互为推动,[④] 产生出新的活力。这种统合治理模式使得政府的能量和作用远远超出以往研究对其的定位。

二是从管理学角度关于地方政府行为的解释框架。典型的有"压力型体制""晋升锦标赛""逆向软预算约束"以及"政权经营者"等概念。荣敬本等提出的"压力型体制"认为中国各级政府是在各种压力的驱动下运行的,压力型体制是传统的动员体制在市场化、现代化新背景下的变形。[⑤] 与之相对应,张静的研究关注了基层政权的自主性,她提出的"政权经营者"概念认为当前基层政权的所为已远远超出了它的名分之

---

① Jean C. Oi: The Role of the Local State in China's Transitional Economy, *The China Quarterly*, No. 144, 1995, pp. 1132 – 1149.

② 曹正汉、史晋川:《中国地方政府应对市场化改革的策略:抓住经济发展的主动权》,《社会学研究》2009 年第 4 期。

③ 周飞舟:《生财有道:土地开发和转让中的政府和农民》,《社会学研究》2007 年第 1 期。

④ 折晓叶:《县域政府治理模式的新变化》,《中国社会科学》2014 年第 1 期。

⑤ 荣敬本等:《从压力型体制向民主合作体制的转变——县乡两级政治体制改革》,中央编译出版社 1998 年版。

外，它并非代表国家、依据国家的规则管理乡村生产资源，而是发展出自己的规则，它是一个具有官方身份、同时又具有自己政治经济利益的组织。① 周黎安运用激励理论来解释地方政府行为，认为"晋升锦标赛"模型作为一种横向竞争晋升模式，是指上级政府为下级各政府部门的行政者设立的晋升竞赛，竞赛的标准由锦标赛的发起者——上级政府制定，有可能是地方的 GDP 增长率，也有可能是其他的可以度量的指标，最终符合考量标准、竞赛优胜者获得晋升。② 同时，在纵向政府间关系上，他提出"行政发包制"的理论框架，指出纵向的行政发包制使基层地方政府最终承包了几乎所有的政府事务，成为最后的执行者和实施者。③

　　三是从组织行为学角度提出了关于政府行为的解释框架。周雪光的"共谋"解释模型认为，基层上下级政府在执行上级部门政策时，常常"共谋策划、暗度陈仓"，以应付政策要求及检查，并认为这种制度化了的非正式行为具有深厚的合法性基础，是制度环境的产物。④ 周飞舟从财政和税赋制度入手，对基层政府行为模式进行探讨，提出基层"悬浮型"政权模式，认为当前基层政府的行为模式和基层政权均发生了变化，行为模式从"要钱""要粮"变成了现在的"跑钱""借债"，而基层政权由以前的"汲取型"政权变成了"悬浮型"政权，基层政权与农民关系变得更为松散。⑤ 贺雪峰、欧阳静等观察到了乡镇政权运作所遵循的"不出事"逻辑，进而指出乡镇实际上是围绕中心工作开展治理，乡镇政权因为缺乏回应乡村社会治理需求的主动性与能力，只能借助各类策略性的权力技术，应对一些危及乡村社会稳定的突发事件，使其呈现出"维控型"的体制特征。⑥ 樊红敏从结构、行为、变革三个问题域来透视县域维稳的治理逻辑，通过呈现县级政权维稳的理念、机制以及行为，指出县域政府

　　① 张静：《基层政权——乡村制度诸问题》，浙江人民出版社 1998 版。

　　② 周黎安：《中国地方官员的晋升锦标赛模式研究》，《经济研究》2007 年第 7 期。

　　③ 周黎安：《行政发包制》，《社会》2014 年第 6 期。

　　④ 周雪光：《基层政府间的"共谋现象"——一个政府行为的制度逻辑》，《社会学研究》2008 年第 6 期。

　　⑤ 周飞舟：《从汲取型政权到"悬浮型"政权》，《社会学研究》2002 年第 1 期。

　　⑥ 贺雪峰：《基层治理中的"不出事"逻辑》，《学术研究》2010 年第 6 期；欧阳静：《"维控型"政权：多重结构中的乡镇政权特性》，《社会》2011 年第 3 期；欧阳静：《压力型体制与乡镇的策略主义逻辑》，《经济社会体制比较》2011 年第 3 期。

所遵循的维稳逻辑是权宜性治理的逻辑。① 王汉生、王一鸽分析了地方党政工作中的"目标管理责任制",提出其不同于一般的科层管理体制,是在当代国家正式权威体制的基础上创生出的一种实践性的制度形式,具有鲜明的权威关系特征,体现出了当前基层政权的实践逻辑。② 托马斯·海贝勒用"地方干部战略性群体"分析框架考察地方政府在政策执行过程中的群体行为和能动性,他将县乡领导干部,尤其是地方党政机关的党委书记和其他主要领导干部等称为县乡"战略性群体",提出地方精英和地方干部服从中央意志的实践过程,即是这一群体内部的目标导向型合作(goal – oriented cooperation)和自我认知(self – perception)的过程。③

二 地方政府维稳研究

国内学者从多个进路对政府维稳行动进行了解释。一些学者提出了政府维稳行为的"运动式治理"模式。冯仕政的研究深刻透视了1949年以后国家社会治理模式的形成和特质,提出运动式治理的基本特征是非制度化、非常规化和非专业化,④ 强调运动式治理不可能永续发展,只能与常规社会治理方式交替发生。周雪光通过对中国传统中华帝国以来的运动型治理机制的深入研究,提出中国运动式治理是建立在特有的、稳定的组织基础和象征性资源之上,他更强调科层制常规机制和运动型治理动员机制两者之间存在着紧张和不兼容性,运动型治理机制意在替代、突破或整治原有的官僚体制及其常规机制。⑤ 李里峰、唐皇凤、郭小安等通过对"土改运动"治安专项治理中"严打"及其他"集中整治活动"等的分析,指出"运动式治理"是中国社会治理中较为常见的一种治理方式,对于

---

① 樊红敏:《转型中的县域治理:结构、行为与变革》,中国社会科学出版社2013年版。

② 王汉生、王一鸽:《目标管理责任制:农村基层政权的实践逻辑》,《社会学研究》2009年第2期。

③ [德]托马斯·海贝勒、舒耕德:《作为战略性群体的县乡干部——透视中国地方政府战略能动性的一种新方法(上)》,《经济社会体制比较》2013年第1期。

④ 冯仕政:《中国国家运动的形成与变异——基于政体的整体性解释》,《开放时代》2011年第1期。

⑤ 周雪光:《运动型治理机制:中国国家治理的制度逻辑再思考》,《开放时代》2012年第9期。

理解中国社会治理模式提供了具有很强解释性的框架和分析概念。① 樊红敏等提出了县域政府动员式社会治理解释框架，认为县域政府在社会冲突治理中，通过建立混合型的组织、制度和网络，使运动型治理成为县域社会治理常规机制的一部分，并使运动式治理从一种动员机制演化为常规机制。②

一些学者解释了政府冲突治理的行为逻辑。应星分析了基层政府应对冲突时"拔钉子—开口子—揭盖子"的政府摆平术，认为这三种技术在很长一段时间里一直是维稳的基本手段，但随着博弈的持续，"拔钉子"与开口子之间的张力日趋增强。③ 郁建兴、黄飚指出，在"上下分治"以及"经济发展主义"和"有限任期""一票否决"等体制机制的共同影响下，地方政府处理社会抗争既缺乏制度框架内的方式，又迫于上级压力惮于使用刚性压制方式，因此在应对社会抗争事件时被动消极地履行社会管理职能、选择性应对，以尽量实现属地社会表面上的暂时性稳定的"摆平"策略成为当代中国地方政府应对社会抗争事件的主要行为策略。④陈发桂指出了当前基层政府维稳行动逻辑的"体制化运行"特征，即维稳主要以体制内资源为支撑、以体制内的评价为向度及以体制内的管控为手段，强调对维稳对象的控制、对上级机关的负责、忽视公众的有效参与与价值选择。⑤ 聂军、柳建文则从政府属性的视角，认为政府作为一个具有公共性和自利性属性的矛盾统一体，在维稳行动中可能采取了增进政府私利的"自利性"维稳行为，针对此问题需要基层政府从维稳理念和制

① 唐皇凤：《常态社会与运动式治理：中国社会治安治理中的"严打"政策研究》，《开放时代》2007 年第 3 期；李里峰：《运动式治理：一项关于土改的政治学分析》，《福建论坛》2010年第 4 期；郭小安：《从运动式治理到行政吸纳——对网络意见领袖专项整治的政治学反思》，《学海》2015 年第 5 期。

② 樊红敏、周勇振：《县域政府动员式社会治理模式及其制度化逻辑》，《中国行政管理》2016 年第 7 期。

③ 应星：《大河移民上访的故事》，三联书店，2001 年版。

④ 郁建兴、黄飚：《地方政府在社会抗争事件中的"摆平"策略》，《政治学研究》2016年第 2 期。

⑤ 陈发桂：《基层维稳的行动逻辑：从体制化运行到社会化运行》，《理论与改革》2011 年第 6 期。

度设计创新改革方面做出努力。①

　　关于信访治理的研究也产生了一大批成果。申端锋分析了基层政府冲突化解中的"分类治理"行为，指出基层政府运用各类手段对治理对象即农民做出区分，以达到有效治理，基层政权已经形成了一套以村庄结构和舆论为标准的新的分类体系。② 刘正强从中国信访制度的承载力入手，对当前信访"爆棚"现象作出了基础性、还原性的解释，以回归价值中立经典立场，在悬置对访民的价值判断基础上，借由扩展型信访和原发型信访比对的类型化方式，揭示"信访＋"的扩展、衍生逻辑及其消长机制，超越杂多的分类，为理解当前中国信访现状、特别是形成新的信访治理结构提供一个新的解释框架。③ 尹利民等区分了信访过程中的政府行为与信访人行为，并基于理性选择理论，认为政府信访治理过程中注重治理的结果，忽略治理过程，突出治理策略，排斥治理原则的"适应性"治理方式是造成当前中国信访"治访循环"现象的主要原因，并提出未来信访治理需要向"包容性治理"转型的发展方向。④

　　一些学者就政府维稳开展了对策研究。孙立平等人提出现有的维稳思路和工作方式不但难以化解社会矛盾和冲突，反倒导致越维越乱的恶性循环，要实现社会和谐和稳定，必须转变思路，以法治为核心，积极推进市场经济条件下利益均衡与利益表达的制度化建设。⑤ 张荆红观察到了地方政府维稳与维权的高成本困境，指出这一困局的根源在于政府现有民权观与稳定观之间的深层次矛盾，即政府对民众个体权益的忽略与对社会稳定问题的过敏之间的矛盾，进而提出确立正确的稳定观与权利观、降低民众

　　① 聂军、柳建文：《基层政府维稳行为分析：政府属性的视角》，《社会主义研究》2013年第6期。

　　② 申端锋：《乡村治权与分类治理：农民上访研究的范式转换》，《开放时代》2010年第6期。

　　③ 刘正强：《扩展型信访：对中国信访僵局的一个基础性解释》，《思想战线》2015年第4期。

　　④ 尹利民：《"包容性治理"何以可能——对中国基层信访治理形态嬗变的分析》，《学习论坛》2017年第1期。

　　⑤ 清华大学社会学系课题组：《以利益表达制度化实现长治久安》，《学习月刊》2010年第9期。

体制内维权成本、梳理清楚维权与维稳的关系等政策性建议。[1] 针对维稳困境，于建嵘提出了"刚性稳定"这一解释框架，他认为当前的"压力维稳"现象，具有事后处理胜过源头预防、重视基层实战、政绩挂钩、成本投入大等四个方面的特征，针对"刚性稳定"状况，维稳必须要有新思维，变刚性稳定为韧性稳定，变静态稳定为动态稳定，变"维稳"为"创稳"。[2] 朱德米通过阐释维权与维稳的内在一致性，提出将群体性行动释放出的能量转化为实质性的公民参与，是"维稳"模式转变的关键点。[3] 何跃军重新审视了维稳过程中政府与公众的关系，提出重视公众在维稳中的主体作用，扩大维稳的公众参与，以实现社会真正稳定。[4] 舒刚从建构新的维稳理念出发，提出应构建动态发展的政治稳定观，从维稳模式上实现政府和社会组织的合作治理，为维稳行动提供可持续的理论指导，增进维稳战略的科学高效。[5] 刘正强认为我国当前的信访策略实际上是把"维稳"原则工具化，其结果就是信访从原本该是社会治理的手段成为被治理的对象，"去政治化"带来信访的政治"掏空效应"，泛政治化、民粹主义极易演化成为一些政治偏执型访民的心理支持系统，从而实现反向的政治动员并带来巨大社会风险。提出应回归信访制度的经典设计，重建信访的政治属性，使信访制度重回调整国家与社会之间关系的这一枢纽位置。[6] 刘正强提出"理想容量"和"现实容量"两个解释框架，从信访的"容量"视角来描述当前的信访困局，认为信访制度已经"爆棚"，自上而下的"维稳"压力强化了基层高位、高危的运行区间的"筑坝"定势，当前应充分利用制度调整的"窗口期"，建立多级信访拦截和

① 张荆红：《"维权"与"维稳"的高成本困局：对中国维稳现状的审视与建议》，《理论与改革》2011 年第 6 期。

② 于建嵘：《当前压力维稳的困境与出路——再论中国社会的刚性稳定》，《探索与争鸣》2012 年第 9 期。

③ 朱德米：《构建维权与维稳统一的制度通道》，《复旦学报（社会科学版）》2014 年第 1 期。

④ 何跃军：《维稳的现实考察与法治反思》，《华东理工大学学报》2011 年第 1 期。

⑤ 舒刚：《从政治稳定到政治安全——转型期中国维稳战略的创新性转换》，《华中师范大学学报（人文社会科学版）》2013 年第 3 期。

⑥ 刘正强：《重建信访政治——超越国家"访"务困境的一种思路》，《开放时代》2015 年第 1 期。

过滤设置，松动信访治理的属地责任，以有效减少信访存量为目的，形成具体运作机制，缓解信访制度的压力。① 蒋俊杰认为传统科层体制的管理模式与社会冲突的跨界特征之间形成了强大的结构性张力，因而，要实现对社会冲突的系统治理、源头治理和动态治理，需要引入跨界治理理论，建立中央政府层面的跨区域利益协商和平衡机制，搭建地方政府间的经常性对话机制，形成层级政府间的授权和信息共享机制，构建跨政府、市场和社会的合作式治理模式等。②

三　民众维权抗争研究

20 世纪 90 年代以来，维权抗争研究逐渐成为学界越来越关注的焦点性问题，从抗争主体的角度看，已有的研究既关注了个体抗争如上访的研究，也关注了群体抗争如群体性事件、集体上访等；从研究内容上来看，已有的研究涉及环境抗争、征地拆迁、社会保障权益维护、社会纠纷等。许多学者纷纷提出自己的解释框架解释民众的维权抗争行为如"依法抗争""以法抗争""气"等解释框架。

一是将公民抗争视为民众维护"权利""权益"的理性抗争过程，对社会抗争行为的解释。最早的解释框架是由欧博文、李连江两人提出的"依法抗争"，"依法抗争"是指农民依据相关法律要求地方政府纠正其行为，进而达到维护自身权利的目的，其中相关的法律包括了中央政府颁布的相关文件、政策和法律。③ 于建嵘试图通过"以法抗争"来解释公民抗争行为，认为"以法抗争"指农民通过利用法律和政策，组织起来表达明确的政治权利要求，并明确针对县乡政府，是一种旨在宣示和确立农民这一社会群体抽象的"合法权益"或者"公民权利"的政治性抗争。④ 应星提出了"草根动员"和"气场"的解释框架，来解释当前民众维权抗争行为，"草根动员"机制这一

---

① 刘正强：《信访的"容量"分析——理解中国信访治理及其限度的一种思路》，《开放时代》2014 年第 1 期。

② 蒋俊杰：《跨界治理视角下社会冲突的形成机理与对策研究》，《政治学研究》2015 年第 3 期。

③ 李连江、欧博文：《中国农民的依法抗争》，香港：太平洋世纪研究所 1997 年版。

④ 于建嵘：《当前农民维权活动的一个解释框架》，《社会学研究》2004 年第 2 期。

解释框架认为，草根行动者是一个既不完全认同于精英、也不完全代表底层，而是有着自身独特行动目标和逻辑的行动者。他们所进行的草根动员，使农民群体利益表达机制在表达方式的选择上具有权宜性，在组织上具有双重性，在政治上具有模糊性。草根动员既是一个动员参与的过程，也是一个进行理性控制并适时结束群体行动的过程。农民工的维权大多是非常规性的和非体制内的，这一维权方式被归纳为"非制度化维权"。① 吴毅用"权力—利益结构之网"解释人民群众的上访行为，"权力—利益的结构之网"从场域而非结构的角度进行分析，认为在以官权力为核心来配置社会资源与编织关系网络的乡村社会，任何具体场域中农民的利益表达行为，都不可能仅仅是对单纯的利益损益和权利意识的回应，而必然是经由这些无法躲避的权力与利益之网过滤的产物。农民维权行动受到"权力—利益的结构之网"的限制。② 徐增阳从"归属感""剥削感""权益保障水平"三方面分析了农民工群体"非制度化维权倾向"的影响因素。③ 祁冬涛等认为民众的上访行为实际上是一种非制度性或制度外的政治参与形式，因而构建了"非制度性参与"的解释框架来解释民众的上访问题。④

　　二是从国家与民众互动的视角，解释民众维权与国家治理的互动逻辑。尹利民提出了"策略性均衡"解释框架，指出了当前的民众抗争和维权的行为蕴含着国家与民众的关系，并在其背后隐藏着相应的政治逻辑。对此尹认为策略性均衡的节点在于达到某种动态平衡，即国家与民众在相互策略性行动中达到的一种动态性平衡。⑤ 肖唐镖将研究的焦

---

① 徐增阳、姬生翔：《农民工非制度化维权倾向的影响因素研究——基于全国 1554 个农民工样本的分析》，《中国软科学》2015 年第 1 期。

② 吴毅：《"权力—利益"的结构之网与农民群体性利益表达的困境》，《社会学研究》2007 年第 5 期。

③ 徐增阳：《农民工非制度化维权倾向的影响因素研究》，《科技与社会》2015 年第 1 期。

④ 祁冬涛：《政治参与视角下的集体上访和村民自治——对当代中国农村政治参与和制度性变迁的个案研究》，《乡村中国评论》第 2 辑，山东人民出版社 2007 年版。

⑤ 尹利民：《策略性均衡：维权抗争中的国家与民众关系》，《华中科技大学学报（社会科学版）》2010 年第 5 期。

点聚集于"政府回应",从"维稳体制"和"维稳技术"两方面对政府维稳进行综合性考察,其中"维稳体制"是指相对结构化的"维稳"体制、机制,"维稳技术"包括了各种政策,其特点是相对灵活。肖认为政府回应体制是一种"全员动员"体制,由于缺乏应有的法律指引和专业规范,政府回应一直处于"压力型的运动式治理"状态。相对于固化的维稳体制相比,维稳技术相对灵活,是一种仍然主要依靠人治而非法治的"流动着的治理"。① 焦长权提出"水利上访"这一概念,阐明了农民上访行为中的非政治化特征,即农民在关于农田水利的问题而上访的过程中的行为表现出求援国家性质而不是政治抗争性,这代表了农民的国家观念,也是解释水利上访农民采取求援国家行为的心理文化机制。② 王德福认为,目前在农村发生的群体性事件出现了新的特征,即上访的农民通过集体性行动向基层政府施压来谋取自身利益。王认为国家惠农政策的激励导致了农民产生利益诉求,其形成的心理和文化基础是农民的国家观,高压维稳的政治生态则为其利益诉求提供了制度空间。③ 田先红建构"谋利型上访"这一概念,认为国家对稳定的担忧、维权话语的衬托以及信访维稳工作原则和底线的丧失,催生了日益蔓延和庞大的谋利型上访群体。基层信访治理已经超越了单纯的上访钉子户治理问题,而裹挟着更为浓厚的治理"谋利型上访"尤其是上访专业户的色彩。④ 关于互联网在抗争行动中所扮演的角色,黄荣贵认为互联网是中性的,对于草根,互联网可以是其行动的充权手段,对于政府,互联网也可以是其自我调节的工具,政府和社会之间的互动决定着互联网对抗争行为的实际影响。⑤

① 肖唐镖:《当代中国的维稳政治沿革与特点——以抗争政治中的政府回应为视角》,《学海》2015年第1期。

② 焦长权:《政权悬浮与市场困局:一种农民上访行为的解释框架》,《开放时代》2010年第6期。

③ 王德福:《政策激励型表达:当前农村群体性事件发生机制的一个分析框架》,《探索》2011年第5期。

④ 田先红:《从维权到谋利——农民上访行为逻辑变迁的一个解释框架》,《开放时代》2010年第6期。

⑤ 黄荣贵:《互联网与抗争行动:中国经验与研究进展》,《社会学研究》2010年第2期。

　　三是关于维权策略的研究。如徐昕、王洪伟等提出的"以死抗争""依弱者身份抗争""依势抗争"等结构类似的概念。徐昕考察了以讨薪行为为中心的农民工维权时"以死抗争"的现象，认为农民工自杀式抗争，是一个符合经济逻辑的理性选择，也是一项极其昂贵且成功率偏低的策略行为，以生命为赌注的社会控制机制。①

　　王洪伟认为当代中国底层社会抗争从个体内外划分，抗争行为存在两种社会学逻辑：求助于个体之外的"合法抗争"和求助于内的"以身抗争"，这两者共同形成了解释中国底层社会抗争的不同逻辑的社会学分析框架。王认为艾滋病人在抗争时的行为使自己的身体成为一种带有支配性的权力，进而卷入统治或者某种政治支配领域，带有了抗争性的政治权谋。② 董海军阐释了弱者所具有的隐性力量及以弱者身份作为武器进行抗争的行为，维权抗争者在"依法抗争"失效时，使用其他各种资源和策略"依弱者身份抗争""依势抗争"等等，③ "依弱者身份抗争"策略的研究者将在抗争行为里以弱者身份出现的主体称为"作为武器的弱者身份"，这一武器使抗争事件问题化，便于进行"不合规"的形式，在博取他人同情与支持的同时保护自己。④ 也有一些学者以农民上访为主题开展专题研究，认为农民上访是农民维护自身权利的一种形式，是一种旨在宣示和确立农民这一社会群体抽象的"合法权益"或"公民权利"的政治性抗争。饶静提出"要挟型上访"的概念，认为"要挟型上访"是农民通过上访来胁迫基层政府介入其利益纠纷，从而实现其不合理的要求和利

---

　　① 徐昕：《为权利而自杀——转型中国农民工的"以死抗争"》，《中国制度变迁的案例研究》2008 年 11 期。

　　② 王洪伟：《当代中国底层社会"以身抗争"的效度和限度分析》，《社会》2010 年第 2 期。

　　③ 董海军：《"作为武器的弱者身份"：农民维权抗争的底层政治》，《社会》2008 年第 4 期；《塘镇：乡镇社会的利益博弈与协调》，社会科学文献出版社，2008 年版；于建嵘：《农民有组织抗争及其政治风险：湖南省 H 县调查》，《战略与管理》2003 第 3 期；于建嵘：《当前农民维权活动的一个解释框架》，《社会学研究》2004 年第 2 期；徐昕：《为权利而自杀：转型中国农民工的"以死抗争"》，《乡村中国评论》2008 年第 2 期；石发勇：《关系网络与当代中国基层社会运动：以一个街区环保运动个案为例》，《学海》2005 年第 3 期；王洪伟等：《当代中国底层社会"以身抗争"的效度和限度分析：一个"艾滋村民"抗争维权的启示》，《社会》2010 年第 2 期。

　　④ 董海军：《"作为武器的弱者身份"：农民维权抗争的底层政治》，《社会》2008 年第 4 期。

益主张，研究的侧重点是社会稳定中的维权问题。① 黎相宜在分析失地农民的集体抗争的时候采用了"框架借用"的概念，提出在抗争中的精英阶层与失地农民两者之间存在相互借用对方框架的策略，因此使得底层群众的部分利益诉求被置换。② 吴长青提倡在农民集体抗争的研究之中考虑伦理因素的影响，他认为在中国农民的日常社会生活中伦理处于至关重要的地位，伦理作为中国农民抗争行动的重要维度，是中国社会研究的一个重要的领域。③

　　以上研究和具体进路无疑是有启发的，县域治理、政府维稳以及民众维权抗争的研究解释框架，对本书极具启发意义，也为后续研究奠定了基础。既有的学理分析，为我们理解转型期县域社会治理提供了重要的切入点。但是，在以上这些研究中，尽管已经积累了丰富的研究成果，但是尚有一些欠缺和不足。第一，从研究主题上来看，关注政府维稳的文献有很多，但是直接以县域维稳为主题的研究尚有欠缺，县域政府在中国上下分治的治理体制中，是拥有治民权的责任政府，以县域维稳为研究主题，能够更加清明地洞察中国社会治理的逻辑。第二，从研究内容上来看，关于维稳和维权的研究成果，虽然也关注到了维稳与维权之间的关系，凸显出了当前基层政府在维稳冲突控制中的工具主义、策略主义与权宜性治理倾向，但是，就政府回应与民众抗争的互动关注得较少，从另一方面来说，维稳与维权之间的关系，及其二者如何实现理性化、制度化互动，目前研究还不够深入。第三，从研究视角来看，关于"维稳"的研究，一个是从国家的视角，强调中国社会发展研究中那种自上而下单向性"国家"

　　① 申端锋：《乡村治权与分类治理：农民上访研究的范式转换》，《开放时代》2010 年第 6 期。肖唐镖：《当代中国的"维稳政治"：沿革与特点——以抗争政治中的政府回应为视角》，《学海》2015 年第 1 期。田先红：《从维权到谋利——农民上访行为逻辑变迁的一个解释框架》，《开放时代》2010 年第 6 期；徐增阳、姬生翔：《农民工非制度化维权倾向的影响因素研究——基于全国 1554 个农民工样本的分析》，《中国软科学》2015 年第 1 期；焦长权：《政权"悬浮"与市场"困局"：一种农民上访行为的解释框架——基于鄂中 G 镇农民农田水利上访行为的分析》，《开放时代》2010 年第 6 期；饶静、叶敬忠、谭思：《"要挟型上访"——底层政治逻辑下的农民上访分析框架》，《中国农村观察》2011 年第 3 期。
　　② 黎相宜：《精英型与草根型框架借用比较失地农民与知识精英的集体抗争》，《社会》2009 年第 6 期。
　　③ 吴长青：《从"策略"到"伦理"：对"依法抗争"的批评性讨论》，《社会》2010 年第 2 期。

范式，国家一方面是拥有"合法垄断使用暴力"的专断权力，同时也具有渗透社会贯穿其地域贯彻其命令的"基础性权力"，这种权力也可意指为国家的制度性能力，它通过制度化的国家基础性建构来协调社会生活维持社会秩序。基于此，在分析层次上，现有的研究要么注重宏观层次的研究，要么重视微观层次的研究，往往忽略了中观的研究层次，从而使研究进路缺乏立体交叉性，显然存在一定的片面性，有必要加强中观层面的研究。一个是社会的视角，在研究的范式上基本都是基于维权或利益表达的研究范式，从中"可以发现一种被英美的人权话语深深影响的规范性腔调"，① 强调社会对国家反抗和批判，从而有可能遮蔽进而歪曲事实本身。基于中国本土的制度和文化环境，探究中国场域的国家与民众之间的互动关系，以及基于政府与社会框架基础上的维稳与维权的制度化互动关系，尚有待于进一步研究。

　　基于此，本书主要关注以下四个问题：第一，面对权利意识、参与意识日益觉醒的民众和不断增大的社会稳定形势和压力，县域政府维稳运行的组织、技术和策略是什么；第二，县域政府维稳行动与民众的维权行动是如何互动的？如何解释其背后的因果逻辑；第三，县域政府的维稳行动如何影响民众的社会抗争行动？民众的社会抗争行动又如何影响了县域政府的制度化应对与制度化能力？进而，民众的社会抗争行动如何型塑国家；第四，基于维权的维稳机制正在发生怎样的变革，应该如何变革，如何进行调适治理？如何建立能将社会抗争制度化的良性的国家与社会关系，从而实现长治久安？具体来说，本书以县域维稳为研究主题，通过建立维稳与维权的制度化互动的理论视角和分析框架，在洞察县域维稳运作及其行动逻辑的基础上，提出社会冲突治理制度化的方向及政策建议。

第四节　研究思路与框架建构

一　研究思路

　　面对中国基层社会治理模式面临的巨大挑战，基于权利的社会冲突治

---

① 裴宜理：《中国人的权利观念——从孔子到毛泽东延至现在》，《国外理论动态》2008 年第 2 期。

理机制正在发生怎样的变革，应该如何变革，如何进行调适治理，如何建立能将社会抗争制度化的良性的国家与社会关系，从而实现长治久安，并进而提出县域社会冲突治理制度化的发展方向及可行性政策建议，是本书的现实关切，也是本书的问题意识。本书运用行动分析的机制性解释研究方法，以县域政府日常应对社会冲突行为为研究对象，从主体间互动的视角，通过宏观与微观的链接探求县域政府社会冲突治理的行动逻辑及其背后的因果机制，通过机制性研究揭示县域政府社会冲突治理行动的发生发展以及地方社会冲突治理的机制和过程。

本书在对当前我国地方社会冲突治理研究和实践经验全面梳理的基础上，采用实证研究方法，选取 3 个县为研究样本，运用长时段参与式观察、问卷调查、个人访谈等人类学方法，在获取大量一手资料和感性经验的基础上，以权利、制度与秩序为学理基础，以秩序有效性和权利基础性为指标建立理论模型。首先，提出县域政府日常社会冲突治理行动的解释性框架——模糊性治理，并对其进行概念化阐释；其次，对县域政府模糊性治理的行动机制责任泛化、非规则化以及交易化的行动机制进行分析；进而，分析县域政府社会冲突治理的影响和后果——权利与秩序的不平衡；最后，基于前面县域社会冲突治理的行动框架与行动逻辑分析，在总结县域社会治理改革创新实践探索的基础上，提出了县域模糊性治理走向制度化治理的对策建议，为地方社会治理现代化提供了理论支撑和现实依据。具体研究思路图见图 1 - 1。

二 主要内容

本书的前五部分是实然研究，前四部分主要提出县域政府模糊性治理的行动框架，分析县域政府模糊性治理的运行逻辑及其影响，第五部分对县域政府模糊性治理面临的困境及全国各地方社会治理创新实践探索进行经验总结；第六部分是对策研究，基于县域政府模糊性治理的实然逻辑，提出制度化治理的发展方向及政策建议。具体内容如下：

在行动框架维度，以权利与秩序、新制度主义，抗争政治理论为理论基础，从县域政府维持社会冲突治理日常行为的视角提出了模糊性治理的框架。所谓县域政府社会冲突模糊性治理是指在县域社会冲突治理运行中，县域政府作为理性的行动者，聚焦于追求属地当下的（眼下的、当

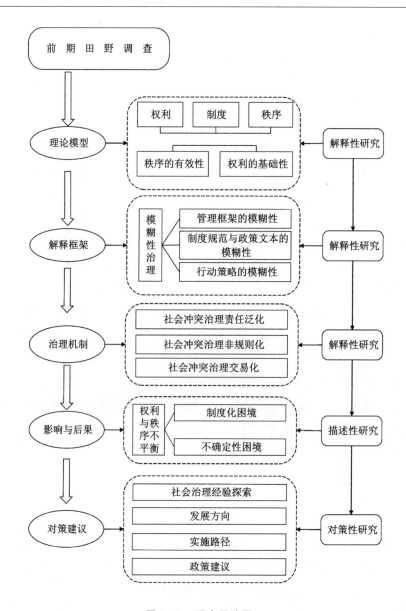

图 1—1　研究思路图

前的）绝对稳定目标，综合考虑制度空间、治理资源、社会形势以及民众抗争行动和心理，面对抗争行动以应对变通为行动策略，选择性和策略性的实施社会冲突治理作为，县域政府和民众围绕时机、影响力、方式选择展开博弈，以策略主义为根本原则的治理模式。并指出县域政府社会冲突治理运行呈现为政府层级权责的模糊性、县域政府与民众之间行动规则与角色期待的模糊性、社会冲突治理政策文本与政策工具的模糊性、治理目标与方式的模糊性。模糊性治理主要体现为三种运作机制，一是社会冲突治理责任泛化机制，二是社会冲突治理非规则化机制，三是社会冲突治理交易化机制，具有行动规则的模糊化、是非与权利边界模糊化、层级权责和角色模糊化以及行动后果模糊化的运作特征。"模糊性"已经成为重要的治理资源，构成了县域社会冲突治理的基本生态。县域政府社会冲突治理行为在法律和制度规范、政策文本与政策工具、治理程序与角色期待以及治理目标与方式上的过渡性、工具性、模糊性特征。这一治理模式既发挥了调和多种利益、化解社会矛盾的积极作用，也成为地方政府权威弱化、社会治理边际效应递减、陷入非制度化困局等诸多问题的根源。

在行动逻辑维度，主要从县域政府社会冲突治理责任泛化、非规则化和交易化运作三个方面分析县域政府模糊性治理的行动逻辑。所谓社会冲突治理责任泛化是指在中央、省（自治区、直辖市）、市、县层级关系中，基于"属地化管理"以及自上而下压力考核体制，地方社会治理事权都落在了县级政府，形成了以刚性责任和压力责任为特征的县级政府责任本位，而中央、省、市作为上级政府的资源配置以及县级政府权力限度是模糊的，导致县域政府属地化责任不断强化，层级越向下治理资源越少，维稳责任越大，形成了县级政府层级之间责任倒挂的责任体系。县域政府和民众之间责任以兜底责任和无限连带责任为特征，县域政府由"裁判员""调解员"转变为"全能保姆"，县域政府承担了多重冲突性的角色期望和角色要求。表现为一是县级政府刚性责任和压力责任本位及其层级之间权责倒挂的权责体系，导致层级关系权责模糊化，二是兜底责任和无限连带责任使县域政府角色模糊化。

社会冲突治理非规则化主要是指县域政府在社会冲突治理行动中，县乡政府要综合运用制度内外资源，以"事本主义""特殊主义""弹性化"（政府官员称为灵活性）的方式应对民众维权抗争行动，实现县乡政府的属地责任，体现为制度规范与政策文本的多义性、诠释灵活性以及行动策略的灵活性，主要表现为以"摆平"为行动策略的规则软化，以专项治理为行动方式和窗口期的制度和政策突破，以及以"情理之治"为特征的非法治化运行。其后果是行动规则模糊化，具体表现为制度规范的冲突性、政策文本的超越和扭曲以及治理工具和方式的异化。其形成机理既有中国特色科层运动式治理的路径依赖、情理之治中的伦理文化，也有现实因素中压力体制下的政府共谋以及基层治理资源匮乏下的无奈选择。

社会冲突治理交易化主要分析了县域政府在社会冲突治理中依赖于货币化策略，冲突各方以市场的逻辑展开博弈行动，将权利诉求转化为货币化的交易价格，政府与抗争民众围绕赎买价格进行博弈，县域政府的社会冲突治理行动转化为各种抗争价格讨价还价的市场，县域政府以货币回报的方式收买抗争民众不同程度的同意和服从。社会冲突治理交易化主要表现为社会冲突治理陷入高成本困局，"花钱买稳定"的常规化、制度化，以及加剧了民众机会主义抗争行为。社会冲突治理的交易化使得政府与民众在是非边界、权利边界以及行动边界多个维度上，都表现出明显的边界模糊性特征。社会冲突治理交易化是基于县域政府的"不出事"逻辑、基层民众的利益补偿偏好以及官民博弈的中庸实践哲学等政府行为、市场逻辑以及历史文化传统等因素影响。

在现实探索维度，首先深入分析模糊性治理面临的困境，提出了县域社会权利与秩序不平衡的低制度化难题。权利与秩序不平衡主要表现在两个层面，一是制度化困境，主要是指制度变迁与社会发展不平衡，新的权利诉求和利益群体不断涌现，对社会治理制度化提出了挑战。二是不确定性困境，主要是指社会冲突治理的效果因时机、影响力和方式而呈现随机性。其次，归纳了各地社会冲突治理的实践探索，并对社会冲突治理制度化中的规范化、法治化和社会化实践探索进行经验总结。其中社会冲突治理规范化探索是指地方政府通过组织重构、流程再造、机制建设实现大维稳格局的构建，维稳运行程序的规则化以及规范化冲突化解机制的建立；社会冲突治理法治化探索是地方政府通过引导律师参与信访、落实诉访分离和依法终结制度规范信访秩序，推动司法介入综治推动法治理念的树立、法治方式的形成、司法权威的强化；社会冲突治理社会化探索是地方政府通过引导地方精英和第三方参与矛盾化解、规范民间调解、强化群团组织的社会职能形成化解矛盾冲突的社会性机制，推动形成市场经济条件下地方政府和社会良性互动关系。并从中提炼出县域社会冲突治理实践探索的总体特征：以权宜性、策略化为特征的模糊性治理惯例化；运动式治理常规化；矛盾纠纷化解的法治化取向明显；以及社会力量参与制度化增强等。

在发展方向维度，提出推动模糊性治理转型的方向是走向制度化治理。"社会冲突治理制度化"是实现长治久安、建设县域和谐社会的根本之道，其主要是指通过程序化、规则化规范政府的权力，通过法定的程序和机制保障民众的权利，通过第三方和社会力量的培育和机制建设，实现社会自主治理，从而建立具有包容性、动态性、规则化、程序化的融合型动态稳定机制。在对策建议维度，县域社会冲突制度化治理的推进路径包括：树立动态、包容、可持续的秩序观；加强社会冲突治理规范化建设；着力社会冲突治理法治化建设；推动社会冲突治理社会化、专业化建设。推进模糊性治理转型的政策建议包括：规范地方政府社会冲突治理行为；推进信访制度改革；完善利益表达和协商制度；推进第三方参与；以及强化基层党建引领等。

第五节　主要概念界定

一　社会治理

从运行意义上讲，"社会治理"实际是指"治理社会"。换言之，所谓"社会治理"，就是特定的治理主体对于社会实施的管理。在我国，社会治理是指在执政党领导下，由政府组织主导，吸纳社会组织等多方面治理主体参与，对社会公共事务进行的治理活动，是"以实现和维护群众权利为核心，发挥多元治理主体的作用，针对国家治理中的社会问题，完善社会福利、保障改善民生，化解社会矛盾，促进社会公平，推动社会有序和谐发展的过程。"① 按照党的十八大报告，我国的社会治理是在"党委领导、政府负责、社会协同、公众参与、法治保障"的总体格局下运行的中国特色社会主义社会管理。② 党的十九大报告明确指出了社会治理

---

① 姜晓萍：《国家治理现代化进程中的社会治理体制创新》，《中国行政管理》2014 年第 1 期。

② 胡锦涛：《坚定不移沿着中国特色社会主义道路前进，为全面建成小康社会而奋斗》，人民网，2012 年 11 月 09 日，http：// politics. people. com. cn / n/2012/1109/c1001 - 19529890. html。

中存在"社会矛盾和问题交织叠加"的问题，将"加强和创新社会治理，维护社会和谐稳定"作为新时代中国特色社会主义思想的重要内容。

在本书中，所谓"社会治理"主要是指地方政府治理社会冲突、化解社会内部矛盾和纠纷行动中所形成的理念、制度和机制，包括地方社会治理的体制安排、运行机制和行动策略。

二　权利与秩序

"权利"是西方秩序建立的基石。近代以来，个体不可剥夺生命、自由与财产等权利观念成为西方政治社会秩序的基石，并据此界定了国家与社会关系。马歇尔在其关于西欧公民权产生的经典著作中区分了社会公民权、市民公民权以及政治公民权。[1]近代以来，公民权利观念传入中国，影响和型塑了中国的政治发展，尽管中国人的权利观念和国家与社会关系有别于西方，[2]但权利作为政府和社会普遍接受的公共价值，民众的社会抗争被看作是理所当然的权利维护，因此很多学者的研究将大众抗争看作是民众"权利意识觉醒"的过程，并试图进一步发现在民众抗争背后国家—社会关系的新进展。"秩序"是国家治理的目标，是社会保持繁荣又具有可持续性特征的状态。现代社会繁荣和长治久安的关键就在于国家是否通过制度化建立起来基于权利的社会秩序。在社会转型过程中，秩序的根本使命就是通过协调（而不是消除）社会矛盾与冲突，创造持续有效的经济社会发展。秩序的本质就是有效地平衡利益冲突，并保证不同的利益各自获得实现空间。所以，秩序不仅要提供一种规范与原则，更为重要的是要平衡利益主体之间的权力关系和利益主体的内在欲求。

"维稳"是一项有着中国特色的话语，既维护社会政治稳定，是社会秩序达成的统称，维稳的核心内容是调适和管控各种社会利益纷争，化解社会矛盾，减小社会分歧，平息社会不满情绪，有效维护社会政治秩序。党的十六大报告以专章形式提出并论述了"维护社会稳定"；党的十六届六中全会决议进一步明确"积极预防和妥善处置人民内部矛盾引发的群

---

① Marshall, T. H. and Tom Bottomore, *Citizenship and Social Class*, London: Pluto Press, 1992, p. 102.

② 裴宜理：《中国人的权利观念——从孔子到毛泽东延至现在》，载《国外理论动态》2008年第2期。

体性事件，维护群众利益和社会稳定"，将化解利益矛盾和解决社会冲突、维护群众合法权益作为"维稳"工作的侧重点；党的十七大提出"完善社会管理，维护社会安定团结"，将"维稳"纳入"社会建设"的框架内。党的十七届四中全会通过的政治决议提出"发展是硬道理、稳定是硬任务"，决议要求各级党政领导干部要"切实抓好发展这个第一要务，履行好维护稳定这个第一责任"，自此"维稳"工作被提升到前所未有的高度。党的十八大提出构建中国特色社会主义社会管理体系，党的十八届三中会提出创新社会治理，"维稳"被纳入了国家治理现代化的视野和体系框架。在唐皇凤看来，维稳就是中国的执政党和政府为了维护国家长治久安以及安定团结的政治局面，确保基本政治制度的长期延续和社会政治秩序的长期稳定，应对和化解社会转型期的各种人民内部矛盾和社会政治不稳定因素，以及为有效解决威胁中国社会政治稳定的潜在风险与危机而提出的一系列行为选择、工作机制、公共政策、制度安排、体制创新和战略部署。① 而容志等则认为，"维稳"的发展历程是从一个从单一强调"稳定压倒一切"，到处理改革、发展、稳定三者之间关系，再到大力推进民生建设、突出维护群众权益的变化发展过程。② 总体看来，"维稳"所包含两大类内容主要：一是维护国家基本政治制度和政治秩序的稳定，二是化解社会矛盾和利益冲突，实现安定团结的政治社会局面。在本书中，"维稳"的意涵主要是指县域政府为维护社会秩序稳定，在治理社会冲突、化解社会内部矛盾和纠纷行动中形成的理念、制度以及机制安排，包括县域维稳的体制安排、运行机制和行动策略等。

"维权"一词产生于改革开放后，最初是在政府提倡消费者保护的"维权日"等活动中被大量使用的，而后逐渐渗透和扩散至消费者权益保护之外的其他领域。"维权"即维护"权利"，广义上的维权包括不同权利主体（如民族、国家、个人等）维护自身合法权益的行为。狭义的维权主要是指作为个体或群体的公民，通过正式或非正式的抗争渠道，表达利益诉求和维护自身权益的一种方式。社会抗争概念很大程度上借鉴了西方"家族相

---

① 唐皇凤：《"中国式"维稳：困境与超越》，《武汉大学学报（哲学社会科学版）》2012年第5期。

② 容志、陈奇星：《"稳定政治"：中国维稳困境的政治学思考》，《政治学研究》2011年第5期。

似性”的概念，其中包括了社会冲突、社会运动、集体行动以及抗争政治等，而我国官方界定的人民内部矛盾、群体性事件等，学界研究的维权、上访、环保运动、邻避冲突等，都属于社会抗争的范畴。在西方早期的抗争研究中，抗争被当做是人类非理性的集体行动，是“暴民心理”的集体反应，受到了以勒庞为代表的大多数学者的批判。20 世纪 60 年代以来，随着以社会运动为主要表现的社会抗争逐渐被制度化，抗争理论也从最初的重点研究“社会怨恨”“相对剥夺感”（relative deprivation）等发展到提出理性选择理论、资源动员理论（resoure mobilization）、文化构造理论等。但是，学科与专业的分割导致这些理论没有统一的理论框架基础，在解释新世纪的新型抗争形态上也略显不足。近年来，西方最新研究成果用“抗争政治理论”（theory of contentious politics）整合“新社会运动”和“革命理论”。以 Charles Tilly 和 Doug McAdam（2001 年，2004 年）为代表的西方学者连续推出若干本学术著作，系统论证抗争政治理论，将抗争与政治联系在一起，为抗争政治开辟了一个“政治过程”的研究方法，动态分析促使抗争发生和发展的各种动力机制。在本书中，将社会抗争行动界定为公民个体或群体针对政府的制度化或非制度化的利益诉求行动，同时采取价值中立的立场，将“维权”界定为民众社会抗争行动的总称，不管这种行动本身在多大程度上是维权。

三　县域政府

在本书中，县域是一个重要的概念，是指以广大农村为治理对象的具有城乡结合性的单元，县域既是行政单元也是经济单元和文化单元，县域在本书中包括县以及县级市。

政府就其作为秩序化统治的一种条件而言，是国家的权威性表现形式。① 政府有广义和狭义之分，广义的政府是指政府机关构成的整体，包括立法、行政、司法等机关。狭义政府是指权力执行机关，即国家行政机关。② 在本书中，所谓县域政府是从广义的角度来界定的，是指县域范围

---

① ［英］戴维·米勒、韦农·波格丹诺主编：《布莱克威尔政治学百科全书》，邓正来等译，中国政法大学出版社 2002 年版。

② 胡福明主编：《政治学词典》，浙江教育出版社 1989 年版。

内政府机构的整体统称，从横向架构上来看包括县党委、政府、人大、司法机关以及政协等；从纵向结构上来看，县域政府包括了县级政府以及乡镇政府和街道办事处两个层级。县域政府在中国以县政权为分野的治官权与治民权上下分治的治理机制中，承担着社会治理的主要责任。

六 研究方法和资料来源

一 研究方法

本书采用定性实地调查的研究方法。田野调查是一种深入研究现象生活背景中的研究方式，这种社会学研究方式通过参与观察和非结构访谈来收集资料，然后对这些资料定性、定量分析来理解和解释社会现象。这种调研的价值首先在于积累丰富、深入的个案资料，以期建立一个真实可靠的县域维稳运作的形貌并对其进行解释。所以，这种研究方法首先要求对所研究的社会事实进行如实的描述。然而，如实的描述并非易事。如实描述需要足够的理论准备，否则搜集的材料杂乱无章、真假难辨；如实描述有时会触动某些人和某些部门的利益，遭到种种阻挠，有一定的风险；如实描述有可能对现有的理论和政策提出挑战，需要有足够的理论和政治勇气。[1]

第一，个案研究方法。本次田野调查共选取了4个样本点进行参与式观察，其中有3个样本为县，就县、乡维稳与信访治理作深入细致的微观考察。以参与式观察的方式，在县（市）委办公室、县（市）信访局、乡镇政府以及街道办事处进行了3到6个月的跟踪观察，跟踪观察信访治理与维稳方面的重大活动，在此期间对县乡不同级别、不同职位的领导干部进行了访谈。另外一个观察样本是D市中级人民法院，课题组对D市中级人民法院进行了为期3个月的参与式观察，在D市中院信访大厅进行了跟踪和访谈。

第二，参与观察法。本研究选取典型的活动进行跟踪调查，如县委书记大接访、乡镇、村级信访会议等，信访个案跟踪观察等，以及中院个别案件的跟踪观察等。

第三，问卷调查法。根据课题研究的需要，课题组以D大学社会治

---

[1] 方江山：《非制度政治参与——以转型时期中国农民为对象分析》，人民出版社1982年版。

理河南省协同创新中心为平台，于 2016 年暑期、2017 年寒假开展了"城乡社会治理综合调查"以及"基层访民信访访谈调查"。2016 年暑期"城乡社会治理综合调查"调查范围涵盖全国 28 个省（区、市）、255 个县区、24 个街道；2017 年春"城乡社会治理综合调查"调查范围涵盖全国 28 个省、308 个县区、551 个街道。

第四，深度访谈法。选取有典型意义的个人对其进行深度访谈，如市委书记、市长、市委办副主任、乡镇党委书记、镇长、综治维稳工作人员和村主任以及信访人等；对中院司法干部及部分信访人员进行了访谈；以及"基层访民信访访谈调查"，课题组组织 D 大学学生对基层访民开展了专项结构化信访访谈，共组织 5 次，分别是 2015 年寒假信访访谈专项调查、2015 年暑期信访访谈专项调查、2016 年寒假信访访谈专项调查、2016 年暑假信访访谈专项调查以及 2017 年暑假生信访访谈专项调查。

二　资料来源

本书所收集和查阅到的资料主要包括以下几部分。一是河南省 C 市、B 市、A 市地方党政机关在维稳和信访治理方面的各项活动文件、统计、报表、总结及地方制度等，一些会议记录、总结汇报材料、市委书记、市长讲话文集等，以及在 D 市法院看到的涉法涉诉信访案件卷宗、新受理涉法涉诉信访材料、法院工作材料以及中央巡视组交办涉法涉诉信访案例汇编、积案化解材料、巡视组交办信访案例汇编以及调研资料、汇报材料等。二是口述资料，主要是通过座谈会方式，与 C 市、B 市、A 市这三个县级市不同级别的领导干部的非结构化访谈资料，以及课题组与 D 市中院涉法涉诉信访主管领导、信访大厅工作人员以及部分访民的访谈记录。三是影像资料，主要是在调研现场所拍到的有关自然风光、挂墙规章制度、开展各种活动、信访案例卷宗的图片，以及访谈录音、会议录音等；以及课题组成员在调研期间的调研笔记、日记等资料。四是社会治理河南省协同创新开展的 2016 年暑假、2017 年寒假的"城乡社会治理综合调查"回收的问卷数据以及"基层信访专项调查"收集到的相关案例。2016 年暑假"城乡社会治理综合调查"，共发放问卷 1500 份，回收有效问卷 1292 份，回收有效问卷率为 86.1%；2017 年春"城乡社会治理综合调查",发放问卷 2000 份,回收有效问卷 1755 份,回收有效问卷率为 87.8%。五是基层访民信访访谈专项调查。课题组于 2015 年寒假和暑假、2016 年寒假和暑假以及 2017 年寒假开展的 5 次信访访谈专项调查,同时收集到 132 个基层信访案例,案例样本情况如下(见表1—1):

表 1—1　　　　　　　　　基层信访访谈案例样本结构

变量	指标	人数	比例(%)	变量	指标	人数	比例(%)
性别	男	82	62.1	文化程度	小学及以下	20	22.7
	女	48	36.4		初中	33	37.5
年龄	30 岁以下	6	4.7		高中或中专	22	25
	30-50 岁	55	41.7		大专	8	9.1
	50 岁以上	64	48.8		本科及以上	5	5.7
职业	党政机关、事业单位管理人员	4	3	信访事由	土地问题	30	22.7
	专业技术人员	7	8.3		经济纠纷	28	21.2
	商业、服务业人员	13	9.8		社会保障	18	13.6
	农民或农民工	45	34.1		拆迁位置	12	9.1
	下岗人员	27	25		干部作风问题	11	8.3
	退休人员	8	7.4		社会纠纷	10	7.6
信访对象	居民个人	21	15.9		历史遗留问题	6	4.5
	政府部门	68	51.5		利益群体	3	2.3
	企业	28	21.2		环境问题	3	2.3
	村干部	15	11.4		其他	11	8.3

第七节　个案县简介

A市：A市是中部地区县级市之一，是区域性中心城市，被评为中部经济实力20强县（县级市）。总面积1573平方公里，户籍总人口120万人。下辖4乡、11镇、5个街道办事处，439个行政村。2016年，全市生产总值完成398.7亿元，增长9.5%；一般公共预算收入23.1亿元。城乡居民人均可支配收入17968元。2016年A法院共受理各类案件12393件，较往年增长52%。近年来，A市社会矛盾主要集中在处理非法集资、安全生产、食品药品安全以及特殊利益群体信访等方面。

B市：B市位于中部地区，总面积1001平方公里，下辖12个乡镇、3个街道办事处，1个乡，户籍人口80.71万。B市是中部省级加快城镇化进程重点县（市）、省级扩权县（市）和省级对外开放重点县（市）之一。2016年B市完成生产总值696.7亿元，城镇居民、农村居民人均可支配收入分别达到28337元、17460元。B市煤炭资源丰富，但随着近年煤炭价格下滑和产业转型，B市面临产业结构转型压力，近年来社会矛盾冲突主要集中在处理非法集资、征地拆迁、矿群关系、涉法涉诉以及特殊利益群体信访等方面。

C市：位于中部地区，面积907.81平方公里，户籍人口61.56万，下辖9个镇、3个乡、2个街道办事处。C市已进入工业化中期阶段，工业门类齐全，主要集中在机械制造、建材水泥、医药化工、电力煤炭、金属冶炼等领域。全市2016年全年完成生产总值638.2亿元，地方财政总收入52.6亿元，其中一般公共预算收入37.2亿元，城乡居民人均可支配收入分别为28465元、17458元。15年C市法院全年共受理各类案件8517件，同比上升29.36%，近年来主要矛盾集中在环保整治、涉农维权、涉军上访、非法集资等方面。

D市中级人民法院：中部地区省辖市中院之一，下辖13个基层法院，全市两级法院年度收案数达十万余件。目前，D市法院具有法官资格的有361人，一线法官301人，现有干警560人，年均受理案件约1.4万件，年均办结信访案件1600余件。设有办公室、政治部、政治部人事处、政治部宣教处、政治部综合处、督查联络工作处、立案一庭、刑事审判第一庭、未成年人案件综合审判庭、民事审判第一庭、知识产权综合审判庭、行政审判庭、赔偿委员会办公室、审判监督庭、执行局等30多个机构部门，形成了较为完整的审判组织体系。

第二章　县域社会冲突治理行动框架

当代中国处于一个非常关键的发展时期，能否建立起开放、包容和充满活力的社会秩序，决定了国家能否繁荣和长治久安。在中国语境下，"维护社会稳定"是"社会秩序"的非学术语言，归结为学术话语就是社会秩序。从秩序与权利之间关系来看，权利是秩序的实体和内容，良好的秩序是公众实现个人权利的外在环境和保证①。从实质上来看，所谓维护社会稳定就是建构以权利制度化为核心的制度体系，实现良性和谐的社会秩序。国家治理体系及其制度安排要通过不断革新以提供足够的制度化机制来容纳权利需求，从而提升政治体系对权利需求的回应能力。本部分聚焦于以下问题：当前县域政府日常社会冲突治理的行动模式是什么样的，怎么理解县域政府社会冲突治理中政府与民众互动所形成的地方社会秩序。戈夫曼认为，"框架"（frame）是指人们在具体情境之中通过可感知的、环绕着它的蓝图对事物或行为链条进行解释的标准②。框架就像是画画时的画框，将画与周围的环境区分开来，标示出了被画物体的边框。县域政府日常社会冲突治理中县域政府与民众的互动构成了基层社会秩序的基本"框架"。本部分运用框架分析的方法，从县域政府日常冲突治理行为的视角，尝试提出"模糊性治理"的解释框架，进而阐释权利与秩序平衡发展的内在逻辑。

---

① 朱振辉：《社会治理创新中的维权与维稳研究》，《中共云南省委党校学报》2015年第2期。

② Goffman, Erving. *Frame Analysis*, Boston：Northeastern University Press, 1986, p. 10.

第一节　理论基础

一　权利、制度与秩序

权利与制度。现代社会的标志就是公民权的兴起，德国法学家吉尔克曾经提出现代社会与传统社会的根本区别就在于在现代社会中个人自主权与国家主权的并存，并认为这种并存现象是现代社会的特征之一①。一方面，个人从传统的家庭、家族、地域或宗教认同的阴影下独立出来，个人权利作为根本要素构建了现代秩序。另一方面，国家作为一种制度超越了众多的社会控制制度（如封建的、宗教的等），开始成为现代社会的权力中心。权利是一种观念（idea），也是一种制度（institution）②。T. H·马歇尔在其关于公民权的经典论述中，认为公民权至少有三层含义：一个是社会公民权（social citizenship），主要是指关于公民经济福利和社会安全的权利；一个是市民公民权（civil citizenship），主要是指个人财产、自由等权利；一个是政治公民权（political citizenship），主要是指政治参与和政治表达的权利③。在当代中国，尽管权利话语渗透在政府、媒体、网络以及大众话语之中，但中国人的权利观念与西方具有差异性④。在官方看来，中国人的权利主要是一种"生存权"和"发展权"⑤，改善人民的生活是政府理所当然的首要职责所在，是公民对政府合法性的当然要求。从民众的视角来看，在不断增长的"权利"意识中，民众普遍认为自身的权利不在于民众有权反抗政治权威，反而恰恰认为政治权威要维护并实现民众的利益诉求，这种权利观念反过来强化了民众对政府的依赖。"在中国，权利往往被理解为是由国家认可的，旨在增进国家统一和繁荣的手段，而非由自然赋予的、旨在对抗国家干预的保护机制。在此情景下，民

---

① Otto Gierke, *Theories of the Middle Age*, Cambridge：Cambridge University Press，1996，p. 87.

② 夏勇：《走向权利时代——中国公民权利发展研究》，中国政法大学出版社 1999 年版，第 1—2 页。

③ T. H. 马歇尔：《公民权与社会阶级》，载于郭忠华、刘训练编：《公民身份与社会阶级》，江苏人民出版社 2007 年版。

④ 裴宜理：《中国人的"权利"概念》，《国外理论动态》2008 年第 2 期。

⑤ 邓小平：《邓小平文选》第三卷，人民出版社 2001 年版。

众对行使自身权利的诉求很可能是对国家权力的强化而不是挑战。"① 民众普遍认为政府承担经济发展和维护稳定的职能是理所当然的，民众通过信访等渠道提出自身的利益诉求向政府抗争，恰恰是在寻求政府的庇护。尽管中国人有其独特的权利观念，但一个基本的共性是，从根本上来说权利是一种观念、体系与保护机制，社会秩序是权利的本质在观念、制度和体制上的展现，以权利为基础建构政治社会秩序已经成为国家和民众的共识，也是国家合法性的必然要求。

　　奥尔森在《权利与繁荣》中关注的是支持国家长期繁荣稳定的制度性基础问题，他认为国家要有足够强大的权力来保护产权、保障契约的实施，但又受到特定的限制，使它无法以自身的行动剥夺个人的产权，奥尔森将这种政府称为"市场促进型政府"②，关注了财产权利与国家繁荣之间的关系。美国麻省理工学院的经济学家达龙·阿塞莫格鲁（Daron Ace-moglu）和哈佛大学的詹姆士·A. 罗宾逊（James·A. Robinson），考察了"权力、繁荣和贫穷的来源"，他们认为制度是造成国家繁荣或者贫穷的最关键因素。他将制度分为汲取型制度（extractive institutions）和包容性制度（inclusive institutions）。汲取型制度分为汲取型经济制度和汲取型政治制度二类，汲取型经济制度的特质在于产权得不到保护、缺乏公平竞争的环境、法律以及秩序；汲取型政治制度的特质在于权力集中、缺乏法治以及政治精英缺乏约束与制衡等。包容性制度可以划分为包容性经济制度和包容性政治制度，包容性经济制度是指开放的、自由的、竞争的市场经济体制；包容性政治制度的特征是允许更多的参与、多元主义、法治、权力的约束与制衡等。在他们看来，包容性经济制度和包容性政治制度的组合构成了良性循环，其结果是繁荣。其他两类组合则构成了短暂的繁荣，不能实现国家的持续繁荣和长治久安③。亨廷顿在《变化社会中的政治秩序》一书中指出，组成社会各团体之间必须存在某种利益的相互适应性，以及联结各社会集团的基本原则和道义纽带，复杂社会的政治共同体依赖于这个社会政治制度化程度，也就是说对于现代社会来说，一个社会的政

① 裴宜理：《中国人的"权利"概念》，《国外理论动态》2008 年第 2 期。
② ［美］奥尔森：《权力与繁荣》，苏长、嵇飞译，上海人民出版社 2005 年版。
③ Daron Acemoglu and James A. Robinson, Why Nations Fail—The Origins of Power Prosperity, and Poverty, *Journd of Women's Health*, 2012.

治社会秩序有赖于以权利为核心的制度化水平来协调各社会势力或者说是不同利益团体之间的关系①。现代社会繁荣和长治久安的关键就在于国家是否通过制度化建立起基于权利的社会秩序。

权利与秩序。社会秩序是国家治理的目标，是社会保持繁荣又具有可持续性特征的状态。习近平总书记提出，维权是维稳的基础，维稳实质是维权。在社会转型过程中，秩序的根本使命就是通过协调（而不是消除）社会矛盾与冲突创造持续有效的经济社会发展。从现代政治社会秩序建构的逻辑来看，一个国家或社会的深层稳定有赖于民众权益实现，维稳只有建立在民众基本权利得到确认与保护的基础上才可能稳固②。秩序的本质就是有效地平衡利益冲突，并保证不同的利益各自获得实现空间。所以，秩序不仅要提供一种规范与原则，更为重要的是要平衡利益主体之间的权力关系和利益主体的内在欲求③。从理论的逻辑来分析，在社会秩序的维度上，权利基础性越强，秩序有效性就越高，而权利基础性是指通过权利制度化平衡利益冲突，从而保证不同的利益各自都获得实现空间，可以用合法权益的实现程度来表示。而社会稳定也可以分为表层稳定和深层稳定、长期稳定和暂时稳定、局部稳定和整体稳定，可以用社会稳定的持久性、全局性来衡量。而权利基础性和秩序有效性通过制度化，使二者之间具有包容性和一致性。从权利基础性和秩序有效性两个维度，政府维稳与民众维权的关系呈现为四种理想类型。一是强维稳—强维权类型：县域政府的维稳行动以维权为基础，以制度化的方式将维权行动纳入维稳的框架中，民众的维权行动以法治和规则为前提，以制度化方式采取维权行动，社会秩序的实现以民众合法权利有效实现为前提，在实现社会秩序稳定的同时，民众的权利也得到维护，二者呈现为强维稳—强维权的关系。二是强维稳—弱维权类型：县域政府社会冲突治理行动以短期目标为主，通过权宜性、策略性方式实现了暂时性稳定，民众的维权行动也以机会主义方式在讨价还价中实

① ［美］亨廷顿：《变化社会中的政治秩序》，王冠华、刘为等译，上海人民出版社2008年版。

② 于建嵘：《维权就是维稳》，《人民论坛》2012年第1期。

③ 林尚立：《在有效性中累积合法性——中国政治发展的路径选择》，《复旦学报（社会科学版）》2009年第2期。

现部分合法权利，社会秩序的实现在县域政府与民众的博弈中达成，民众作为弱势的一方在博弈中合法权利的维护和实现程度不确定性高。三是弱维稳—强维权类型：民众以非制度化的方式维权，通过集体上访、群体性事件等非体制化方式行动，政府被动性应对，引发局部社会不稳定，由于具有组织化、动员性特征，民众在与政府博弈的过程中，处于强势地位，政府维稳陷入被动，民众合法权利的实现虽然存在很大的不确定性，但权利实现的可预期性高。四是弱维稳—弱维权类型：县域政府以发展经济为主要职能和重中之重，对于社会冲突中利益表达和利益协调缺乏制度化建设，要么采用强力控制的压制方式，要么采用无原则妥协的方式，而民众维权行动多采取非理性、碎片化方式，合法性权益有效实现的程度和可能性低，政府和民众的相互信任不断受到损害，引发社会不稳定（具体见图2—1）。

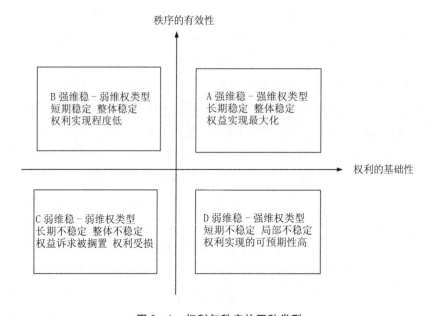

图2—1　权利与秩序的四种类型

二　新制度主义

在新制度主义看来，制度是一种"行为准则"，[①] 旨在约束主体福利

———————

①　卢现祥：《新制度经济学》，武汉大学出版社 2007 年版。

或效用最大化利益的个人行为[①]。"制度由非正式约束和正式的法规组成"，[②] 即制度不仅包括正式制度，还包括符号、仪式、价值等在内的非正式制度。[③] 制度变迁作为推动社会转变的重心，是新制度主义理论所关注的核心议题。所谓制度变迁是指制度创立、变更及随着时间变化而被打破的方式，可以理解为一种收益更高的制度替代另外一种收益较低的制度的过程。社会学的结构制度主义强调对社会变迁的深层组织因素、结构因素和文化规范进行考察分析，通过构建类型与现实比较来判断社会变迁的方向。理性选择制度主义不同于社会学所强调的组织结构性制度概念，而更加注重作为一种规则的制度概念，在解释和预测个人行为及其导致的集合结果时，把制度安排作为主要的解释变量来研究。由于个体追求效用最大化这一偏好是外生于制度的，个体的行为以计算"回报"为基础，而制度的功能在于增进个体的效用。因此，制度的改变由人们通过重新设计制度来实现。理性选择制度主义认为制度变迁要一种选择性激励机制，通过这种机制将变迁中的搭便车行为排除在外，以此实现集体行动推动的制度变迁。在本书中，制度是指支配特定行为模式与相互关系的行为规则，[④] 一定的行为方式和行为策略，体现的是被广泛认可的制度和制度文化。制度化是新制度主义关注的另一个重要议题。艾森斯塔德认为制度化是不同规范、思想和结构框架共同结晶化的过程，这些规范、思想与结构框架是经由处在社会中不同结构位置的人们之间的交互活动所产生，而那些结构与位置又形塑着交互的关键维度。[⑤] 迪马吉奥将制度化看作状态依赖的过程，它通过压缩组织的选择空间使得组织的工具理性色彩减

①　［美］道格拉斯·C. 诺斯：《经济史中的结构与变迁》，上海三联书店、上海人民出版社1994 年版。

②　［美］道格拉斯·C. 诺斯：《制度、制度变迁与经济绩效》，上海三联书店、上海人民出版社 1994 年版。

③　［美］马奇、奥尔森：《新制度主义：政治生活中的组织因素》，殿敏译，《美国政治科学评论》1984 年第 3 期。

④　［美］罗纳德·H. 科斯：《财产权利与制度变迁——产权学派与新制度学派译文集》，上海人民出版社 1994 年版。

⑤　［美］朱迪斯·戈尔茨坦、罗伯特·基欧汉：《观念与外交政策：信念、制度与政治变迁》，刘东国、于军译，北京大学出版社 2005 年版。

弱，从而促进组织的实践得到规范的认可。① 詹姆斯·G. 马奇提出制度化形成的过程包括了制度的产生与该框架内主体行为的模式化，行动者在这个过程中形成了对解决冲突的机构或集体决定的权威的认可。② 亨廷顿认为政治稳定依赖与政治制度化和民众政治参与之间的均衡，也就是说当民众政治参与提高时，与之相应的社会政治制度的自治性、适应性、复杂性和内聚力也必须随之提高，从而保证社会的稳定，这一过程就是制度化，是"组织和程序获取价值和稳定性的过程"，③ 在考察一个政治体系的制度化程度时，亨廷顿选择了组织和程序的适应性、自治性、复杂性和内部协调性来衡量。在本书中，制度是指支配特定行为模式与相互关系的行为规则，④ 一定的行为方式和行为策略，体现的是被广泛认可的制度和制度文化。维稳模式转型的关键在于提高维稳制度的复杂性、自治性、适应性和内聚力。其核心是制度把个体、组织，以及不同类型的规则联结在一起，行动者的利益、认同、价值等都嵌入到制度逻辑。⑤

三　抗争政治理论

　　抗争政治理论认为任何形式的抗争行动都与政治相互联系，与政治存在着互动关系。抗争政治理论一方面注重从政治的角度来解释抗争行为；另一方面强调国家与抗争行动之间的互动性。国家在塑造抗争行为的同时，抗争行为也在反过来塑造着国家。抗争政治学强调，"我们所谓的斗争政治指的是：发生在提出要求者（makers of claims）和他们的要求对象（objects）间偶尔的、公众的、集体的相互作用。其中政府至少是提出要

---

① ［美］沃尔特·鲍威尔、保罗·迪马吉奥主编：《组织分析的新制度主义》，姚伟译，上海人民出版社 2008 年版。

② Jamees G. March and Johan P. OLsen, "The Institutionall Dynamics of International Political Orders", in Peter J. Katzenstein (ed.), Exploration and Contestation in the Study of World Politics, MassachusetGS: The MIT Press, 1999, p. 308.

③ ［美］塞缪尔·亨廷顿：《变化社会中的政治秩序》，上海人民出版社 2008 年版。

④ ［美］罗纳德·H. 科斯：《财产权利与制度变迁——产权学派与新制度学派译文集》，上海人民出版社 1994 年版。

⑤ Patricia H. Thornton, William Ocasion and Michael Lounsbury. The Institutional Logics Perspective – A New Approach to Culture, Structure, Oxford: Oxford University Press, 2012, p. 2.

求者、被要求的对象，或者是要求的赞成方，所提出的要求一旦实现，将会影响到提出要求者中至少一方的利益"。① 因此，"抗争政治包含着这样一些互动：在其中，行动者提出一些影响他人利益或为了共同利益或共同计划而需作出协同努力之要求；政府则在这些互动中作为所提要求的对象、要求之提出者抑或第三方而介入其中。抗争政治由此而将人们所熟悉的社会生活的三个特征：抗争、集体行动以及政治，聚合到了一起"。②

抗争政治理论的学术基础是政治过程理论（political process theory），该理认紧紧地把抗争与国家联系在一起，认为抗争涉及的是国家组织或者国家制度是抗争政治的核心理论之一。蒂利提出了抗争的政治性解释政体模型框架，他将政体内成员和政体外成员均纳入政体模型，因为政体内外成员都有可能成为社会抗议者。政体内成员包含了政府和一般成员，他们享有"对于政府控制资源的低成本进路"，相较之下的体制外成员，即社会挑战者则必须采用集体行动的方式才能占有官方资源。③ 社会运动是持续与政治权力的拥有者，即政体内成员进行互动的过程，而从结果来看，社会抗争目标的实现受制于一系列的政治条件。政治过程理论将社会抗争与国家政治联系在一起。④ 政治过程理论强调的是社会抗争所能掌握的资源数量、政治机会等结构性因素以及抗争参与者的意图在社会抗争中影响和发展中的重要性。政治机遇结构（political opportunities structure）理论，从经验和理论两个方面解释了国家在塑造社会抗争中的重要作用。政治机遇结构是指以国家组织为中心围绕这些组织的一系列变项组合，政治机遇结构理论是政治过程理论的核心概念和分析框架。塔罗将政治机会结构定义为一种政治环境，即那些比较常规的、相对稳定的（但又不是永久不变的）、能改变人们社会运动参与度的政治环境。政治机遇结构的基本要素包括了：封闭或开放的政治系统（包括政治参与机会的增加，选举范围扩大，独裁政治改革）、稳定或分裂的政治精英联盟、具有影响力的盟

---

① ［美］道格·麦克亚当、西德尼·塔罗、查尔斯·蒂利：《斗争的动力》，屈平、李义中译，译林出版社 2006 年版。

② ［美］查尔斯·蒂利、西德尼·塔罗：《抗争政治》，李义中译，译林出版社 2010 年版。

③ Tilly, Charles. 1978. From Mobilization to Revolution, Massachusetts: Addison - Wesley Publishing Company, 1978, p. 52.

④ 张杨：《社会运动的研究——国家与社会关系》，《学海》2007 年第 5 期。

友、国家的支持或反对等基本要素。① 由此塔罗进一步提出了四个基本结构要素，这些结构要素能够影响和导致政治机会结构变化。四个基本要素为：一是原来被政体排除在外的社会群体，因为某种原因其对政体的影响增大而拥有了发起社会运动的机会；二是旧的政治平衡被破坏；三是政治精英的分裂；四是社会上有势力的团体成为一个社会运动群体的同盟。21世纪之后，McAdam、Jenkins、Costain 和 Maguire 等学者从分析政治机会结构变迁的事实入手，指出政治机会结构主要变量包括：政治体制的开放性，选举力量的稳定性，支持群体的存在与否，精英分裂及对抗议的容忍度。②

其中第一个因素政治体制的开放性是指政府政治结构，尤其是指公民介入政治体系的路径，其他三个因素选举力量的稳定性，支持群体的存在与否，精英分裂及对抗议的容忍度则属于政治体系的非正式结构。在此基础上还有其他学者增加了第五个因素：法制能力，其强调政策实践能力，尤其是强调司法制度的独立性和权威对政治机会结构产生的影响。国家通过影响政治机遇结构的变化来塑造社会抗争，即国家在处理社会抗争事件的时候往往会采取不同的行动策略，而国家的行动策略影响社会抗争。动员结构理论关注的是抗争者的动员资源，究竟凭借的是正式组织还是非正式组织。动员结构理论关注点主要是社会运动的组织形式、动员形态以及运动组织间的联系与社会运动发展之间的关系。③ 话语理论是政治过程理论的第三个构成部分，话语内嵌于社会文化之中，呈现为社会规范的不同形态，反映了既有社会规范的稳定性，是解释社会冲突和秩序的重要因素。西方学界主体上把抗争政治研究中的"国家"区分为三个层次，即"稳定的政治结构"（国家性质、国家创建和国家政治制度）、"较为稳定的政治环境"（国家渗透能力、战略和策略）和"变化的政治背景"（封

---

① ［美］西德尼·塔罗著：《运动中的力量——社会运动与斗争政治》，吴庆宏译，译林出版社 2005 年版。

② 朱海忠：《西方"政治机会结构"理论述评》，《国外社会科学》2011 年第 6 期。

③ Polletta and Francesca, Freedom Is an Endless Meeting: Democracy in American Social Movement. Chicago: University of Chicago Press 2002. Rosental, Naomi, Meryl Fingrutd, Michele Ethier, Roberta Karant, and David MacDonald. "Social Movements and Network Analysis: A Case of Nineteeth Century Woman's Reform in New York State." American Journal of sociology, VoL. 90: 1022 ~ 1054.

闭政体的开放、政治联盟的稳定性、政治支持存在与否、政治精英的分裂和政府的政策执行能力），这些层次都对社会抗争的最初兴起、发展形势和最后的结果产生了影响，同样也对抗争主体的身份认同和行动能力产生了重要影响。[①] 本书依据抗争政治理论的框架、视角和方法分析县域民众的日常抗争行为。

第二节　县域政府模糊性治理框架的提出

一　模糊性治理的内涵

关于地方政府应对社会冲突的行为，郁建兴等针对地方政府群体性事件的应对策略提出，其处理社会抗争既缺乏制度框架内的方式，又迫于上级压力惮于使用刚性压制方式，因此在应对社会抗争事件时被动、消极地履行社会管理职能、选择性应对，以尽量实现属地社会稳定的策略[②]。邓燕华等提出的"关系压制"，强调地方政府在冲突治理中利用社会关系实施软压制以形成社会秩序的策略[③]。陈曦注意到了中国社会治理中的"非正式强制"（informal coercion）现象，他认为非正式强制策略在维持中国政治社会秩序方面发挥着重要作用[④]。张永宏等分析了官民之间的"讨价还价"现象，认为政府的权威和公民的权利可以被解释为波兰尼所说的虚假商品，把本来不是商品的东西变成标价和可还价的商品，其后果就是政府权威和公民权利的同时削弱[⑤]。以上关于地方政府应对社会冲突行为的研究颇具洞察力，"摆平""关系压制""非正式强制""讨价还价"等，清晰勾勒出地方政府的行动策略和趋软化的行动特征，但是如何理解地方政府的行动框架和行动理性，尚需进一步提炼和解释。在总体社会稳

---

① 黄冬娅：《国家如何塑造抗争政治——关于社会抗争中国家角色的研究评述》，《社会学研究》2011 年第 2 期。

② 郁建兴、黄飚：《地方政府在社会抗争事件中的"摆平"策略》，《政治学研究》2016 年第 2 期。

③ Yanhua Deng and Kevin J. O'Brien, Relational Repression in China: Using Social Ties to Demobilize Protesters. The China Quarterly, 2013, 215.

④ Xi Chen. Origins of Informal Coercion in China. Politics and Society, 2017, 45 (1).

⑤ 张永宏、李静君：《制造同意：基层政府怎样吸纳民众的抗争》，《开放时代》2012 年第 7 期。

定和局部不稳定以及大多数抗争行为是合理的、仅有部分是不合理的地方
社会秩序微妙平衡中，结构的视角、社会冲突的视角以及治理的视角虽然
具有相当的解释力，但都难以有效洞察县域社会秩序形成的过程和机制。
本书从县域政府日常社会冲突治理行为的视角，提出"模糊性治理"的
概念，解释县域政府弹性应对行动策略并透视县域政府应对社会冲突的行
动逻辑。关于模糊性治理，法学、管理学和政治学等多个学科都有涉及，
模糊性的含义也包含多个层面，法学视角强调规则与规则执行的模糊
性①，管理学视角强调目标模糊②、角色模糊③、职责模糊④以及战略性模
糊⑤，政治学的视角亦尝试发展出模糊问题的政治学，提出了竞选行为、
决策行为以及组织变革的模糊性⑥。国内学界已有学者提出了国家对乡村
社会以及基层社区治理的模糊性⑦。从原初意义上讲，模糊性治理是指在

---

① ［英］恩迪科特：《法律中的模糊性》，程朝阳译，北京大学出版社 2010 年版，第 41—73
页；［美］杰里·马肖．贪婪：《混沌和治理》，宋功德译，商务印书馆 2009 年版，第 224—238 页；
［美］米切尔·黑尧：《现代国家的政策过程》，赵成根译，《中国青年出版社》，2004 年版，第
110—121 页；［美］詹姆斯·G. 马奇，马丁·舒尔茨，周雪光：《规则的动态演变——成文组织规
则的变化》，童根兴译，上海人民出版社 2005 年版，第 22—41 页。

② Chun Y. H. and Rainey H. G. Goal Ambiguity in U, S, Federal Agencies", Journal of Public
Administration Research and Theory, 2005, 15 (1); E C Stazyk and Holly T Goerdel, The Benefits of
Bureaucracy: "Public Managers'Perceptions of Political Support, Goal Ambiguity and Organizational Effec-
tiveness." Journal of Public Administration Research and Theory, 2010, 12.

③ Rogers, David L, Molnar and Joseph, Organizational Antecedents of Role Conflict and Ambigui-
ty in Top – Level Administrators. Administrative Science Quarterly, 1976, 21 (4); Bauer J. C. and
Simmons P, R. Role Ambiguity: A Review and Integration of the Literature. Journal of Modern Business,
2000, 3 (1).

④ ［加］明茨伯格：《管理进行时》，吴进操译，机械工业出版社，2010 年版，第 122—123
页。

⑤ Eisenberg E, M. Ambiguity as Strategy in Organizational Communication. Communication Mono-
graphs, 1984, p. 51.

⑥ Alesina A and Cukierman A, The Politics of Ambiguity. Quarterly Journal of Economics, 1990,
105 (4); Michael D, Cohen, James G, March and Johan P, Olsen. A Garbage Can Model of Organiza-
tional Choice. Administrative Science Quarterly, 1972, 17 (1); James G. March, Continuity and
Change in Theories of Organizational Action. Administrative Science Quarterly, 1995, p. 41.

⑦ 田雄、王伯承：《单边委托与模糊治理：基于乡村社会的混合关系研究》，《南京农业大
学学报（社会科学版）》2016 年第 2 期；郭小聪，宁超：《模糊治理与策略性回应：社区治理主
动性的一种解释》，《国家行政学院学报》2017 年第 3 期；孙志建：《"模糊性治理"的理论系谱
及其诠释：一种崭新的公共管理叙事》，《甘肃行政学院学报》2012 年第 3 期。

政策工具、治理机制或行动策略上表现出来的具有诠释灵活性、价值冲突性、目标多重性、管理幅度与范围灵活性、制度规范与政策文本多义性等特性的治理模式。在本书中，所谓模糊性治理是指在县域社会冲突治理运行中，县域政府作为理性的行动者，聚焦于追求属地当下的（眼下的、当前的）绝对稳定目标，综合考虑制度空间、治理资源、社会形势以及民众抗争行动和心理，面对抗争行动以应对变通为行动策略，选择性和策略性的实施社会冲突治理作为，县域政府和民众围绕时机、影响力、方式选择展开博弈，以策略主义为根本原则的治理模式。民众抗争行为也通过对制度空间、行动方式、压力时机、谈判筹码的考量，维权的实现程度可能会同时受到时机、抗争方式、行动能力以及政府回应的影响。模糊性治理建立了制度化的行动框架，如小组体制、包保责任体系、"专项治理"的常规化、制度化等，具有正式化、理性化、制度化的特征，但其内在具体的运作又具有模糊性、弹性化、差别化的实质合理性特征。县域政府社会冲突治理运行呈现为政府层级权责的模糊性、县域政府与民众之间行动规则与角色期待的模糊性、社会冲突治理政策文本与政策工具的模糊性、治理目标与方式的模糊性。

二 运作机制及特征

模糊性治理的运作机制。模糊性治理主要体现为三种机制：一是管理框架的模糊性，形成了政府上下层级之间责任泛化机制；二是制度规范与政策文本的模糊性，导致了模棱两可、具有不一致性和可以灵活诠释的多义性规则的形成，体现为规则与行为以及冲突治理程序与角色期待的模糊性，形成了非规则化机制；三是行动策略的模糊性，导致行动价值的冲突性和行动目标的多重性，使社会冲突治理目标与方式呈现出随机性、策略性，形成了社会冲突治理交易化机制。所谓治理责任泛化，是指在中央、省、市、县层级关系中，基于"属地化管理"以及自上而下压力考核体制，地方社会治理事权都落在了县级政府，形成了以刚性责任和压力责任为特征的县级政府责任本位，而中央、省、市作为上级政府的资源配置以及县级政府权力限度是模糊的，导致县域政府属地化责任不断强化，层级越向下治理资源越少，维稳责任越大，形成了县级政府层级之间责任（responsibility）倒挂的责任体系。县域政府和民众之间责任（accountability）以兜底责任和无限连带责任为特征，县域政府由"裁判员""调解员"转变为"全能保姆"，县域政府承担了多重冲突性的角色期望和角色要求。表现一是县级政府刚性责任和压力责任本位及其层级之间权责倒挂的权责体系，导致层级关系权责模糊化，二是兜底责任和无限连带责任使县域政府角色模糊化。所谓冲突治理非规则化是指县域政府在社会冲突治理行动中，以制度规范与政策文本的多义性以及行动策略的灵活性承担上级赋予的社会稳定责任的治理模式。具体表现为：一是制度规范与政策文本的模糊化，从政府、民众等行动者行为关系来看，基于制度空间、行动方式、压力时机、谈判筹码等构成的决策情景的变化，县域政府以及维权民众作为行动者对制度、政策以及规则的认知、理解与解释随之改变。对于属于制度或政策空白的利益诉求或社会冲突，县域政府通过与抗争者一事一议讨价还价的方式达成妥协，进一步强化了规则的模糊性。二是行动策略的灵活性，政府在清晰的社会稳定责任目标下，原本就具有较大的行动空间，通过非常规行动模式，对制度外资源和行动方式的有效借用，规则和制度突破合理合法化，呈现为以灵活性和策略性为特征的行动模糊化。县域政府通过对制度外资源和行动方式的有效借用，以规则突破、政策突破以及制度突破为行动方式，因人而异、因时而异、因事而异差别化、个案化应对民众抗争行动。冲突治理非规则化的实质是因人而异、因时而异、因事而异差别化、个案化应对民众诉求，具有组织性、正式性、模式化、规则替代的特征。所谓社会冲突治理交易化是指县域政府社会冲突治理依赖于货币化策略，冲突各方以市场的逻辑展开博弈行动，将权利诉求转化为货币化的交易价格，政府与抗争民众围绕赎买价格进行博弈，县域政府的社会冲突治理行动转化为各种抗争价格讨价还价的市场，县域政府以货币回报的方式收买抗争民众不同程度的同意和服从。政府通过交易化收买抗争民众的同意和服从，对抗争民众来说，当他们被迫以机会主义方式通过讨价还价"赎回"公民权利时，民众对于"权利"的货币补偿，不管其价格有多高，都会产生一种权利被削弱的不公正感，其后果是社会矛盾冲突演化为缺乏客观的公正价值标准的无规则博弈。在这一过程中，政府的权威被商品化了，政府需要通过利益交换获取抗争民众的服从，使国家与社会的关系呈现为脆弱性、易变性和模糊性。

模糊性治理的运作特征。模糊性治理虽然也强调县域政府社会冲突治理行为的策略化特征，但从总体上来看模糊性治理建立了制度化的行动框架，具有正式化、理性化、制度化的特征，但其内在具体的运作又具有模糊性、弹性化、差别化的实质合理性特征。"模糊性"已经成为重要的治理资源，构成了县域社会冲突治理的基本生态。具体而言，模糊性治理模式的行为特征包括：层级权责和角色模糊化、行动规则的模糊化、是非与权利边界模糊化以及行动后果模糊化。从县域政府模糊性治理的运作来看，责任泛化引致县级政府层级之间责任倒挂的社会治理责任体系以及"全能保姆"的角色要求，其效应是层级权责和角色模糊化，所谓层级权责和角色模糊，即在中央、省、市、县层级关系中形成了以刚性责任和压力责任为特征的县级政府责任本位，县域政府和民众之间形成了以兜底责任和无限连带责任为特征的责任机制和角色要求。非规则化治理突显了非规则化、非法治化运作，使行动规则模糊化，体现为制度规范的冲突性、政策文本的多义性以及政策工具的异化；社会冲突治理交易化表明地方政府倾向于以经济利益的妥协换取它所需要的稳定，导致是非与权利边界模糊化，体现为政府以及相关各方各自抱持了不同的公正立场和是非观，现实中往往表现为是非不清、价值冲突和机会主义等，政府权威建立在与民众利益交换的基础之上，使得政府与社会的关系具有了弹性和模糊不明确的边界；所谓"行动后果模糊"，是指政府社会冲突治理的效果具有高度的不确定性，民众诉求的实现程度具有不明确、偶然性以及差异化特征，治理效果和民众诉求的实现程度因时机、政治社会影响力和方式不同而呈现随机性、差异性。总而言之，县域政府社会冲突治理行为在法律和制度规范、政策文本与政策工具、治理程序与角色期待以及治理目标与方式上的过渡性、工具性、模糊性特征。

第三节　县域政府模糊性治理的后果

"模糊性"被视为重要的治理资源，构成了县域社会冲突治理的基本生态，既发挥了调和多种利益、化解社会矛盾的积极作用，也成为权利与秩序不平衡等诸多问题的根源。

一 积极效应

1. 实现了总体稳定。县域政府模糊性治理，建立了包括大信访格局、综合治理、专项治理的动员式社会治理体制，发挥了体制优势、组织优势、政治优势，实现了政党政合，为实现县域社会总体稳定提供了组织保障。责任模糊化和规则模糊化使县域政府具有清晰的社会治理目标和可以灵活选择的行动策略，县域政府享有较大的行动空间和政策文本诠释和执行的弹性，弥补了转型期政策滞后、制度刚性等问题。因人而异、因时而异、因事而异差别化、个案化应对民众抗争行动，可以增加纠纷化解的针对性和治理的有效性。边界模糊契合了中国传统中庸的价值文化和实践思维，增强了模糊性治理的合法性和文化合理性。权利商品化降低了社会冲突的烈度和强度，使社会冲突柔性化，能够维持在可控的范围内。总体来看，县域政府通过模糊性治理避免了转型期所带来的不确定性风险，维持了县域社会总体稳定。

2. 具有包容性和弹性。包容性和弹性体现在两个方面：一是群体间包容，在社会冲突治理中，行动边界的模糊性和权利的模糊性，有助于实现不同利益和价值取向的群体间的妥协与合作。社会冲突治理的交易化，具有温和以及协商的意味，使政府治理策略更具有弹性，体现了以人为本的理念，避免了弱势群体被边缘化，在一定程度上可以缓解弱势群体因心理失衡而导致的反社会倾向。二是多元价值的包容性，尽管政府以及相关各方各自抱持了不同的公正立场和是非观，在某种程度上造成了是非不清、价值冲突等，但也同时使多元价值共融的空间得以生成，在政策选择、行动策略选择上更具灵活性，有利于治理目标的实现。

3. 激发了县乡干部的主动性。县域社会冲突治理是一个具有中国乡土特色的治理过程，县乡干部群体作为县域社会网络中拥有地方性知识的精英群体，在县级政府层级之间责任倒挂、承担了多重冲突性角色期望和角色要求的背景下，县乡干部发挥了"能动群体"的功能，规则模糊、行动边界模糊的约束条件，即给地方干部群体带来了困扰，也为县乡干部群体的主动性和策略性提供了发挥空间。作为嵌入于乡土网络的精英群体，能够把握规则边界和法定权利边界，创造性地运用地方性知识达到"案结事了"的稳控目的，如对亲缘社会关系的借用、理法的结合以及情感的嵌入等，在一定程度上降低了治理成本增加了治理效能，在实现县域社会总体稳定方面，发挥了战略性作用①。在产业转型升级、社会冲突加剧的背景下，县乡干部作为能动群体是维护县域社会稳定的重要因素。

二　消极效应

1. 地方政府权威弱化。一是转型期价值危机凸显。是非模糊、规则模糊、行动边界模糊消解了原有的以伦理为核心的道义感和正义观，解构了作为行动依据和制度基石的价值共识，阻碍了以法理为基础的契约意识的道义感和正义观的形成，导致各种伦理道义和法治理念相互矛盾和冲突，呈现出"无公德个人"②的转型期社会价值危机。二是县域政府法治化权威削弱。模糊性治理导致了行政对法治领域的僭越，以人情替代法律以及将情理置于法律之上等，消解了法治化社会治理的效力，加剧民众"信访不信法"现象，解构了法律规则的权威和合法性。三是社会冲突治理交易化使民众与地方政府之间形成了基于货币基础上的临时的、不确定的服从关系，社会稳定和权利实现具有临时性、妥协性等脆弱性特征。

2. 社会治理边际效益递减。社会治理的边际效益递减是指县域政府通过权宜性、策略性方式实现了暂时性稳定，社会秩序的实现在县域政府与民众的博弈中达成，政府和民众的相互信任不断受到损害，引发局部社会不稳定。主要表现为社会治理陷入高成本困局。由于规则、讨价还价的制度空间的不确定性，以及特殊化、个案化的解决方式，县域政府深陷社会冲突治理泥潭，社会治理成本不断加大。二是县域政府社会治理陷入投入增加而合法性不断受损的困境。以权宜性、短期性和逆向激励性为特征的县域政府社会治理模式，激发了民众的机会主义倾向，固化了差序信任。三是社会冲突治理的交易化使政府权威和公民权利商品化，消解了县域政府公信力，形成了对地方政府的不信任感和不公正感，导致县域社会治理陷入官民难以合作的困境。

3. 陷入权利和秩序不平衡的困局。在模糊性治理的框架下，县域政

---

① ［德］托马斯·海贝勒：《作为战略性群体的县乡干部（上）——透视中国地方政府战略能动性的一种新方法》，《经济社会体制比较》2013 年第 1 期。

② 阎云翔：《私人生活的变革》，上海书店 2006 年版，第 251 页。

府形成了一系列的制度性机制确保了"稳在当地"的目标，但这种制度化更多的是对策略主义、非正式制度的常规化和正式化，不能从根本上解决经济社会发展与变迁过程中新的利益诉求制度化问题，使权利与秩序陷入不平衡的困境，也就是说地方社会秩序的实现没有强化权利的基础性，而民众维权行动的实现也没有强化治理的有效性，反而引发了对程序正义和权利秩序的伤害。当前，体制转型与改革催生了日益复杂和多元的利益群体和权利诉求，如何通过利益诉求表达和利益制度化机制化解地方社会矛盾，成为社会冲突治理面临的挑战和困境。

小结

本部分从县域政府社会冲突治理日常行为的视角，提出模糊性治理的解释框架，所谓模糊性治理是指在县域社会冲突治理运行中，县域政府作为理性的行动者，聚焦于追求属地当下的（眼下的、当前的）绝对稳定目标，综合考虑制度空间、治理资源、社会形势以及民众抗争行动和心理，面对抗争行动以应对变通为行动策略，选择性和策略性的实施社会冲突治理作为，县域政府和民众围绕时机、影响力、方式选择展开博弈，以策略主义为根本原则的治理模式。模糊性治理主要体现为三种机制，一是社会冲突治理责任泛化机制，二是非规则化机制，三是交易化机制，具有行动规则的模糊化、是非与权利边界模糊化、层级权责和角色模糊化以及行动后果模糊化的运作特征，表现为法律和制度规范、政策文本与政策工具、治理程序与角色期待以及治理目标与方式上的过渡性、工具性、模糊性。模糊性已经成为重要的治理资源，构成了县域社会冲突治理的基本生态。这一治理模式既发挥了调和多种利益、化解社会矛盾的积极作用，也成为地方政府权威弱化，社会治理边际效应递减、权利与秩序不平衡等诸多问题的根源。

第三章 社会冲突治理责任泛化与责任模糊

化解社会冲突、维护社会长治久安是各级政府不可推卸的责任，是推进国家治理体系和治理能力现代化的重要衡量指标。早在80年代邓小平同志就指出，"失职者要追究责任，集体领导也要有个头，各级党委的第一书记，对日常工作要负起第一位的责任。"[①] 然而，伴随社会转型加快，权利与秩序的结构性失衡加大，社会冲突事件日渐增多，引发政府社会治理焦虑，社会冲突治理责任不断加大、层层下压，逐渐显现社会治理责任泛政治化现象，即单纯依靠政治权力强力介入社会冲突治理，结果却是加大了权利与秩序之间张力，大幅削弱了维持社会稳定的有效性和维护公众权利的基础性。本书提出了模糊性治理的县域政府运行框架，社会冲突治理责任泛化是县域政府模糊性治理的运作机制之一，本部分从上下级政府之间的层级责任、县域政府与县域民众的责任关系进行分析，聚焦县域政府及其领导干部承担了什么样的责任、责任是如何发生泛化的、责任模糊的特征是怎样的这一系列问题，从社会冲突治理责任泛化的表现、后果及其生成机理和影响展开研究。

第一节 概念界定：社会冲突治理责任泛化

责任是现代民主政治的产物，"建立一个对人民负责的政府是现代国家治理的核心问题"[②]。那么，什么是责任呢？《汉语大词典》从三个层面来解释责任：第一，使人担当起某种职务和职责；第二，分内应做之事；

---

① 邓小平：《党和国家领导制度的改革》，《邓小平文选》第二卷，人民出版社1993年版。
② 马骏：《实现政治问责的三条道路》，《中国社会科学》2010年第5期。

第三，做不好分内应做的事，因而应承担的过失。也就是说，"责任是社会成员对社会所负担的与自己的社会角色相适应的应为的行为和社会成员对自己实际所为的行为承担一定后果的义务"①。对于政府及其官员而言，"在公共行政和私人部门行政的所有词汇中，责任一词是最为重要的"②。责任是构建现代政府合法性的核心要件。"一个政府只要履行了它的职责，忠于职守，并勇于承担责任，那么，政府就会获得民众的拥护。"③因此，政府责任指的是"行政主体必须对所实施的行政活动承担责任，在其行政活动过程中应处于一种责任状态，不允许行政主体只实施行政活动而不承担相应的责任"④。

进一步理解政府责任，可以从以下几个方面来看。从系统层次上看，政府责任包括：（1）道德责任，即行政机关及其官员的生活与行为必须符合人民及社会所要求的道德标准和规范；（2）政治责任，即政府的一切措施与政府官员的一切行为必须合乎人民的意志和利益；（3）行政责任，即在政府体系内部，政府机关及其公职人员应当遵守法定的权限，不越权行事，对上级的命令有忠实服从的义务和责任；（4）政府的诉讼责任，即司法机关经法人、公民申请，依法审查行政机关及其政府官员行政行为的合法性及适当性，从而追究其违法责任；（5）政府的侵权赔偿责任。⑤ 可见，政府责任的类型可以划分为政治责任、道德责任、行政责任和法律责任四类。从权责一致方面看，政府责任包括"维护国家法律制度、保卫国家安全、发展公共事业、维护公民生命和财产不受侵犯等方面的责任"⑥。可见，维护公民权利和社会秩序都是政府责任的重要内容。在政府责任内容体系中，两者是有机统一的，秩序责任内嵌于权利责任，权利责任彰显秩序责任。所谓社会冲突治理责任是指行政主体在化解社会矛盾过程中应当处于一种权利与秩序平衡的责任状态，可以从两个层面来

① 张贤明：《政治责任与法律责任的比较分析》，《政治学研究》2000 年第 1 期。
② ［美］特里·L. 库珀：《行政伦理学：实现行政责任的途径》，张秀琴译，中国人民大学出版社 2010 年版，第 63 页。
③ 张康之：《公共行政中的责任与信念》，《中国人民大学学报》2001 年第 3 期。
④ 钱海梅：《论社会转型期的责任行政》，《上海大学学报》2003 年第 2 期。
⑤ 张成福：《责任政府论》，《中国人民大学学报》2000 年第 2 期。
⑥ 陈国权：《论责任政府及其实现过程中的监督作用》，《浙江大学学报》2001 年第 2 期。

看：第一，权利责任是指政府能够积极对民众的维权需求做出回应，并采取得当的措施维护社会稳定，公正、有效率地实现民众利益，并承担一定的社会义务①。第二，秩序责任是国家对政府机关及其工作人员化解社会冲突不力行为的否定性反应和问责。这是一种消极责任。从行为过程上看，政府责任的履行受到诸多因素影响，包括"传统政治文化理念、政府条块管理体制、政绩考核机制等"，可能导致"公共服务责任的缺位与不足，维稳责任与社会治理责任重心失衡，在生态环境保护上的缺位与不足，地方政府主动履责的动力不足"。② 甚至，公共行政自身的特性决定了在政府履责过程中存在"非责任化"的极大可能性。③ 从实现路径上看，建立问责制度是政府责任的重要实现形式，"政府责任内涵的广泛性和本质的复杂性，导致了其在实现过程中遭遇一系列困境，同时也催生了若干责任追究机制的产生和逐渐演进。"④

在县域政府责任清单中，社会冲突治理责任是重中之重。尽管信访制度新近改革，但是整体社会冲突治理格局变动不大，各级政府化解社会冲突依然沿用"压力型体制"，通过"首长负责制""政治责任承包制""一票否决权制""量化责任考核制""问责机制"等"倒逼"下级政府及官员积极介入社会冲突治理，有时把一般社会冲突治理问题都上升到"政治稳定"的高度，上级无限扩张、层层加码下级政府及官员的秩序责任，并责成限期"解决问题"。然而，政府权力实际上是由上而下授权递减的，秩序责任是由上而下层层加码递增的，这就形成了权责倒挂，即越往基层行政权力越小，秩序责任却越大。长此以往，社会冲突治理责任泛化日渐显现，以责任模糊为特征的治理行动游走于社会冲突之中，社会冲突治理的有效性愈来愈弱，维权的基础性亦愈来愈差。所谓社会冲突治理责任泛化是指，在中央、省、市、县层级关系中，基于"属地化管理"以及自上而下压力考核体制，地方社会治理事权都落在了县域政府，形成

---

① 社会义务不仅仅意味着政府正确地做事（to do thing rightly），即不做法律禁止做的事情，而且意味着政府做正确的事情（to do right thing），即促使社会变得更美好的事情，而不做有损社会的事情。

② 杨鸣杰：《社会管理中地方责任政府建设》，《人民论坛》2015 年第 7 期。

③ 钱海梅：《论社会转型期的责任行政》，《上海大学学报》2003 年第 2 期。

④ 赵蕾：《政治责任：制度逻辑与实现路径初探》，《经济研究导刊》2013 年第 8 期。

了以刚性责任和压力责任为特征的县域政府责任本位，而中央、省、市作为上级政府的资源配置以及县域政府权力限度是模糊的，导致县域政府属地化责任不断强化，层级越向下治理资源越少，社会冲突治理责任越大，形成了政府层级之间权责倒挂现象。县域政府和民众之间责任以兜底责任和无限连带责任为特征，县域政府由"裁判员""调解员"转变为"全能保姆"，县域政府承担了多重冲突性的角色期望和角色要求。总的来说，社会冲突治理责任泛化表现为：一是县域政府的刚性责任本位和层级管理的压力责任及其权责倒挂的责任体系；二是县域政府科层内部责任混合化；三是兜底责任和无限连带责任使县域政府承担了"全能保姆"的角色，政府职能无限化。

第二节 县域政府社会冲突治理责任泛化的表现

荣敬本等认为，我国政府现有体制是一种自上而下的压力型体制，[①] 一般采用"行政发包制"，上级将经济发展和社会管理领域等诸多事项量化分解、层层分包下压交给下级，并以一种"政治责任书"的形式固定下级政府的任务和责任，以"一把手"负责制和"一票否决"责任制逆向设计了下级政府及官员的政绩压力，形成"晋升锦标赛"，即"上级政府对多个下级政府部门的行政长官设计的一种晋升竞赛，竞赛优胜者将获得晋升，而竞赛标准由上级政府决定，它可以是 GDP 增长率，也可以是其它可度量的指标"[②]。由于上级只看量化指标考核结果，并不会去细究下级如何履责、完成政绩，因此，下级政府会"不惜一切代价""挖空心思"完成量化指标任务，尤其是在社会冲突治理方面，"经常出现偏好替代问题，即上级政府的偏好代替了当地公众的偏好"和"激励扭曲问题"，[③] 采取"拔钉子、开口子、揭盖子的政府摆平术"[④] 或者"花钱买

---

① 杨冬雪：《压力型体制：一个概念的简明史》，《社会科学》2012 年第 11 期。

② 周黎安：《转型中的地方政府：官员激励与治理》，格致出版社 2008 年版，第 89 页。

③ 田润宇：《当代中国地方政府行为的激励结构解析》，《福建行政学院学报》2010 年第 3 期。

④ 应星：《大河移民上访的故事》，上海：三联出版社 2001 年版。

平安"等非规则化策略,寻求任期内的"不出事"① 以敷衍公众对政府担当维权责任的强烈诉求。

随着改革开放的深化和经济社会的繁荣,新的社会事务不断出现、新的社会矛盾也日渐增多,县域政府治理责任清单不断加长,或主动或被动卷入各种社会冲突,县域政府的社会冲突治理责任广泛涉及社区治安、信访举报、群体性事件、医患纠纷、物价波动、生产安全、就业稳定、环境污染、劳资关系、暴恐事件等,责任重担越来越重,责任泛化现象日趋严重,主要表现为层级管理中的责任模糊和角色冲突下的责任模糊。

一　层级管理中的刚性责任和压力责任

目标管理责任制已经成为我国上下级政府间层级管理最常见有效的手段,保证了下级政府对上级设定多元目标的执行力,发挥了集权体制的优越性。目标责任制关乎地方官员晋升,是上级对下级工作努力程度和目标任务完成情况的考核依据。自 20 世纪 80 年代提出"稳定压倒一切",成为社会冲突治理的最高政治目标,社会冲突治理就被纳入目标责任制之中。上级通过目标管理责任制,将社会稳定与社会发展总目标逐级层层分解和细化,形成一套目标指标体系,以此作为考评奖惩依据,并以签订"责任书"形式确定下来。在动员施压、分配传导、追究惩罚的长期循环演进过程中,这个自上而下的社会冲突治理责任考评体系逐步泛化表现为刚性责任和压力责任。

1. 刚性责任严苛

自 20 世纪 80 年代以来,中央提出"稳定压倒一切"作为地方政府社会冲突治理的政治原则,并以"第一责任""红线"和"硬任务"等方式强化地方政府社会冲突治理责任,逐步演变成为一种刚性责任。所谓刚性责任,是指各级政府为追求"刚性稳定"而设定的不可推卸、不能触碰、不折不扣的社会冲突治理责任,带有强烈的政治色彩,其主要表现为:

(1)社会冲突治理责任是"第一责任"。中央提出,"我们一定要始

---

① 贺雪峰、刘岳:《基层治理中的"不出事逻辑"》,《学术研究》2010 年第 6 期。

终牢记，稳定是硬任务，是第一责任；发展是政绩，稳定也是政绩"①。由此确定了社会冲突治理责任在所有工作职责中的刚性地位。也就是说，这要求各级政府官员同时承担坚持改革开放、经济建设、各项事业发展与社会冲突治理、信访治理工作的两大责任，既要抓好分管范围的业务工作，又要抓好分管范围的社会冲突治理工作；既要解决好已发生的社会冲突问题，又要从源头上预防社会冲突问题的发生，把属于本级本部门职责范围内的社会冲突问题解决在当地、解决在部门，维护社会和谐稳定。尽管严苛的刚性责任和压力责任弥漫着紧张浓重的政治氛围，要求各级领导干部经济发展与社会冲突治理"两手都要抓，两手都要硬"；为了落实这一刚性责任，不少地方采用"党政同责""一岗双责"等机制来捆绑各政府部门及官员的社会冲突治理责任，党政一把手是社会治安综合治理的第一责任人，负主要领导责任；党政分管负责官员是社会治安综合治理的直接责任人，负具体领导责任。如地级市 Z 市政府在《社会治安综合治理领导责任制实施细则》明确规定了党政一把手的社会治安综合治理工作责任：

> 党政领导班子其他成员按照"一岗双责"的要求，承担分管工作范围内的社会治安综合治理工作责任，履行下列职责：（一）按照党委、政府和综治委的总体部署，协助主要负责同志、支持分管负责同志抓好措施落实，统筹谋划、指导推动分管部门、行业的社会治安综合治理工作；（二）指导、推动和监督分管部门、行业依照规定开展社会稳定风险评估工作，依法、科学、民主决策，正确执行法律政策；（三）加强调查研究，及时发现分管部门、行业中影响社会治安和社会稳定的重大隐患和突出问题，认真组织研究制定解决措施并抓好落实，防止矛盾纠纷激化升级蔓延，跟踪督办化解重大疑难复杂矛盾纠纷，组织开展群众反映强烈突出问题专项治理；（四）指导、推动分管部门、行业落实责任、创新举措、破解难题、争先创优；

---

① 胡锦涛：《在党的十七届二中全会第二次全体会议上的讲话》，东方网，2008 年 2 月 27 日。http://news.eastday.com/china/dt1/shiqierzhong/index.html。

（五）其他应当履行的社会治安综合治理方面的职责。①

（2）社会冲突治理责任是"红线"。各级政府都把社会冲突治理责任纳入"一票否决制"，作为政府部门及其官员政绩考核与晋升擢用的否定性指标；一旦触及"红线"，轻则取消评先评优、重则影响职业生涯。例如，《A市信访稳定工作月考核及奖惩办法》规定：对于工作不力、重大信息隐瞒不报或拖延时间、贻误时机造成严重后果和重大问题的，要追究第一责任人及值班人员的责任，对于发生重大案件和重大群体事件的责任单位将坚决给予"一票否决"；对信访稳定中非正常上访的行为等责任做了明确具体的规定：

> 年度内发生一次进京非访，对责任单位通报批评，单位主要领导向市委写出深刻检查；发生两次非访，对责任单位实行重点管理，管理期内单位主要领导不得提拔；发生三次非访，对责任单位一票否决。发生一次进京集体访，造成严重后果的，对责任单位实行重点管理，管理期内单位主要领导不得提拔；
>
> 发生两次集体访，对责任单位一票否决。发生一次到省集体访，对责任单位通报批评，单位主要领导向市委写出深刻检查；
>
> 发生重复集体访，造成重大影响的，对责任单位实行重点管理。发生一次到市集体访，对责任单位通报批评，单位主要领导向市委写出深刻检查；
>
> 发生重复集体访，对责任单位主要领导实行重点谈话；发生一次到市委市政府集访，堵门堵路的，对责任单位通报批评，单位主要领导向市委写出深刻检查；发生两次，对责任单位实行重点谈话；发生三次，对责任单位实行重点管理。
>
> 在全市信访稳定工作月考核通报中，当月排名末位的，对该单位通报批评，单位负责人写出深刻检查；连续两次末位的，对该单位一票否决；连续3次末位的，对该单位主要领导予以免职。②

---

① Z市内部资料文件C1：地级市Z市《社会治安综合治理领导责任制实施细则》。
② A市内部资料文件C2：A市《信访稳定工作月考核及奖惩办法》。

（3）社会冲突治理责任是"硬任务"。中央提出，"发展是硬道理，稳定是硬任务；没有稳定，什么事情也办不成，已经取得的成果也会失去"①。为了"限期完成"上级的社会冲突治理"硬任务"，县域政府往往全体动员签订"责任书"军令状，县领导有的按照行政区划片分包，有的按照分管工作领域分包，人人头上有指标，直至村干部。"硬任务"还体现在下级必须无条件承担上级所分配的任务，有困难，无论如何克服困难也要完成，否则下级就会负全责而受到惩罚，因此，下级政府官员在社会冲突治理过程中经常出现"粗暴式行政""下猛药""非法滥用权力"等治标不治本的草率行为。

社会冲突治理工作责任书一方面是上级对下级政府及其官员的风险警示，另一方面也是下级政府及官员对上级承担社会冲突治理责任的一种政治承诺。例如，A 市政府建立社会治安综合治理目标管理责任制，自市级以下各单位各部门各级领导层层签订社会治安综合治理和平安建设工作目标责任书，要求责任书一年一签，完成社会治安综合治理重点工作、应当达到的工作目标等。以下为 A 市大峪乡与村支部书记的社会冲突治理工作责任书：

责任书

为确保袁庄社会和谐稳定，进一步加强各村（居委会）、乡直各单位在党委换届期间的维稳工作，经乡党委政府研究决定，与各单位签订以下责任书：

一、防范重大案事件。确实承担维护社会稳定的政治责任，在换届期间确保不发生有重大影响的群体性事件、危害国家安全和政治稳定的案件、刑事治安和黑恶势力犯罪案件、群死群伤安全事件。

二、做好排查化解。党委换届期间，各级各部门要加大矛盾纠纷排查化解力度，特别是充分发挥各村（居委会）维稳信息员作用，了解老百姓真实想法，争取做到矛盾纠纷早发现、早介入、早化解。

---

① 胡锦涛：《在纪念党的十一届三中全会召开 30 周年大会上的讲话》，新华社，2008 年 12 月 18 日。

三、加强信息报告。在党委换届选举期间，各级各部门要实行24小时专人信访值班和领导带班制度，同时严格执行信息报送制度，加强和规范信息报送制度，对紧急重大信访信息，做到急事急报、特事特报、大事快报，确保信息畅通。

四、进行责任追究。在党委换届期间，各村（居委会）支部书记、乡直个单位行政正职是维稳工作第一责任人，乡维稳办将加大责任查究力度，对工作不落实，措施不到位，造成群体性事件、大规模进京赴省、市和县集体上访，或其他影响社会稳定重大问题的，要按照有关规定严肃追究责任。

村（居委会）党委（支部）
书记（支部书记）

2、压力责任放大

在压力型体制下，县域政府承担的社会冲突治理责任也是一种自上而下的压力责任。中央政府提出，"要进一步健全制度、细化责任、以上率下，层层传导压力，积极落实责任……把责任落实到地市一级"[①]。中央意图夯实责任制度，全面从严治党。但是在社会冲突治理领域，"许多工作经过层层安排，直至交给基层落实，造成基层无法承受之重"。"每一级都追求权力和利益的最大化，追求工作量、成本和责任的最小化。安排工作的同时，把工作成本和责任转移给下级了。上级领导认为，基层的责任就是落实。基层越是没有钱，越需要承担这些工作成本。基层总是处于权力小、责任大以及经费和人员少、工作量大的状态。几乎所有工作，若落实不好或引起群众不满，上级决策者不检查决策中的问题，而是让下级或基层干部承担责任。"[②] 因此，县域政府及官员常用"上面千条线，下面一根针"比喻责任压力。在"权责倒挂"和"就地解决问题原则"的现实作用下，上级还通过批转信访案件等方式逐级下派社会冲突治理目标任务，同时把社会冲突治理责任向下转嫁，压力责任被逐级传递、放大，

---

① 习近平：《习近平在第十八届中央纪律检查委员会第五次全体会议上的讲话》，人民网，2015年1月13日。

② 马跃：《宏观工作体制和乡镇应对策略——对"上面千条线、下面一根针"的解读》，《经济社会体制比较》2011年第2期。

越往基层，社会冲突治理责任的"针痛感"越强烈。所谓压力责任，是上级通过红头文件、会议或口头通知等依托行政科层制开展政治动员，向下级传达社会冲突治理目标任务，并配置以检查、评比、奖励、处罚、督促等手段层层加码、施压，迫使下级肩负社会冲突治理责任，使之处于高压状态。其主要表现为考核奖惩的压力、督查评比的压力和问责追究的压力。

（1）考核奖惩的压力。通常上级对下级制定详尽的量化考核评价指标，一般分为"领导干部"个人考核和"综治和平安建设"项目考核等两大类进行定期考核评价，把社会冲突治理责任结果应用与个人晋升、集体荣誉、物质奖惩等挂钩，以此施加压力。例如，A市每年对基层村支部书记的综治工作做扣分考核，包括四大项十一小项，每一项都有详细分值（见表3—1）。

表3—1　　　　　　　村支部书记综治工作评分表

考核内容	项目	考核及扣分标准
平安村（社区）创建工作（45分）	领导重视（5分）	1、村委会成立平安村（社区）创建工作领导小组，人员配备到位，各项工作分工明确，组织机构及责任分工制成版面并上墙，无组织不得分，无版面或版面陈旧扣2分（实地查看）。每月召开一次工作会议，会议记录每少一次扣1分。（查会议记录）
	综治工作站建设（15分）	2、有综治工作站和便民服务中心合署办公室并挂牌，无办公室的扣5分，未挂牌的扣2分。办公室有人值班，有2块以上工作制度版面并上墙，无人值班扣2分，无档案柜扣1分，无值班表扣2分，工作制度版面每少一块扣2分。（实地查看）
	义务巡逻队建设（15分）	3、有义务巡逻队，义务巡逻制度和巡逻人员值班表上墙，有巡逻记录（一日一记）。无巡逻队不得分，制度、值班表、记录每少一项扣4分，巡逻记录每少一天扣0.5分，巡逻器械（巡逻棒、袖标、手电筒）不全，每缺一项扣0.5分（实地查看）

考核内容	项目	考核及扣分标准
平安村（社区）创建工作（45分）	档案资料完善（10分）	4、有乡镇（街道）下发到村（社区）的文件（开展"平安村"创建方案、平安建设工作要点，督查村级巡逻、季度考核的通报，乱点排查整治方案、平安建设宣传方案、平安建设目标保证书、平安建设宣传月活动方案）等资料，每少一个文件或资料扣1分。（实地查看）
		5、工作会议记录完善规范（有安排平安村创建、村巡逻、排查整治乱点、传达贯彻全市政法工作会议精神，传达安排平安创建宣传月活动等内容），内容每缺一项扣1分，驻村第一书记未参与的每次扣1分。（查记录）
平安建设宣传工作（20分）	地面宣传（10分）	6、村室附近设置"平安建设宣传栏"（1×2m），院内有3块以上固定宣传版面，有综治和平安建设宣传黑板报，每缺一项扣1分。村室附近设5条以上综治和平安建设固定宣传标语，每缺一条扣1分。（实地查看）
	宣传资料（10分）	7、有平安建设宣传方案，3月份、10月份平安建设宣传月活动方案，每缺一项扣3分，有平安建设宣传活动痕迹（活动宣传单、图片、文字资料），每缺一项扣2分。（查看资料）

续表

考核内容	项目	考核及扣分标准
社会治安重点问题排查整治工作（15分）	排查机制（6分）	8、有社会治安重点问题排查整治专项活动方案、组织，排查出的问题有单独的整治方案，整治小组、责任领导、工作措施、整治结束后有工作总结，每缺一项扣1分。未排查、未安排整治扣2分，无方案、组织各扣2分。每半月向乡镇上报矛盾纠纷和不稳定因素有关情况报表、否则扣1分。无专职人民调解员档案扣2分。（查资料）
	工作情况（9分）	9、有矛盾纠纷排查化解工作站（可与一村一警工作站合署），无场所扣2分，无挂牌扣2分；重点人群排查记录、矛盾纠纷排查调处记录、治安重点地区排查记录填写详实规范，每缺一本扣2分，排查记录逐人发言，否则一次扣1分；每月2次，每少一次扣1分；调成案件签订调解协议书，否则每案扣1分，当事人未签名按手印，每案扣1分，调处意见不详实扣1分。调解记录中调处意见简单一次扣1分，回访情况简单一次扣1分，综治工作记录各种组织填写不全的、缺一个组织扣0.5分，有刑满释放人员的填写简单扣1分。有矛盾纠纷未处理扣2分。（查记录、查资料）
一村一警长效机制建设（20分）	办公设施（5分）	10、有固定办公场所、标识牌、办公桌椅等办公设施，缺一项扣2分。（实地查看）
	法制宣传（5分）	11、督促驻村干警每季度组织开展1次安全防范宣传，每季度给学生上1次法制辅导课，每少一次扣3分。（查看活动图片、文字资料）
	日常工作（10分）	12、检查包村干警值班在岗情况（每月3次），有检查记录，每少一次扣1分；指导包村干警写好民情日志、巡逻记录及其他台账记录情况（查记录、查资料），每缺一项扣2分，填写不认真每项扣1分。

资料来源：来自调研资料。

　　再如，A市每年度都对各乡镇（街道）、市直（驻汝）有关单位，实行信访和综治、平安建设双百分制考核。主要考评一年内信访和综治、平安建设工作完成情况，包括基层基础工作、政法信访综治专项工作、市信访综治督办重点工作等。（见表3—2）

表3—2　　《A市年度信访综治和平安建设工作考评办法》年度考核涉及的
　　　　　　考评单位、内容、方式及分值分配表

考评项目		考核详细内容与评分标准	考评方式	分值
综治基层基础建设和日常工作（30分）	组织完善、领导重视情况	1. 党（工）委书记担任乡镇（街道）综治委主任，第一副主任由乡镇长（街道办事处主任）担任，副书记担任常务副主任并兼任综治办主任，明确一名副科级干部担任综治办专职副主任，专职专责，配备3名以上专职工作人员；村（社区）综治中心主任由党组织书记担任，综治中心根据需要配备1—2名副主任，由"两委"干部、驻村（社区）民警、人民调解员、网格管理员、社会工作者、志愿者等作为综治中心工作人员，进驻村综治中心。	现场查看	1
		2. 乡镇（街道）综治委每月至少召开1次工作会议，乡镇（街道）、村（社区）综治中心负责同志参会，详细填写会议记录并存档，会议有传达贯彻全市政法综治会议及文件精神，研究"平安乡镇"、"平安村（社区）"、"平安校园"、"和睦家庭"等创建，提高公众安全感指数和政法机关执法满意度，安排部署社会治安重点地区排查整治、矛盾纠纷排查调处、乡镇、村治安巡逻、加强监控平台建设及监控设备检查维护等工作内容。	现场查看	2
	社会治安防控体系建设情况	3. 视频监控平台24小时有人值班，值班记录、交接班记录完整、规范；设备运转正常，日常应用和维护到位。	考核组1分，公安局2分	3
		4. 加强对本乡镇（街道）社会治安巡防队伍的管理，使其在辖区派出所民警的指导下切实发挥治安巡逻和安全防范的职能。年底前所有村（社区）均成立义务巡逻队并切实发挥作用，有值班室，巡逻制度上墙，巡逻记录规范，交接班清晰。	现场查看	4

考评项目		考核详细内容与评分标准	考评方式	分值
综治基层基础建设和日常工作（30分）	社会治安防控体系建设情况	5. 社会治安重点地区和突出治安问题排查整治，实行滚动式排查，对排查出的问题及时整治到位，对工作资料及时归档。	现场查看	3
	基层矛盾纠纷排查调处平台建设	6. 切实落实矛盾纠纷市、乡、村三级联动排查化解机制，规范完善矛盾纠纷调处化解台账，乡级每半月、村级每周召开一次工作会议，对辖区矛盾纠纷情况进行分析研判，真正实现小事不出村、大事不出乡、难事不出市、矛盾不上交、人员不上行。各种制度上墙，工作资料填写完整、报表归档及时。	现场查看	3
		7. 每月月底前按时报送《矛盾纠纷排查调处月报表》《矛盾纠纷排查调处工作分类台账》《重大复杂矛盾纠纷台账》等矛调报表及矛调会议纪要。	综治办核查	2
	基层平安创建	8. 深化平安乡镇（街道）创建，深入开展平安村（社区）、平安校园、平安医院、和睦家庭等创建活动，制定实施方案，每季度对创建单位进行一次考评，有考评细则，并不定期进行督导、暗访和通报，有通报文件或记录。推动基层平安创建活动扎实有序开展，平安村（社区）达标率动态维持在80%以上。	现场查看	3
	平安建设宣传	9. 深入开展综治和平安建设日常宣传及集中宣传活动，充分利用固定标语、宣传栏（橱窗）、横幅、大型宣传标牌、宣传单、村喇叭、短信等方式广泛开展综治、法治、维稳、反邪教、国安等日常宣传；集中宣传活动前有方案，结束时有总结，活动后保留有工作痕迹（活动照片、宣传单、宣传版面等）。	现场查看	3
	"一村一警"工作	10. 加强对包村干警的管理、考核，督促其每月2次入村开展工作，半年和全年，对辖区包村干警进行一次考核；一村一警工作站保存干警工作记录、台账等工作资料。（考核组查看乡镇、街道管理考核资料及警务站工作资料）	现场查看	3
	第一书记管理	11. 加强对驻村第一书记的管理、使用、考核，充分发挥其在综治和平安建设工作中的作用。	现场查看	1
	工作信息上报	12. 每月至少向市综治办报送一条综治工作动态、典型经验、活动总结等信息材料；按要求报送政法舆情，推送中央、省委政法委指令。	综治办核查	2

续表

考评项目		考核详细内容与评分标准	考评方式	分值
市综治办督办重点工作（35分）	综治中心规范化建设	13. 乡镇（街道）综治中心按要求设立综合协调室、矛盾调处室、治安防控室和群众接待厅并落实各项工作制度、机制。综治中心和"三室一厅"按要求悬挂标牌，配备桌椅、电脑、电话、打印机、传真机等必要的办公设备。	现场查看	2
		14. 村（社区）综治中心设立矛盾调处室、治安防控室，由专人负责管理，并按要求落实各项制度、机制。村（社区）综治中心及"两室"在醒目位置悬挂标牌，办公用房可与警务室等统筹考虑，一室多用，配备必要的办公设备。		2
		15. 乡、村两级综治工作制度和宣传版面由市综治办统一规范制作，乡、村两级综治中心负责安装摆放到位并维护，1分；综治中心（含各厅、室）会议记录和工作台账等软件资料由各乡镇（街道）统一印制，乡、村两级综治中心负责真实、规范、完整填写并存档，4分。		5
		16. 扎实推进综治中心规范化建设，各乡镇（街道）每周四按要求上报每阶段工作落实情况。	综治办核查	1
	安全感及满意度调查	17. 市综治办组织人员对全市20个乡镇、街道采用随机电话问卷调查的形式进行公众安全感执法满意度调查，汇总结果后分类排队，在全市范围内通报并在年终考核中体现，公众安全感指数及执法满意率达95%以上得满分，90%—94%之间，每低一个百分点扣1分，85%—89%之间，每低一个百分点扣1.5分，扣完为止。	专项组电话调查	15
	其他工作	18. 以奖代补政策落实严重精神障碍患者监护责任、今冬明春交通整治、禁毒、地面非法卫星接收设施整治、打击电信网络新型犯罪等五项工作开展情况。	综治办核查	5
		19. 贯彻学习《健全落实社会治安综合治理领导责任制规定》情况。各乡镇（街道）一把手撰写落实情况、心得体会、典型经验等相关署名文章报送及发表情况。	综治办核查	5

续表

考评项目		考核详细内容与评分标准	考评方式	分值
政法综治专项工作（35分）	维护社会稳定	20.（1）维稳宣传月有方案、图片、资料，日常宣传有横幅、墙体标语；（2）每月党委组织召开社会稳定形势分析研判工作会议，有会议记录、月报告；（3）有重大不稳定问题排查稳控情况月报表、特定群体信息台账；（4）重大决策事项社会稳定风险评估有实施方案、事项评估报告、月报表；（5）有重大群体性、突发性事件应急处置机制、方案、预案、处置结果。	考核组5分，维稳办5分	10
	防范和处理邪教	21.（1）党委、政府重视无邪教创建工作，有实施方案、工作会议记录及其他文件资料；（2）涉及诬告滥诉的，按要求帮扶教育、打击处理到位；（3）安全防控措施到位，有安全防控应急预案，敏感时期"零报告"执行到位；（4）对邪教人员建立详细台账，落实包保责任；（5）乡级有不低于36平米的宣传阵地，村级有不低于6平米的宣传阵地，"一墙一窗"完善，定期维护更新。	考核组5分，防范办5分	10
	国家安全人民防线建设	22.（1）特殊利益群体数据库记录规范全面，有纸质和电子档案，且对象要素、身份证、家庭住址、联系电话齐全；（2）"1501"工程持续有效开展，辖区"两外"人员统计数据逐年递增；（3）有"破冰5号"调研报告，根据质量优劣打分；（4）"4·15""1101"宣传工作有资料、图片、总结，且积极参加市集中宣传活动。	考核组2分，国安办3分	5
	刑事治安案件发案情况	23. 辖区刑事、治安案件发案率（发案数/辖区常住人口总数×100%）最低的为第一名，得满分，每降低一个名次扣0.2分，以此类推，计算得分。	公安局核查	5
	公共安全管理	24. 辖区公共安全事件发生率（发生安全事件起数/辖区常住人口总数×100%）最低的为第一名，得满分；每降低一个名次扣0.1分，以此类推，计算得分。	安监局核查	3
	食品安全管理	25. 辖区食品安全事件发生率（发生安全事件起数/辖区常住人口总数×100%）最低的为第一名，得满分；每降低一个名次扣0.1分，以此类推，计算得分。	食安办核查	2

续表

考评项目	考核详细内容与评分标准	考评方式	分值
加分项	26. 承担市综治和平安建设个性化工作任务，成绩突出，贡献较大；承担各类试点工作，承办经验推介性现场会；扎实开展铁路护路联防工作，铁路沿线各乡镇（街道）开展影响铁路安全隐患专项整治工作推进情况及运输安全日常维护情况，确保我市铁路运输安全；酌情加1—10分。	综治办核查	
扣分项	27. 对省、市政法、综治等部门督查暗访中发现的问题重视不够，整改不力或拒不整改，被通报批评、约谈或挂牌整治的；发生重、特大群体性事件和刑事治安案件的；不按时参加政法、综治部门召集的会议，有替会现象的；不按时上报各类数据的；未按要求积极开展法治宣传，完成法治论文、调研报告撰写、报刊杂志征订等工作的；酌情扣1—10分。	政法相关部门核查	

资料来源：调研资料。

A市还出台了《关于进一步明确财政经费拨付与信访工作挂钩管理办法的通知》，进一步把涉京、非访等社会冲突治理责任与财政经费拨付直接关联起来，具体规定如下：

一、赴京非访

1.5人以下：每发生1起，扣除责任单位当月工作经费（专指各乡镇、街道和市直单位与底线工作挂钩的工作经费，下同）5万元；同一信访事项发生重复非访的，视情节轻重，扣除责任单位当月工作经费7—10万元。

2.5人以上（含5人）：每发生1批，扣除责任单位当月工作经费10万元；同一信访事项发生重复非访的，扣除责任单位当月工作经费20万元。

3. 凡发生赴京非访，责任单位不能按通知要求及时劝返、配合处置的，分别在现有标准基础上加扣当月工作经费1万元。

二、赴京上访

1. 集体访：每发生1批，扣除责任单位当月工作经费5万元；

同一信访事项发生重复集体访的，视情节轻重，扣除责任单位当月工作经费 7—10 万元。

2. 个访：每发生 1 起，扣除责任单位当月工作经费 5000 元；同一信访事项发生重复上访的，扣除责任单位当月工作经费 1 万元。

三、赴省上访

1. 集体访：每发生 1 批，扣除责任单位当月工作经费 3 万元；同一信访事项发生重复集体访的，视情节轻重，扣除责任单位当月工作经费 4—6 万元。

2. 个访：初访不扣工作经费，同一信访事项第一次重访扣除责任单位当月工作经费 5000 元，再次发生重复上访的，每次在上次基础上加罚 5000 元。

四、极端上访

1. 发生围堵国家级、省级党政机关，或在京、省发生自残自伤、跳楼卧轨、服毒自杀等极端上访事件的，每起扣除责任单位当月工作经费 3 万元。

2. 发生围堵市级党政机关，或在本市范围内发生阻断交通、自残自伤、跳楼卧轨、服毒自杀等极端上访事件的，每起扣除责任单位当月工作经费 2 万元。

3. 凡发生极端上访，责任单位不能按规定要求及时劝返、配合处置的，分别在现有标准基础上加扣当月工作经费 1 万元。

五、其他事项

（一）所扣工作经费用途：全部用于奖励先进、基层基础建设和信访救助等工作。

（二）重复访认定标准：同一信访事项发生之日起，至再次发生同级别上访不超过一年的，即视为重复访。

（三）若因工作原因造成上述信访事项的，严格按照规定标准执行；若查实确因信访人原因造成的，在规定标准基础上减半执行。工作原因和信访人原因认定标准，根据《河南省信访局〈关于对来省越级走访信访事项界定通报及核查认定标准的通知〉》（豫信〔2016〕4 号）规定，并结合我市信访工作实际确定。

1. 工作原因认定标准：责任单位应登记未登记、应录入未录入，未在规定时间内与信访人签订《双向责任书》、给信访人出具《受理告知书》和《处理意见书》，信访人同意处理意见但责任单位未按规定落实到位等，以及在办理信访事项过程中存在的调查不清、编造处理报告、伪造签字等各种弄虚作假行为。

2. 信访人原因认定标准：责任单位已受理，且已登记录入信访信息系统，正在办理时限内的；已依法依规按政策做出处理意见并落实到位，且信访人签订停访息诉协议，但仍就同一诉求信访的；已通过复查复核程序依法三级终结的，或组织召开评查听证会议并经80%以上评议员通过的。

（四）责任主体划分原则：1. 涉法涉诉类信访事项责任单位与稳控单位负同责。2. 特定利益群体类信访事项牵头职能部门与稳控单位的责任划分比例为3∶7。3. 人事分离的信访事项，处理过程中的，处理单位与稳控单位的责任划分比例为7∶3；依法处理完毕并经市政法信访稳定及社会治安综合治理领导小组认可的，处理单位和稳控单位负同责。

（五）本办法未尽事宜由市政法信访稳定及社会治安综合治理领导小组研究决定并负责解释，自2016年3月26日起施行。

资料来源：《关于进一步明确财政经费拨付与信访工作挂钩管理办法的通知》

这种量化扣分制考核使得县域政府各级领导干部都直接感受到了社会冲突治理的责任压力，同时也会模糊领导干部的岗位其他低分职责，模糊与个人晋升相关性低的责任，模糊与集体相关性高的责任，模糊与奖惩相关性低的责任，把个人的主要精力放在如何避免扣分上，造成"照方抓药"；进一步来说，面对多样迭变频发的社会冲突，这也降低了政府社会治理的主动预防效果。

（2）督查评比的压力。上级不断对下级开展多样的综治维稳的督查评比活动，使得下级社会冲突治理的压力责任倍增。2015年以前，国家曾采取的"信访排名制度"给各级政府施加了巨大政治压力，信访制度改革后，取而代之的是上级与下级之间的"点对点"通报制度，并通过信访约谈、挂牌督办等制度对地方工作进行监督，基层社会冲突治理的压力责任丝毫未减。

中央综治办实行"隔级督办"，每年从公共安全、治安问题相对突出的地方中，确定若干作为挂牌督办的重点整治单位，加强监督管理。对受到挂牌督办的地区、单位，在半年内取消该地区、单位评选综合性荣誉称号的资格和该地区、单位主要领导干部、主管领导干部、分管领导干部评先受奖、晋职晋级的资格。《河南省社会治安综合治理领导责任制实施办法》第18条规定"各级党委、政府应当将社会治安综合治理纳入工作督促检查范围，适时组织开展督促检查。督促检查的形式主要包括专项督查、暗访督查、巡视督查、半年和年度督查等。督查工作可由各级综治委及其办公室组织实施。"第34条对受到通报后仍未按期完成整改目标的提出了约谈的相关规定，"综治办主任对其党政主要领导干部、社会治安综合治理工作分管领导干部和负有责任的其他领导班子成员进行约谈，必要时由综治委主任、副主任约谈，也可根据实际情况会同有关部门负责同志进行约谈，帮助分析原因，督促其于3个月内进行整改。约谈情况通报下一级综治部门和本级综治委、平安建设工作领导小组各成员单位，抄送有干部管理权限的党委或垂直管理系统的本级（或上一级）主管部门。被约谈人所在地方党委、政府或单位党组（党委）应当在约谈后10个工作日内报告整改措施，并每月报告1次整改情况。地方、单位整改期满后可书面申请综治办检查验收"。第35条对受到约谈后仍未按期完成整改目标规定了挂牌督办的条款："对符合挂牌督办条件的，经综治、纪检、组织、人事、监察五部门联席会议研究提出意见后挂牌督办，并按照本办法第34条的规定进行约谈，督促其于6个月内进行整改"；"挂牌督办期间，取消该地方、单位评选综合性荣誉称号的资格和该地方、单位主要领导干部、主管领导干部、分管领导干部和相关责任人评先受奖、晋职晋级的资格。被挂牌督办的地方党委、政府或单位党组（党委）应当在收到挂牌督办决定后10个工作日内报告整改措施，对存在的问题专题研究、认真整改，每两个月报告1次整改情况"。① 比如，A市成立5个定期督导考评小组，分别由政法委安排5名正科级领导带队，抽调市综治办工作人员和相关基层综治主抓副职和专干参加，每个组考评4个乡镇。考评结

---

① 具体参见《河南省社会治安综合治理领导责任制实施办法》。

束后，及时将考评结果汇总并通报全市，并按照规定实施成绩结果运用。同时，市综治办根据全省工作安排组织暗访活动，赴各乡镇（街道）进行实地暗访检查，每次暗访检查出的问题形成督查通报，并按照规定实施成绩结果运用。

（3）问责追究的压力。通过建立完善问责制度，自上而下层层追究各级官员社会冲突处置不力的责任，倒逼社会冲突治理责任落实到位，导致出现"24小时盯控""白加黑、五加二"超负荷工作压力。《关于实行党政领导干部问责的暂行规定》确定了对党政领导干部实行问责的方式有五种，分别是责令公开道歉、停职检查、引咎辞职、责令辞职、免职。但是，对责任主体和监督主体等细节没有明确。《健全落实社会治安综合治理领导责任制规定》针对六种情形进行追责，第21条规定对党政领导班子、领导干部进行责任督导和追究的方式包括：通报、约谈、挂牌督办、实施一票否决权制、引咎辞职、责令辞职、免职等。因违纪违法应当承担责任的，给予党纪政纪处分；构成犯罪的，依法追究刑事责任[①]。比如，昆明市纪委决定，对晋宁县富有村"10·14"事件中的16名责任人进行问责和党政纪立案查处，晋宁县县长岳为民被停职检查问责，晋宁县委政法委书记李徐、晋宁县委副书记陈海彦被给予免职处理并进行党纪立案查处，其他主要责任人也分别被问责。[②] 2016年，仙桃市发生了一起大规模群体性事件，最终导致湖北省委免去冯云乔仙桃市委书记、常委、委员职务，终止其提拔任用程序；仙桃市长、市委秘书长分别受到诫勉谈话处理。[③] 2017年5月7日，湖南省株洲市攸县黄丰桥镇发生煤矿中毒事故，55人被困，其中18人死亡，随后攸县人民政府副县长王卓文等6名干部被就地免职。[④]

《信访工作责任制实施办法》针对六种情形追究责任，第十一条进一

---

① 中共中央办公厅、国务院办公厅：《健全落实社会治安综合治理领导责任制规定》，新华社，2016年3月23日。

② 《云南晋宁冲突事件16名责任人被问责和党政纪立案查处》，《甘肃日报》2014年10月24日。

③ 《湖北仙桃市委书记冯云乔因处理群体事件不力被免》，《中国纪检监察报》2016年8月23日。

④ 《湖南株洲煤矿发生气体中毒事故，主要负责人被先期免职》，央广网，2017年5月8日。http://www.cnr.cn/。

步明确了"集体责任""领导责任""直接责任""个人责任"等，"领导班子主要负责人和直接主管的负责人承担主要领导责任，参与决策和工作的班子其他成员承担重要领导责任，对错误决策或者行为提出明确反对意见而没有被采纳的，不承担领导责任；涉及的个人责任，具体负责的工作人员承担直接责任，领导班子主要负责人和直接主管的负责人承担领导责任。"第 12 条根据情节轻重，对各级党政机关领导干部、工作人员的责任追究采取通报、诫勉、组织调整或者组织处理、纪律处分的方式进行。上述追责方式，可以单独使用，也可以合并使用。涉嫌违法犯罪的，按照国家有关法律规定处理。① 比如，2015 年纪念抗日战争胜利七十周年活动期间，H 省 S 市 DJ 乡村民杨某及其家人多次赴京上访，反映与邻居宅基地纠纷问题，造成严重不良影响。市纪委给予负有重要领导责任的县委常委、统战部长王某党内警告处分。S 市纪委给予负有主要领导责任的乡党委书记席某党内警告处分并免去乡党委书记职务，分别给予负有直接责任的乡人大常委会主任陈某、DJ 村村支书刘某党内严重警告处分。②

二　县域政府科层内部责任混合化

县域政府在社会冲突治理中，通过建立领导小组体制、大信访格局、县乡村综治体系、包保责任制等，形成了科层组织内部责任的混合化，其表现是信访吸纳法治、行政法治一体化以及冲突治理科层功能混合化，引起行政与法治的不平衡。其具体表现为，一是建立领导小组体制，通过再组织化，将党委、政府、人大、政协整合在社会冲突治理工作当中，使县党委处于权力的中心，建立了县域动员式社会治理体制；二是形成大信访格局。信访体系是县域社会治理中诉求表达和诉求解决的中枢机制，一方面成本门槛较低的信访制度使经济社会转型中大量复杂的社会矛盾吸纳进了行政体制，另一方面，政府建立了以信访为中心的回应机制，出现了对诉讼、行政复议等权利救济渠道的替代现象，其后果是诉求表达和诉求解决的不断行政化，通过信访吸纳法治强化了以社会冲突治理为中心的强维

---

① 中共中央办公厅、国务院办公厅：《信访工作责任制实施办法》，人民网，2016 年 10 月 24 日。

② S 市内部资料：S 市纪委监察局内部资料。

稳弱维权结构。三是通过包保责任制，实现了行政司法一体化。"包保责任制"是县域社会冲突治理中县域干部与民众之间的制度化连接方式。县域政府建立了从县到乡、从县委书记到各委局、乡镇一把手在内的制度化的"包保责任"体系。包保责任制"不仅在正式体制内进行了分工合作，而且为构建基层政权与上访者之间的联结关系提供了平台，形成纵横交错的信访维稳责任体系"。包保责任制建构了信访作为县域政府社会冲突治理体系核心和中枢的框架，但也使社会冲突治理更多呈现为目的合理性特征。四是构建综治体系，建立正式化的社会冲突治理行政化机制。而综治中心以"信访"为中枢渠道，各种形式的公众投诉和社会抗争以信访的形式进入行政渠道，纳入大信访格局，着力应对上访与基层社会冲突治理问题（见表3—3）。

表3—3　　　　　　　　　　　**县域政府社会冲突治理结构**

社会冲突治理结构	机制	后果
领导小组体制	动员式社会治理	动员式领导体制
大信访格局	诉求表达行政化	信访吸纳法治
县乡村综治体系	社会冲突治理行政化	行政法治一体化
包保责任制	诉求解决行政化	冲突治理混合化

1. 建立大信访格局

县域政府是"发展"和"稳定"的责任主体，"社会稳定"是县域政府的两大主要职能之一，在县域社会冲突治理体系中，针对大量社会矛盾越来越多地涌入信访部门的现象，县域政府建立了大信访格局，将信访置于县域社会治理体系的核心和中枢地位。大信访格局使信访从政党和国家了解民意、维护民众合法权益和政治权利以及化解社会矛盾的重要窗口和补充，作为司法系统之外进行冲突调解的行政手段，到逐步建立了社会冲突治理中的主导地位，信访的权利救济、社会矛盾化解等方面的功能愈加凸显，甚至出现了对诉讼、行政复议等权利救济渠道的替代，成为基层治理中诉求表达和诉求解决的中枢机制，从而强化了县域社会冲突治理行政司法混合化的趋向。

在大信访格局中，信访制度一方面将不能进入法律途径的法治剩余问题吸纳进入行政体制，另一方面，成本低、门槛低等信访治理特点也使经济社会转型中大量复杂的社会矛盾吸纳进了行政体制，诉求表达和诉求解决的行政化，其中一个表现就是实行了县处级领导干部接访制度，县域普遍实行县委书记、县长等县处级领导接访制度。其效应成为信访吸纳法治，社会冲突化解行政化的象征，导致"信访洪峰""信访拥堵"和群众"信访不信法"以及信访本身成为社会问题。本书称之为信访吸纳法治的现象。在 B 市每月进行排班接待信访群众，所有县处级领导干部每月至少 1 次，尤其是县委书记每月至少 1 次亲自接访（见表3—4）。

表 3—4　　　　　　　　2017 年 5 月领导信访接待日安排表

序号	接待时间	姓名	职务	联系方式
1	5 月 1 日	张某某	市委常委、政法委书记	略
2	5 月 2 日	张某某	市法院院长	略
3	5 月 3 日	姬某某	市政府副市长	略
4	5 月 4 日	刘某某	市委常委、纪委书记	略
5	5 月 5 日	宋某某	市委书记	略
6	5 月 6 日	付某某	市委常委、宣传部长	略
7	5 月 7 日	姚某某	市委常委、统战部长	略
8	5 月 8 日	李某某	市检察院检察长	略
9	5 月 9 日	张某某	市委副书记、市长	略
10	5 月 10 日	尤某某	市政府党组成员	略
11	5 月 11 日	李某某	市委常委、组织部长	略
12	5 月 12 日	魏某某	市政府党组成员	略
13	5 月 13 日	丁某某	市政府党组成员	略
14	5 月 14 日	辛某某	市委常委、常务副市长	略

资料来源：B 市信访局领导信访接待日安排表

2. 建立包保责任制，行政司法一体化

包保责任制是县域社会冲突治理中县域干部与民众之间的制度化连接方式。县域政府建立了从县到乡、从县委书记到各委局、乡镇一把手在内的制度化的包保责任体系。田先红研究发现，包保责任制"不仅在正式体制内进行了分工合作，而且为构建基层政权与上访者之间的联结关系提供了平台，形成纵横交错的信访稳定责任体系"。在县级层面，党委、政府、人大、政协、法院等所有部门以及所有县处级干部建立了包乡责任制以及包村包案责任制，对所包案件要做到"五包""四亲自"，即包调查、包处理、包疏导教育、包稳控管理、包息诉罢访，亲自包案、亲自主持研究案情、亲自调查分析问题成因、亲自提出解决方案，通过包保责任制，所有县处级干部和委局部门被纳入大信访格局当中。包保责任制建构了信访作为县域政府社会冲突治理体系核心和中枢的框架，但也使社会冲突治理更多呈现为目的合理性特征，基于目的合理性，一些社会政策如低保、社会救助等政策也沦为社会冲突治理的重要手段和工具。

　　3. 构建综治体系，建立正式化的社会冲突治理行政化机制

　　近年来，各个县以政法委牵头，建立了大综治维稳体系，在各乡镇（街道）都成立了综治中心。综治中心受政法委领导，信访办、司法所、经管站、派出所等不同部门联合办公，而综治中心以信访为中枢渠道，成为民众诉求表达和诉求解决的通道，各种形式的公众投诉和社会抗争以信访的形式进入行政渠道，而县域政府也将所有的社会抗争通过信访办理的方式，纳入大信访格局，着力应对上访与基层社会冲突治理问题。A市于2015年制定了《A市矛盾纠纷调处化解平台规范化建设实施方案》，到2015年年底，"建成了三级矛盾纠纷预防化解平台，20个乡镇（街道）的矛盾纠纷调处化解中心已全部挂牌成立，硬件设施基本到位，459个行政村基本实现矛盾纠纷调解室全覆盖，交警、卫生、住建行业的矛盾纠纷调处平台也基本建成，并已建立了覆盖全市乡村、部分行业系统的900多人的基层调解队伍"。

三　县域政府的"全能保姆"角色

　　改革开放以来，市场经济体制逐步建立并日臻完善，但社会转型滞后于经济转型，政府主导的社会治理体制并没有发生根本性的变化。在社会冲突治理领域，在"群众无小事""全心全意为人民服务""密切联系群众"等理念的支配下，属地责任的压力型考核机制使县域政府不得不扮演"全能保姆"的角色，全面接手各种纠纷和民众诉求。县域政府角色由"裁判员""调解员"转变为"全能保姆"，县域政府承担

了多重冲突性的角色期望和角色要求。如特殊群体兜底责任、突发事件兜底责任和民事调解兜底责任等，县域政府从第三方仲裁者的角色转变为当事方。

1. 连带责任无限

2015 年修订后的《信访条例》仍然明确规定了信访工作的属地责任，"信访工作应坚持属地管理、分级负责、谁主管、谁负责、依法及时、就地解决问题与疏导教育相结合的原则"①，由此涉稳领域问题一般参照属地管理原则和主管原则进行归口处理，进而衍生出属地责任和主管责任。但是，造成矛盾纠纷和社会冲突的原因是错综复杂的、多方面的，有的社会冲突治理问题必然会牵扯到异地责任和事实责任，本文统称为"连带责任"，所谓连带责任，是指社会冲突个案中涉及的属地县乡政府及其领导干部要对无关的纠纷和诉求承担责任，主要依据个案影响程度而不是个案的发生原因等来认定、划分下级担责的主次轻重。其主要表现为：跨行政区连带责任和跨职能部门连带责任。

（1）跨行政区连带责任。属地管理一般以信访人户籍地为原则处理。然而，有不少涉稳信访事件发生在异地，即上访地点、信访人户籍地、现居住地、案发问题地方都不在同一行政辖区。在"条块分割"的行政管理模式，维护社会稳定职能跨行政区交叉重叠，责任连带，可是由于连带责任互相推诿，可能导致社会冲突治理与权益保障皆困难重重。例如，H市信访局在杭州 G20 峰会期间值班接访期间，现居辽宁上访事由也为辽宁的李姓上访者，在峰会会场附近意图上访被带走，因为身份证显示为河南省 H 市，尽管李姓上访人员居住地、社会关系和上访事项都在辽宁，囿于属地管理原则，由 H 市派出由公安、综治办等人员组成工作组赴杭州将其带回 H 市，稳控至峰会结束后由其自行返辽。② 本来属于辽宁的社会冲突治理责任，却由根本无关、也无行政管辖权的河南省 H 市承担连带责任。再如，2013 年 7 月 20 日首都机场爆炸事件就是这样的体现，按属地原则冀中星老家山东菏泽应当对冀中星极端上访负责，但山东菏泽又认为冀中星所反映事情发生在广东东莞，而该由东莞负责，如此推来推

---

① 中华人民共和国国务院令（第 431 号）：《信访条例》第四章，第二十一条。
② 资料来源：课题组对河南省 H 市信访局访谈资料整理。

去，最终冀中星选择极端维权。

A1　B市T乡村民顾某＊土地租赁纠纷案

2006年，B市T乡村民顾某举家迁至S市，并承包S市康某农场耕地94亩，每亩转让费2300元，共计21.62万元，先期支付15.62万元，剩余6万元待土地收益后支付。2014年6月间，康某称余款支付日期已到，要求限期付清，在顾某筹款期间康某率人将顾某一家从租住地撵走，并强行收回土地，造成顾某轻伤。此后顾某起诉至当地法院，但由于康某、顾某私下转让土地属违法行为，2人纠纷未能在法院得到妥善解决。在之后数年中，顾某成为"上访专业户"，多次赴京上访。按照"属地责任"原则，S市当地政府应为信访事项的主要负责人，但是由于顾某户籍尚在T乡，故T乡政府多次被上级通知赴京领人，并履行稳控在当地的责任，T乡政府因此不堪其扰，至2016年9月，该案件仍在化解过程中。

资料来源：实地走访调研。

（2）跨职能部门连带责任。条块关系是我国行政组织体系中基本的结构性关系，它在各个不同的层面和各个不同的领域影响和制约着整个政府的行政管理。从当前维稳实践看，在我国自上而下设置的承担维稳职责的机构可谓"兵强马壮"，包括政法委（综治办、维稳办）、公安、司法、信访等等，但各个横向职能机构"条块分割"、各有所属、各行其是，人员管理"各管各"、职能发挥"各顾各"、矛盾调处"各推各"；在矛盾纠纷预防、排查化解调处工作中不能达成"合力"，为规避己责，上报研究，坐等指示，致使维稳职能"虚抓空转"。例如，R乡的信访人向上反映家里耕地被占补偿问题，"来过好几拨人，有乡里带着不同的领导来家里问情况，一遍又一遍，见面很关心，以为有指望了，可过后也没了下文。这样反反复复一年多了，看来还是得去北京"。

2. 兜底责任超负

中共中央、国务院《关于进一步加强新时期信访工作的意见》规定，"要认真坚持党政领导干部阅批群众来信、定期接待群众来访、带案下访和包案处理信访问题等制度"①。领导干部包案制度成为政府社会冲突治理的一项重要制度安排，即各级党政机关、企事业单位、人民团体对本地区、本单位发生的重大疑难信访问题，应当明确一名领导干部具体负责处理的领导责任制度。在各地社会冲突治理实践过程，逐渐发展出"五包；"四亲自"②"五个一"③"五定五包"④ 等若干形式。总之，"一包到底""包解决"是领导干部包案制度的基本特征，社会冲突治理责任演变成为一种兜底责任。"在社会冲突管理过程中，政府是非当事方，它在冲突双方之间扮演着第三方干预角色，承担着为冲突双方搭建交流平台、促成和解以及达成妥协，最终化解冲突和恢复社会秩序的责任。"⑤ 然而事实上，县域政府在社会冲突管理中不仅扮演着"裁判员""调解员"的角色，更是在社会冲突治理责任的压力下扮演着"全能保姆"的角色；近年来，县域政府社会发展经费支出居高不下，甚至挤占其他公共服务经费支出，这就是兜底责任超负荷的迹象。所谓兜底责任，指的是社会冲突双方未能达成妥协转而寻求政府调解，甚至将冲突矛头转向政府，政府为了尽快平息事态，避免触发上级政府的社会冲突治理问责和媒体舆论的维权问责，一般对冲突方诉求采取"花钱买平安""入低保"等利益交易的方式进行兜底。其主要表现为：特殊群体兜底责任、突发事件兜底责任和民事调解兜底责任。

（1）特殊群体兜底责任。在冲突处理中，政府及官员侧重关注失业人员、残疾人、涉军人员、艾滋病患者等特殊群体的利益诉求并尽可能予以满足，避免受到道义上的责难。A市制定了《全市特定利益群体稳控化解专项治理工作方案》对特定利益群体重点人员进行了专门统计，并

① 中共中央国务院颁发《关于进一步加强新时期信访工作的意见》，人民网，2007年6月25日，www.people.com.cn.
② 河南省采取"包掌握情况、包思想转化、包解决问题、包息诉罢访、包教育稳控，亲自面见信访人、亲自听取汇报、亲自协调化解、亲自研究化解意见"。
③ 西安市对一些影响较大、可能引发群体性上访、闹事事件的重大矛盾纠纷，实行"一个问题，一名领导，一套班子，一个方案，一抓到底"的领导干部包案制度。
④ 四川眉山市采取"五定"（定领导、定方案、定专人、定质量、定时限）和"五包"（包掌握情况、包解决困难、包化解转化、包稳控管理、包依法处理）责任措施。
⑤ 杨华：《政府兜底：当前农村社会冲突管理中的现象与逻辑》，《公共管理学报》2014年第4期。

建立了特定利益群体重点稳控责任机制。（见表 3—5）

表 3—5 　　　　　　　A 市特定利益群体重点稳控责任表

特定利益群体类型	责任领导
涉军群体	常务副镇长
涉艾群体	武装部长
守护营	党委副书记
机构改革人员	人大副主席
非法集资	党委副书记
原村妇联主任群体	副镇长
离任村干部群体	纪委书记

资料来源：A 市 X 镇《特定利益群体稳控化解专项治理工作会议纪要》

（2）危机事件兜底责任。从经济危机，治安暴力，国际外交摩擦，传染性疫病，大型自然灾害，到安全生产、爆炸失火、破产倒闭、食物中毒、停水停电、人质劫持和各种恐怖事件，都会不同程度地影响着社会稳定与安全，如果任由危机事件蔓延可能转化为大规模的突发公共事件或群体性事件，引发更为严重的社会动荡。《国家突发公共事件总体应急预案》规定了政府及官员对于突发公共事件的责任制度。出于快速反应、稳控事态，甚至政治上的考虑，政府及其官员会不惜代价积极处理危机、负责到底。

普通的欠费停水引发全村上访，县域政府不得已兜底买单。例如，青岛市张家楼镇的北寨村村民因不交自来水费，断水 8 年，如今有村民上访反映想再度使用自来水，"不然全村人就去县里找水吃"，镇政府牵头自来水公司和村民们几经协调，最终还是由张家楼镇政府出资垫付，购置设备，恢复供水。①

企业经营不善导致工人欠薪，为避免工人讨薪群体性事件发生，县域政府负责垫付工人欠薪。例如，2014 年 3 月，永湖镇的港资企业锦多玩具厂突然停产，为安抚情绪激动的 700 多工人，惠阳永湖镇政府垫付了

---

① 《北寨村自来水—断 8 年，村里称无钱修管道》，半岛都市报，2013 年 07 月 23 日。ht-tp：//news. bandao. cn/news_ html/201307/20130702/news_ 20130702_ 2207162. shtml。

600 万元的工资。2015 年 1 月，惠阳淡水白云坑的金利金公司老板陈金水跑路，淡水街道办垫付 300 多万元工人工资。同年 3 月，新生港源鞋厂突然倒闭，新圩镇政府垫付 350 万元工人工资。[①] 2016 年底，欧冠陶瓷全面停产、严重拖欠工资，引发员工恐慌和不满情绪。春节前夕，珙县委县政府筹资 110 万元垫付了欧冠员工部分工资；县工业园区管委会、县总工会等相关部门也筹措资金，对困难职工进行帮助和慰问。[②]

（3）民事调解兜底责任。政府作为无利益冲突的第三方介入诸如交通事故纠纷、邻里纠纷、劳资纠纷、借贷纠纷、医患纠纷、物业纠纷等民事纠纷，却沦为"兜底"的调解者[③]，为冲突的化解"买单"。很多信访案例表明，政府往往为了社会稳定会通过花钱买平安的兜底方式来化解冲突。

交通纠纷案中县域政府不得不兜底负责：

A2：C 市 S 村王 * 交通纠纷案

2014 年 C 市 S 村村民王某死于一起普通交通事故，而王某的亲属不满意依法依规得到的赔偿，要求赔偿更多，遂将王某的尸体抬到出事路段阻碍交通，后又抬到县政府大门口摆灵堂大哭大闹。最后，县政法委不得不出面协调，进行兜底赔偿以化解冲突，王某的亲属得到了 30 万元赔偿款：保险公司和肇事方共赔偿 28 万元，肇事方所在地镇政府赔偿 1 万元，王某所在地镇政府赔偿 1 万元。

民间借贷纠纷的处理往往也会由县域政府来买单：

A3：A 市王某因经济纠纷多年上访上访案例

信访人基本情况：王某，女，82 岁，农民；反映问题：信访人反映的是 A 市杨某办省钢琴艺术学校 A 分校因缺资金，向王某借款

---

① 《惠阳港资玩具厂倒闭 到退休年龄者也能领补偿》，南方都市报，2015 年 4 月 15 日。http：//www.ybxww.com/http：//paper.oeeee.com/nis/201502/12/327453.html。

② 《珙县：欧冠陶瓷欠薪事件》，宜宾新闻网，2017 年 02 月 22 日。http：//www.ybcmw.com.cn/news/shendu/2017 - 02 - 27/8277_ 2.html。

③ 李婷婷：《"兜底"的调解者——转型期中国冲突管理的迷局与逻辑》，《社会主义研究》2012 年第 2 期。

购买教学用具，后杨某因办学亏损，2002 年离开 A 市后杳无音讯，导致信访人无法讨要借款，要求政府出面向杨某追讨借款的问题。稳控责任单位：市第一人民医院。稳控措施：鉴于信访人年纪大，身体不好，家庭生活困难，市第一人民医院对信访人给予王某贰万元的信访救助，救助后的剩余借款直到与借款人杨某见面后再讨要。处理结果：经医院多次与信访人沟通，最后王某同意就与杨某之间的借款纠纷，经信访救助后愿停访息诉。信访人目前同意处理意见，王某明确表示接受救助后彻底停访息诉。

邻里纠纷处理中也有县域政府包办兜底的情形：

A4：A 市李某邻里纠纷上访案

个人情况：李某，女，49，农民；反映问题：信访人反映的是信访人本人与邻居王某宅基地纠纷等问题。李某与王某家系前后排邻居关系，因前后宅基出水问题产生纠纷并发生肢体冲突，王某受伤后被送往医院住院治疗 2 天，共花费医疗费 1344 元，李某拒不支付王某医疗费用被诉至法院。法院依法判决李某赔偿王某医疗费、误工费、护理费、住院伙食补助费等共计 1544 元。自此，双方积下矛盾。稳控责任单位：乡镇政府；稳控措施：该案件属诉求时间长，长期积累久拖未决的特殊疑难信访个案，经镇党委集体研究决定，特申请"特殊疑难信访问题专项资金" 4 万元予以救助解决。处理结果：信访人同意处理意见，表示愿就此事拿到救助金后停访息诉。

县域政府的兜底责任往往都是通过领导干部包案制度来实施和完成的。A 市 LX 镇对领导包案作出了如下规定：

一是做到有案必包。凡排查出来的不稳定因素，除落实办案责任人外，涉案单位要根据分工和工作需要落实包案领导并明确相关责任，重大问题要由主要领导直接包案。

二是领导包案分工。领导包案，原则上以领导分管工作和帮包联系点为依据，落实包案责任制。领导接访的案件，实行谁接访谁包案。

三是领导包案处理。凡重大信访案件，领导接到信访案件要及时深入案发单位，帮助研究解决处理办法，对重大疑难案件要亲自出面协调，并跟踪督办，直到问题彻底解决。领导所包案件，案发单位负责人是案件第一责任人，要按照包案领导的要求，认真研究处理，及时向包案领导上报处理结果。

资料来源：R 市信访局内部资料。

第三节　责任泛化的运行特征：责任模糊化

社会冲突治理责任泛化表现为压力责任、刚性责任、连带责任和兜底责任的放大和普遍化，其运行特征是异地纠纷的责任属地化使不同政府间管理框架模糊化，"全能保姆"的责任与角色导致了政府"中立者"和"仲裁者"角色的异化，上级政策供给不足背景下压力责任和刚性责任的不断放大，导致县域政府政策执行模糊化。从县域政府模糊性治理的运作来看，责任泛化引致政府层级之间权责倒挂的社会治理责任体系以及"全能保姆"角色要求，其特征是层级权责和角色模糊化，所谓层级权责和角色模糊，即在中央、省、市、县层级关系中形成了以刚性责任和压力责任为特征的县级政府责任本位，县域政府和民众之间形成了以兜底责任和无限连带责任为特征的责任机制和角色要求。

一　刚性责任和压力责任导致层级权责模糊化

第一，责任属地化。尽管 2015 年以来，国家加大了信访制度改革力度，相继取消了信访排名和多种量化考核，但并没有从根本上改变"属地管理"这一体制所带来的自上而下的压力责任传导机制，"一把手负责制""政治责任承包制""一票否决制"、量化责任考核制、问责机制等并没有发生实质性改变。2016 年多省信访局明确发文规定："对各地到省越级走访，省信访局每月 10 日前进行点对点通报""对重复越级走访要按照'有责追究'的原则落实责任追究，进一步压实相关责任部门的责任、规范信访秩序"[①]。县域政府社会冲突治理责任依然是"第一责任""红

---

① 河南省信访局关于对来省越级走访信访事项界定通报及核查认定标准的通知，2016 年 8 月。

线"和"硬任务"。问责追究的压力比改革前更大①，如将信访排名改为对越级上访和非访的"点对点"通报，对解决信访问题应对不力的县域政府和党政领导采取"列管""就地免职"等。这种结果导向的社会冲突治理责任制在某种程度上压实了县域政府的权责，但由于上下层级间的信息不对称和下级避责风险偏好，"在以官员的工作业绩作为主要衡量标尺的晋升考核方式的引导下，地方官员具有充足的激励去追求那些能够为上级政府所观测到的任务，而对于那些难以被观测或衡量的任务上却存在着激励不足的缺陷"②。因此，"随着量化指标范围的扩大，责任制制度本身也可能面临着一种潜在的危险，这是因为通常正是在一些'不可量化性'的任务中体现着更为纯粹的政治权威关系，但现在它们却可能在这种似是而非的'量化指标扩大化'和官僚的'选择性关注'行为下不断地模糊化甚至被消解掉了"③。

第二，应对方式与问责标准模糊化。面对刚性责任，县域政府不得不最大程度地调动资源和人员确保履行，进而挤压其应该履行的如保障民众维护合法权益等其他责任。与此同时，县域政府应对方式模糊化，如媒体曝出了采取"截访""销号"、雇佣"黑保安"、设置"黑监狱"等④。县域政府可能会通过"泛政治化"手段来强化社会冲突治理责任，渐渐脱离了法制和道德机制的约束，模糊了政府层级间的权责关系，或者引发政府采取"共谋行为"以软化刚性责任，形成"有组织的不负责任"局面。⑤

问责标准模糊化。鉴于刚性责任不可推卸，一方面奉行"灭火式问责"⑥"在位责任"⑦"人人有责"和"数量问责"⑧，另一方面问责的主

---

①　在访谈中，多名乡镇领导表示，信访压力比以前更大，"一票否决"制仍在实施，问责力度比以前更大，A市有2名乡镇领导被免职。

②　田伟：《绩效考核、晋升激励与中国经济社会非均衡发展》，《统计与决策》2012年第1期。

③　王汉生、王一鸽：《目标管理责任制：农村基层政权地实践逻辑》2009年第2期。

④　邢世伟：《全国范围不再信访排名》，《新京报》，2013年11月11日。

⑤　杨冬雪：《压力型体制：一个概念的简明史》，《社会科学》2012年第11期。

⑥　如果发生社会冲突事件、闹大了，为了平息事件或给上级和公众舆情做个交代，才会启动问责程序。

⑦　有句话说"我死后哪管它洪水滔天"，即是对在位责任的解读，是指官员极力期望任期内社会冲突缓释，留给继任者去处理。只要在位时不爆发社会冲突，就万事大吉、平安无责。

⑧　只有达到上级所设定社会冲突事件发生数量比例，下级才会被问责。

观性不断增大，上级重视程度和舆情影响是问责力度的主要考量因素，社会冲突事件本身的是非曲直以及责任主体的行为则处于次要地地位。这模糊了责任制的本意和初衷，可能导致"板子高高举起、轻轻放下""随意复出"或者"撞上抢口""一棍子打死"。比如，2008 年以来发生的 20 起重大突发事件中被免职的 40 多名官员已有半数悄悄起复。① 县域政府不得不以上级关注程度安排社会冲突治理责任目标优先序列，社会冲突事件本身紧急程度或公众需求被模糊化。

第三，权责模糊化。在压力型体制下，县域政府及官员常用"上面千条线，下面一根针"来比喻责任压力。在"就地解决问题原则"的现实作用下，上级通过"批转信访案件"等权力逐级下派社会冲突治理目标任务，压力责任被逐级传递、放大。县域政府由于治理资源和治理能力不足而权责模糊化。首先，从行政权力配置上看，县域政府的调控能力不断被弱化。由于条块分割，有经济收费权或行政管理权的关键部门如税收、国土、工商等由上级政府垂直管理，县域政府对于上级垂直管理部门的人员是"看是看得见，却管着不方便、动员更不容易"。正如访谈中基层干部所抱怨的"上级政府成为一个个问题的'批发部'，中央则是'总批发部'"②。其次，从财政资源配置上，县级财政统筹能力与社会治理事权不匹配，中西部地区大多数县面临着财政供养人员多、债务负担重、管理水平低下等问题，而东部地区财政资源虽优于中西部地区，但社会治理能力不足同样存在。最后，从县乡两级资源配置上来看，乡镇作为基层社会治理事权的具体执行者，乡镇政府在人员配置、财政资源配置以及行政权力配置等方面更不均衡，乡镇政府基层治理除常规工作外，往往还面临大量临时性、应急性工作，在正式编制外，大部分乡镇政府不得不雇佣了相当数量的"临时聘用"人员③。就调研情况来看，与所承担的治理任务相比，乡镇工作人员数量少，特别是工作能力强的人员更少，在乡镇一人多岗、一人多职的现象十分普遍，工作人员平均要承担 2—3 个工作岗位，

---

① 王姝：《6 年来 85 名免职官员逾三成复出，有作风问题无人起复》，《新京报》2014 年 08 月 12 日。

② 资料来源：课题组对 B 市 X 街道街道办 Z 主任访谈录音整理。

③ 以课题组调研的河南省 A 市 SF 乡综治办为例，办公室 7 名成员中，4 名为临时聘用人员。

同时还要参与包村、中心工作、临时性工作、阶段性工作等，乡镇政府社会治理能力问题突出。中央、省、市赋予县级政府的目标非常清晰，但是权责关系的不平衡和模糊化使县级政府不得不软性、权宜性、模糊性地承担非常清晰的社会稳定责任。

二　兜底责任和无限连带责任使县域政府角色模糊化

社会冲突治理属地化管理，以及"零上访""限期息访""双百责任"等压力性治理指标，使县域政府直接面临兜底责任和无限连带责任，县域政府不得不从第三方仲裁者的角色转变为当事方，大多数时候由县域政府采取"花钱买平安"等利益交易的方式平息冲突各方，如特殊群体兜底责任、突发事件兜底责任和民事调解兜底责任等。在涉法涉诉信访方面，县域政府的司法行政职能被边缘化，司法所大多与乡镇综治办、信访办是"一套人马"，而且县域政府背负着属地责任和主管责任，最终不得不扮演"全能保姆""和稀泥"，以行政兜底的方式安抚"司法公平"。在政策空白类的历史遗留问题处理上，县域政府既无授权也无上级政策指导，却要承担历史遗留问题引发的社会冲突治理责任，所以不得不扮演"历史清道夫"的角色，巧用行政自由裁量权，以"一事一议、特事特办"的方式灵活处置。

"属地责任"和"分管责任"模糊了政府部门间条块分割框架，形成一种连带责任，因此，县域政府通过建立"议事协调机构"和"联合执法机制"串联起来、协同应对复杂的社会冲突，从"旁观者"转向"服务员"。既便是与政府无关的民事纠纷，一旦形成信访，最终县域政府不得不以兜底买单的方式寻求息访息诉，也间接助长了民众在社会抗争中的利益补偿偏好，甚至出现"谋利型上访"现象。这些问题在案例 A1、A2、A3、A4 中都有反映。

第四节　治理责任泛化的生成机理

一　政府部门自我扩张

对于县域政府而言，现今"社会冲突治理"的工作内容任务非常宽泛，包括县域治安、流动人口管理、信访总量控制、舆情把关、冲突安抚等一系列工作，相比邓小平当时提出的"维护安定团结的政治局面"，已经极大地被扩展了。随着社会冲突治理工作任务的增多，社会冲突治理组织也相应在不断扩张与膨胀，从早期的政法部门不断扩张到经济民政系统再到整个党政军体系。社会冲突治理组织的自我扩张的表现，主要包括权力的膨胀、机构的庞大及其人员经费的增加、支出水平的增长等方面，形式上"千钧重担大家挑，人人头上有责任"，事实上却导致了社会冲突治理责任的泛化，陷入"越维越不稳"的社会冲突治理怪圈。一方面，政府官员要对上负责，为追求绝对稳定而实施刚性打压以压制民众维权，背离社会冲突治理与维权的统一性。另一方面，由于政府职责同构，社会冲突治理责任被上级下沉，基层分担背负了过重的责任包袱，导致"破罐子破摔"，社会冲突治理失灵。目前，建设的"横向到边、纵向到底"综治信访社会冲突治理中心着力构建综治、信访、司法、应急"四位一体"的大综治、大调解工作格局，正是社会冲突治理组织自我极致扩张的具体体现。例如，2010 年浙江省杭州市配备了 812 名专职综治社会冲突治理专管员，真正实现了所谓的"综治维稳专员遍布社区"。河南省建立完善市、县（市、区）、乡镇（街道）、村（社区）四级矛盾纠纷调处化解平台；乡镇（街道）成立不少于 2 人的"矛调专家组"。广东省则建立起了县、镇、村三级综治信访"维稳"中心，逐步形成区县、镇街、村居联动的立体综治"社会冲突治理"网络，其动员的人力物力可想而知。

二　社会治理制度体系演进的路径依赖

改革开放初期，邓小平①就提出维护社会稳定要建立责任制度，认为"安定团结十分重要。在管理制度上，当前要特别注意加强责任制"②。"我们在座的每一个人，我们全党的党员，尤其是担负领导责任的党员，都要十分注意珍惜和维护这个政治局面。"③ "在各个岗位上工作的同志，一定要共同负起责任，维护、保障和发展这个安定团结的政治局面。"④ 特别是 1989 年 2 月，邓小平提出，"中国的问题，压倒一切的是需要稳

---

① 邓小平早期多用"安定团结"指代"维护社会稳定"。
② 《邓小平文选》第一卷，人民出版社 2004 年版。
③ 《邓小平文选》第二卷，人民出版社 1994 年版。
④ 同上。

定。没有稳定的环境，什么都搞不成，已经取得的成果也会失掉"①。至此，在"稳定压倒一切"的政治高压下，维护社会稳定的工作责任制开始逐步建立与完善。②

首先是在社会治安综合治理领域落实维护社会稳定的工作责任制。出台了《关于实行社会治安综合治理一票否决权制的规定》，对社会冲突治理责任实施"一票否决权制"；颁布了《关于实行社会治安综合治理领导责任制的若干规定》，确立社会冲突治理工作一把手负责制；实施了《关于党委组织部门在参与社会治安综合治理工作中进一步发挥好职能作用的意见》，建立领导社会冲突治理责任追究制度，"对发生严重危害社会稳定重大问题的地方实施领导责任查究的事项"；下发了《关于充分发挥党委组织部门职能作用，大力促进平安建设的通知》，建立社会冲突治理责任考核制度，把各级领导班子和领导干部抓平安建设、维护社会稳定的能力和实绩，纳入领导干部考核的重要内容，并把考核结果作为向党委提出干部任免奖惩建议的重要依据。特别是 2016 年 2 月 27 日实施的《健全落实社会治安综合治理领导责任制规定》，全面阐述了维护社会稳定的工作责任机制，"各地区各部门各单位应当建立完善社会治安综合治理目标管理责任制，把社会治安综合治理各项任务分解为若干具体目标，制定易于执行检查的措施，建立严格的督促检查制度、定量考核制度、评价奖惩制度，自上而下层层签订社会治安综合治理责任书"③。

二是在信访领域落实维护社会稳定的工作责任制。2005 年，对 1995 年颁布的《信访条例》进行了修订，将信访事项的"归口"管理修订为"属地管理"，明确了属地责任；强化了责任制的内容，增强了有关法律责任的规定；取消了旧《信访条例》的第五章"奖励和处罚"，修订为新《信访条例》的第六章"法律责任"，明确规定了信访事项的受理和处理方式；在信访事项的办理规定中增设了听证制度；严格规范，禁止非法信访以及将信访绩效纳入公务员考核体系等。2016 年 10 月颁布实行的《信

---

① 《邓小平文选》第三卷，人民出版社 1993 年版。

② 2004 年，十六届四中全会通过的《中共中央关于加强党的执政能力建设的决定》提出"健全工作机制，维护社会稳定。坚持稳定压倒一切的方针，落实维护社会稳定的工作责任制"。

③ 中央纪委、中央组织部：《健全落实社会治安综合治理领导责任制规定》，新华社，2016 年 3 月 23 日。

访工作责任制实施办法》，提出了信访社会冲突治理工作有责任从源头上预防和减少信访问题发生，推动信访问题及时就地解决。

三是从行政管理体制上完善了领导干部维护社会稳定工作的责任追究制度。例如，《关于实行党政领导干部问责的暂行规定》明确规定了对党政领导干部实行问责的具体办法：

> "有下列情形之一的，对党政领导干部实行问责：因工作失职，致使本地区、本部门、本系统或者本单位发生特别重大事故、事件、案件，或者在较短时间内连续发生重大事故、事件、案件，造成重大损失或者恶劣影响的；政府职能部门管理、监督不力，在其职责范围内发生特别重大事故、事件、案件，或者在较短时间内连续发生重大事故、事件、案件，造成重大损失或者恶劣影响的；在行政活动中滥用职权，强令、授意实施违法行政行为，或者不作为，引发群体性事件或者其他重大事件的；对群体性、突发性事件处置失当，导致事态恶化，造成恶劣影响的。""对党政领导干部实行问责的方式分为：责令公开道歉、停职检查、引咎辞职、责令辞职、免职。"①

总之，维护社会稳定的工作责任制度呈现板块式演进的良好态势，责任制不断得以完善；但与此同时，社会冲突治理责任制的运行成本也逐步递增、"高价运行"，并呈现出自我强化、自我加压的趋势，如责任追究零容忍，无法启动容错、纠错机制，导致社会冲突治理责任的泛化，挫伤基层政府及官员履责担当的积极性。

三　政府治理能力不足

治理理念在全球兴起，我国各级政府也正在经历一场治理变革，由管制型政府转向建设人民满意的服务型政府。"公共管理从传统的公共行政向治理的转变，反映了政府在当代环境中运作方式的重大及持久的变化；

---

① 中央纪委、中央组织部：《关于实行党政领导干部问责的暂行规定》，中央政府门户网站，2009 年 6 月 30 日。

相应地，政府履行功能与任务的能力框架也要随之发生重大及持久的变化。"① 然而，由于县域政府治理能力的不足以及治理转型缓慢，面对社会加速转型中日益增多的矛盾和冲突，政府疲于招架应付；建立在传统政府管理模式基础上的社会冲突治理责任制亦无法有效发挥作用，尤其是对于县域政府及官员而言，由于"权责倒挂"问题而出现"心有余而力不足"，无法从根本上及时化解社会矛盾与冲突，不得不"扬汤止沸"，社会冲突治理责任逐渐泛化。社会冲突治理责任制是压力型体制下的产物，政府及其官员是社会冲突治理责任制的唯一规范对象，这隐含要求政府及官员只能"孤军奋战"还必须"全能全责"。社会冲突治理责任制还带有强烈的"政治性"，致使政府及其官员滥用政治权力强推社会冲突治理职责，依靠"运动式维稳"②"政治动员式维稳"③"管控式维稳"④ 或"暴力式维稳"⑤ 来完成社会冲突治理任务，完全不考虑"经济性"和"合法性"，这都是政府治理能力不足、社会冲突治理责任泛化的表现。

另一方面，现行的社会冲突治理责任制增强了基层政府及官员的责任意识，树立了刚性、管控、高压的社会冲突治理观，暂时掩盖了基层政府治理能力不足，在一定程度上缓和了社会矛盾和冲突。但是，在推进国家治理体系和治理能力现代化的进程中，面对繁杂多变的社会形势，政府必须以治理理念平衡社会冲突治理与维权，"明确责任与权力是促进权利实现机制进一步完善的制度前提。健全的权利实现机制要求国家（狭义）、市场、个人、社会组织等等治理主体各司其职，在制度的框架内行使自己的权力、承担自己的责任，并形成有效互动的监督与制约机制"⑥。政府授予社会冲突治理权力，社会为政府分担社会冲突治理责任，重构新的社会冲突治理责任制，建立与其他政府部门、私人部门、第三部门、志愿性

① 周天楠：《推进政府治理能力现代化的关键》，《学习时报》2013 年第 12 期。

② 杨宜勇：《运动式维稳是不可取的》，《人民论坛》2010 年第 19 期。

③ 樊红敏、周勇振：《县域政府动员式社会治理模式及其制度化逻辑》，《中国行政管理》2016 第 7 期。

④ 梅立润：《中国式维稳的变革》，《党政干部学刊》2016 年第 7 期。

⑤ 邹满玲：《走出维稳悖论：亲民、和谐、理性维稳的回归——从" 打错门" 事件谈起》，《行政与法》2011 年第 1 期。

⑥ 段明：《维权与维稳之争的问题转型——国家治理体系变革对两者的调和与统一》，《学术探索》2014 年第 9 期。

群体或个体公众之间的社会冲突治理合作治理责任制，做好责任监督和维权保障，实现社会冲突治理的长效治理、深层治理。

第五节　社会冲突治理责任泛化的后果

在快速变化的社会治理环境中，社会冲突治理责任泛化如同套在各级政府及其官员头上的"紧箍咒"，在一定程度上起到了源头治理、化解矛盾、解决问题、维护权益的作用。尤其是当改革遇到棘手的社会矛盾和冲突的时候，通过社会冲突治理责任的泛化机制，能够有效地化解不稳定因素，确保县域政府发展战略的重点推进和地方经济发展职能的履行，与此同时也存在着某种程度上的负面影响和消极作用，如形式化执行、追求短期的稳定效果等。

一　维持了刚性的、表面的社会稳定

我国是中央集权的单一制国家。宪法规定，政府层级分为中央、省（自治区直辖市）、州、县、乡镇五级。"我国从中央到地方的关系主要是自上而下的单向垂直的委托代理关系。"[①] 中央政府是我国最高的行政机关，从中央到乡镇的行政权力层层授权、层层委托。在这种关系下地方政府维护社会稳定的行为实际上主要向上级政府负责，因此，社会冲突治理责任终结于表面上的"定纷止争"，而非"民本维权"；社会冲突治理责任标准锚定"中央合意"，而非"社会合意"；[②] 社会冲突治理责任目标在于"任内平静""辖区安定"，而非"长治久安"；社会冲突治理责任在于"被动妥协"，而非"主动预防"。从本质上来说，在一个转型社会中，如果缺乏必需的制度建设，如果制度建设不以民本为理念，如果制度建设不能调动一切可以利用的力量参与社会冲突治理，如果制造矛盾和冲突的"机理"没有解决，如果权益保障和权责匹配的"机理"没有解决，那么所需化解和调节的矛盾与冲突只会越来越多，社会冲突治理的压力也

---

① 徐敏宁：《纵向政府组织博弈视角下的公共政策执行失灵探究》，《四川行政学院学报》2009 第 6 期。

② 朱红琼：《多任务委托代理下的地方政府行为研究——兼论君主制下激励机制的运行》2008 年第 1 期。

只会越来越大，社会冲突治理责任泛化越来越严重，即使维护了社会稳定，最终也是"治标不治本"，导致虚假治理问题。[①]

二　割裂了冲突与秩序的共生包容

在刚性社会冲突治理和压力社会冲突治理的实践模式中，维护社会稳定在各级政府所承担的诸多责任中是第一责任，所以各级政府会最大程度地调动资源和人员来保障第一责任，而挤压政府应该履行的如保障民众维护合法权益等其他责任，尽管政府的各项职责通常都是相辅相成的，维权责任履行的程度最终还是会直接或间接影响第一责任的实现。因而，社会冲突治理责任泛化致使基层政府及官员把社会冲突治理与维权对立起来，由环境保护、社会保障、教育公平、土地征用、房屋拆迁、食品安全、安全生产等引起的利益冲突乃至法律允许的利益表达行为也都一概被扣上危及稳定的"政治帽子"而遭到打压。县域政府社会冲突治理会偏离法制和道德机制的约束，在个别状况下不得不选择背离法制、"饮鸩止渴"的方法粉饰稳定，"权力至上"超越"法律至上"，"秩序本位"替代"权利本位"，这甚至诱使一些政府部门领导干部采取各种方式来逃避责任，容易形成"有组织的不负责任"局面。[②] 为了激励下级政府领导干部切实肩负起维护社会稳定的第一责任，上级政府推行"包保责任制"和"政治锦标赛模式"。所谓"包保责任制"，是将上级社会冲突治理目标任务以及考核指标量化逐级向下分解，转换为各单位量化考核指标最终落实到个人责任，但上级不会去细究下级如何完成这一刚性责任。所谓的"政治锦标赛模式"，是指"上级政府对多个下级政府部门的行政长官设计的一种晋升竞赛，竞赛优胜者将获得晋升，而竞赛标准由上级政府决定，它可以是 GDP 增长率，也可以是其它可度量的指标。"[③] 这种情况下，下级政府会"不惜一切代价""挖空心思"完成维护社会稳定的指标任务，"经常出现偏好替代问题，即上级政府的偏好代替了当地公众的偏好"和

---

① 苏曦凌：《委托—代理理论视角下的地方政府虚假治理行为》，《内蒙古社会科学》2006年第1期。

② 杨冬雪：《压力型体制：一个概念的简明史》，《社会科学》2012年第11期。

③ 周黎安：《转型中的地方政府：官员激励与治理》，格致出版社、上海人民出版社2008年版，第89页。

"激励扭曲问题"，① 采取 "拔钉子、开口子、揭盖子的政府摆平术"② 或者 "花钱买平安" 等非规则化策略，寻求任期内的 "不出事"③ 来敷衍维权责任，其结果是对维权与社会冲突治理共生相容的侵蚀。

三　弱化了县域政府的公信力

随着经济社会转型加快，新的社会矛盾和冲突不断涌现。在 "关口下移" 和 "小事不出村，大事不出镇，矛盾不上交，就地化解" 的要求下，处在一线的县域政府及官员必然承担着解决大量社会矛盾和冲突的社会冲突治理责任；而县域政府及官员囿于本身的职权、人力和财力，形成了 "芝麻大的官，巴掌大的权力，天大的责任"④，处于 "权责倒挂" 的状态。县域政府 "对维稳压力的不堪重负却又无力从源头上化解社会矛盾：许多群体性事件等利益纠纷源于国家规划、上级政府命令、前任领导决策等，甚至是公民权利滥用（如大量医闹事件），但最终却要求资源与能力有限的基层政府或其维稳部门负责化解矛盾、平息事件"⑤。为了应对解决这些问题，县域政府及官员不得不采取 "捂盖子、开口子、拔钉子" 等非规则化社会冲突治理方式，"在短时期内使社会冲突得以化解、社会秩序重新恢复，保障了农民的某些权益，但也造成了一系列负面后果"⑥。这极大损害了政府社会冲突治理的公信力，并在民众中慢慢扩散形成了讹诈心理，"以上访要挟政府，迫使基于社会稳定考虑的县乡干部满足他们的哪怕是非常不合理甚至不合法的要求……从而再生产出越来越多的谋利型上访者甚至上访专业户"⑦。增大了县域政府社会冲突治理的

① 田润宇：《当代中国地方政府行为的激励结构解析》，《福建行政学院学报》2010 年第 3 期。

② 应星：《大河移民上访的故事》，上海三联书店 2001 年版。

③ 贺雪峰、刘岳：《基层治理中的 "不出事逻辑"》，《学术研究》2010 年第 6 期。

④ 刘士欣：《基层政府公信力与应对群体性事件的路径思考》，《光明日报》，2015 年 9 月 20 日。

⑤ 魏治勋、白利寅：《从 "维稳政治" 到 "法治中国"》，《新视野》2014 年第 7 期。

⑥ 杨华：《"政府兜底"：当前农村社会冲突管理中的现象与逻辑》，《公共管理学报》2014 年第 4 期。

⑦ 田先红：《当前农村谋利型上访凸显的原因及对策分析》，《华中科技大学学报》2010 年第 6 期。

难度。

在县域政府社会冲突治理过程中，不少情况下政府都是非当事方，扮演着化解矛盾、控制冲突的调解人角色，但是当矛盾冲突双方不能达成妥协反而可能扩大事态（闹大）时，政府出于领导干部包案制和"尽快平息事态"的政治考量不得不承担兜底责任，为普通的社会冲突事件"埋单"。如果政府不进行兜底，那么小冲突会变成大冲突进而可能演变成群体性事件，一旦引起上级关注，下级领导干部就会受到严厉惩处。而"花钱买平安"是最简单、快速、易行的兜底策略，"通过给予冲突双方好处而不是按照法律、政策、原则和先例等做出裁决或者通过说服教育工作化解冲突"①，"省心又省力"，反正"花的不是自己的钱"。长此以往，民众对政府公信力陷入"塔西陀陷阱"。

小结

伴随着经济社会加速转型，利益权利重新配置，社会矛盾和冲突频发多发，县域政府社会冲突治理呈现扩大化趋势，有关政府部门不断自我膨胀，社会冲突治理制度演进走向路径依赖，政府治理能力依然不足。在此基础上，社会冲突治理责任制不断固化泛化：在压力型体制作用下，以政府及其官员为责任主体，围绕属地管理实施社会冲突治理，以"第一责任"为最高要求，以绝对稳定为政治目标，以层层问责为控制手段，以问题解决为考评尺度，不断固化政府维稳本位，策略性被动回应民众维权。它具体表现为刚性责任严苛、连带责任虚置、兜底责任超负、压力责任放大。总之，改革开放以来，通过社会冲突治理责任制从下至上形成了"稳定压倒一切"的稳定观，整体上检验了政府履责治理能力，在经济高速发展的同时，以民众维权缺位为代价维护了社会发展的有序稳定。但是，社会冲突治理责任的泛化割裂了维权与秩序的共生相容的氛围，削弱了政府及官员的社会冲突治理的公信力和执行力，变相增加了民众正当维权的难度。

---

① 杨华：《政府兜底：当前农村社会冲突管理中的现象与逻辑》，《公共管理学报》2014 年 2 期。

　　社会冲突治理责任泛化不仅潜在降低维护社会稳定的有效性，而且深度损害了维权基础性，致使政府社会冲突治理停留在"定纷止争"，民众维权关乎于"个人利益交换最大化"；地方政府的秩序责任习惯于"人治急治"，民众维权寄期于"法外开恩"；政府社会冲突治理聚焦于"重大事件"，民众维权倾向于"小事闹大"。

　　社会冲突治理责任重于泰山，维权责任高于一切。"要把维护社会大局稳定作为基本任务，把促进社会公平正义作为核心价值追求，把保障人民安居乐业作为根本目标。"① 政府及官员必然要承担起"一肩双责"的重任，坚持"责任本位"，切实做到法无授权不可为、法定职责必须为，把秩序与权利统一起来，树立政社共建、包容共进、德法共治的新的社会稳定观，并据此为社会冲突治理行动导向；建立外部责任机制，包括社会组织、公民个人、专家学者、人大司法等组成的第三方参与的社会冲突治理责任考核制度和责任监督制度，转变自上而下单向内部考核机制所导致的"唯上"逆向责任；在介入社会冲突和矛盾处置中，社会冲突治理责任应以救急济困扶弱赋能为重心，完善社会保障制度，优化社会治理环境，降低社会冲突治理的难度系数，提高依法维权意识。

---

① 习近平："在中央政法工作会议上强调：坚持严格执法公正司法深化改革，促进社会公平正义保障人民安居乐业"，《人民日报》2014年1月9日。

第四章 社会冲突治理非规则化与规则模糊

非规则化机制是模糊性治理的又一机制之一,在县域社会冲突治理运作中,因人而异、因时而异、因事而异差别化、个案化应对民众诉求是一种常态,这一特殊主义的行动模式具有组织性、正式性、模式化的特征,体现为制度规范的冲突性、政策文本的多义性以及政策工具的异化。本部分从县域政府社会冲突治理日常应对和民众抗争行为的角度,分析县域政府社会冲突治理非规则化的表现及其导致规则模糊化的机理。

第一节 概念界定:社会冲突治理非规则化

孙立平和郭于华最早提出了正式行政权力的非正式运作,在孙立平看来,目前中国农村存在着一种独特的权力运作方式,"基层政府官员对正式权力之外的本土性资源巧妙地利用,将社会中的非正式因素大量地运用于正式权力的行使过程之中,从而使国家的意志能够在农村中得到贯彻执行"。① 吴毅在对乡镇非正式权力技术的研究中对乡镇权力运作技巧的展示也再次提出了基层干部与农民互动时的"非正式运作"问题。孙立平等用"变通"来说明中国国家制度运行和制度执行的特点,后来关于政策领域变通的研究得以广泛开展。② 应星在研究移民上访时提出了"拔钉子、开口子、揭盖子的政府摆平术",洞察了地方政府在应对抗争中的非

---

① 孙立平、郭于华:《"软硬兼施":正式权力非正式运作的过程分析》,载《清华社会学评论》,鹭江人民出版社2000年版。
② 孙立平、王汉生等:《作为制度运作和制度变迁方式的变通》,《中国社会科学季刊》1997年冬季号。

规则化治理技术。① 欧阳静将策略主义视为乡镇治理的基本特征，认为基层政权组织缺乏稳定抽象且普遍的运行规则，在实际工作中多以各种具体的、权宜的策略作为运作原则。② 狄金华认为乡镇"只问结果，不问手段"和不计成本的运作方式贯穿于乡镇的各项"中心工作"之中，成为乡镇运作的常规化的运作方式。③ 也有学者提出"非正式制度"这一概念，如韩博天等学者讨论了地方政府各种改革探索和政策试点中的具体政策执行过程，认为其中形成的正式制度没有详细规定的制度试验、操作规则甚或是组织的意识形态，④ 也有学者提出地方政府普遍存在的"组织非正式制度"会影响国家治理的制度化。⑤ 贺雪峰提出"不出事逻辑"，认为基层政府的治理逻辑是"遇事不讲原则的策略主义和有问题消极不作为的'捂盖子'之举"。⑥ 张永宏、李静君指出，一些基层官员在社会冲突治理中综合利用仲裁、诉讼、调解和选举等途径，肆意调配这些制度资源，混用其制度逻辑以维护所谓的稳定；民众发现政府公然违反自己颁布的法律法规，而且经常比普通民众更熟练地玩着"科层制游戏"，为了回应官方操纵法律和规则，也针锋相对，在这一过程中，政府权威和民众权利相互妥协，从而催生了不信任和不满，还有随时可能引起暴力的顽强反抗等公开行动。⑦ 郁建兴等研究认为，地方政府在应对社会抗争事件时往往采取一种"摆平"策略，地方政府较为被动、消极地履行社会管理职能；根据对特定社会抗争事件是否超出管辖范围的可能性估计，选择性进行应对；在应对社会抗争事件时，运用拖延、收买、欺瞒、要挟、限制自由等方式，尽量实现属地社会表面上的暂时性稳定。⑧ 尹利民从组织学的

---

① 应星：《大河移民上访的故事》，生活·读书·新知三联书店2001年版。

② 欧阳静：《策略主义与维控型政权》，华中科技大学2010年博士论文。

③ 狄金华：《通过运动进行治理：乡镇基层政权的治理策略 对中国中部地区麦乡"植树造林"中心工作的个案研究》，《社会》2010年第3期。

④ 韩博天：《中国异乎常规的政策制定过程：不确定情况下的反复试验》，《开放时代》2009年第7期。

⑤ 谢志岿、曹景钧：《低制度化治理与非正式制度》，《国外社会科学》2014年第5期。

⑥ 贺雪峰：《基层治理中的"不出事"逻辑》，《学术研究》2010年第6期。

⑦ 张永宏、李静君：《制造同意：基层政府怎样吸纳民众的抗争》，《开放时代》2012年第7期。

⑧ 郁建兴、黄飚：《地方政府在社会抗争事件中的"摆平"策略》，《政治学研究》2016年2期。

角度提出了基层政府信访治理中的逆科层化现象，他将逆科层化定义为基层政府的非组织行为角色不恰当地侵犯到组织行为角色问题。^①值得一提的是，吴思通过对中国传统官僚制运作的研究，提出了潜规则这一解释框架，他认为，潜规则是人们私下认可的行为约束；这种行为约束，依据当事各方的造福或损害能力，在社会行为主体的互动中自发生成；这种在实际上得到遵从的规矩，背离了正义观念或正式制度，侵犯了主流意识形态或正式制度所维护的利益，因此不得不以隐蔽的形式存在；当事人凭借这种私下的规则替换，将正式规则屏蔽于局部互动之外，获取正式规则所不能提供的利益，^②这一研究将对地方治理的思考引向了中国的传统与文化。以上这些研究对于洞察当前县域政府社会冲突治理行为提供了有益视角和启示，但对于县域社会冲突治理过程中县域政府的行动模式尚缺乏深入的研究，尚需提出学理性的概念。

所谓社会冲突治理非规则化是指县域政府在社会冲突治理行动中，县乡政府综合运用制度内外资源，以"事本主义""特殊主义""弹性化"（政府官员称为灵活性）的方式应对民众维权抗争行动，实现县乡政府的属地责任，体现为制度规范与政策文本的多义性、诠释灵活性以及行动策略的灵活性。县域政府通过对制度外资源和行动方式的有效借用，以规则突破、政策突破以及制度突破为行动方式，因人而异、因时而异、因事而异差别化、个案化应对民众抗争行动。民众的维权行为受决策情景的影响，通过对压力时机、抗争方式、政府回应预期的考量，选择性地运用不同的规则谋求权益最大化。政府社会冲突治理行为的非规则化具有组织性、正式性、模式化、规则替代的特征：一是组织性。非规则化行动是组织性行为，而不是个别的或者是自发或零散的，它是作为县域社会冲突治理行动主体的县乡政府的组织化行动。二是正式性。县乡政府的非规则化行为，不是为正式制度所禁止的或者是非成文的，也不是临时性的、会随时随地改变或作废的行动方式，相反，它在不断被成文化和惯例化。三是模式化。县域政府社会冲突治理的非规则化行动，在组织再结构化过程

---

① 尹利民：《逆科层化：软约束条件下基层政府的信访治理与组织运作》，《学习与实践》2014年第5期。

② 吴思：《潜规则：中国历史中的真实游戏》，复旦大学出版社2009年版，第193—194页。

中，已经形成模式化的行为规则或惯例，而不是偶然的现象或随意的、一次性的行为或运作。非规则化行为并非没有规则，而是在对既定的民众抗争行动的应对中，采取了"一事一议、特殊主义、事本主义"等应对方式。四是规则替代。非规则化行为使正式规则的效用递减，发生了非正式规则对正式规则的替代，以伦理突破、政策突破以及制度突破的方式，达到了常规治理难以实现的效果，需要说明的是，这种行动方式是有效的，虽然社会冲突治理呈现非常规化、波浪式以及平稳期和高潮期的阶段性特征，但实现了基本的社会稳定，且这种模式仍然处于不断强化之中。

第二节　社会冲突治理非规则化表现

一　"摆平"：软规则化

"摆平"最早是指对"国家机关工作人员不顾法律、法规的约束，动用体制之外的资源与手段处理某一特定事件等行为的描述"[①]。其本意更多是指采取一些上不了台面的方法来达到某种目的。在县域政府应对社会抗争化解社会矛盾的过程中，摆平的含义是以结果导向为理念，对已有制度、程序、政策的形式化、擦边球式执行甚至扭曲化或者抵制执行，或者以制度外方式软执行，来应对和化解协调社会冲突和矛盾。具体表现包括花钱买稳定、人海战术、迂回解决等行为方式，摆平策略的典型特征是基于高度的灵活性和无原则性，从而使社会冲突治理行为体现为规则软化的特质。一位乡镇领导干部访谈中谈到："没有解决不了的问题，没有商量不了的事，没有治不住的人，事情都是能摆平的，摆平是基层干部的基本要求，简单的问题要迅速解决，稍微复杂的问题，各退一步折中解决，实在难以解决的问题，摆平不了事就想办法摆平人，要通过各种社会关系或利害关系进行说服乃至'威逼利诱'，总有办法用人说服人，用人影响人。"[②]

1. 结果导向的行动理念

县域政府的社会冲突治理行动理念总体可以概括为"摆平就是本

---

① 郁建兴、黄飚《地方政府在社会抗争事件中的"摆平"策略》，《政治学研究》2016 年第 2 期，第 56 页。

② 资料来源：A 市 M 乡镇副镇长 Z 某访谈录音整理。

事"，强调结果导向，只要能迅速化解矛盾，把事情办得平稳妥帖，这就是能力和水平，强调的是目的合理性。"摆平就是水平，没事就是本事"，秉持灵活变通的理念，从柔软到强硬，以摆平为目的。

一是要采取灵活的办法解决问题。"你把事情摆平了，你本事大；你把事情摆不平，你本事低"。

> 要发挥村组干部的作用，村组干部与上访人乡里乡亲的，有时候请他吃顿饭、抽支烟，矛盾就化解了。总之，你把事情摆平了，你本事大，你把事情摆不平，你本事低。
>
> 中国传统上又是一个礼俗社会，法律不可能成为解决所有问题的灵丹妙药。法律以外的因素，如道德、情理，也是司法过程中不可忽略的，法官的判决必须考虑社会稳定、经济发展等问题，而不应为追求一个法律价值而不顾其他的社会价值。为此，他在中国的司法界提出了"审判的法律效果与社会效果的有机统一"。比如，某县的回汉事件就没法执行，应该说打死人必须判死刑，为什么没判呢？法律效果与社会效果不一致。我们有些同志死搬教条，其实好多信访稳定问题也是要采取灵活的办法化解的。对于一些问题，有的是没有政策规定的，有的甚至根本无政策可讲，但为了群众利益，必须采取灵活的办法解决。
>
> 资料来源：C18：2014 年 5 月《在 B 市做好新形势下群众工作专题报告会上的讲话》

二是现场解决问题，要抱着"案结事了"的态度，抱着对上访人的同情心，一把手：

> 昨天我接访，来了 160 起，像赶会一样。信访局的同志跟我讲，老乡们四点多就起床了，要排队。我反思为什么我接访会有这么多人，大致总结了两个方面：一个方面，可能群众认为我是市委书记，我有能力解决他们的问题，群众信任我；第二个方面，可能是我真能解决问题。昨天我现场解决了 39 起。我信访接待有一个特点，就是现场解决问题。我们乡镇办的主要领导，一定要抱着"案结事了"，抱着对上访人的同情心。现在一些同志看见上访的就认为他是给你"找茬"的、找你难看的。

我们一定要抱着解决问题的态度，希望大家责任心要强。群众上访找我，说明是对我的信任。现在提出"小事不出村、大事不出镇"，我接访的41起中恐怕有将近30起都是村里边的问题。

资料来源：C18：2014年5月《在B市做好新形势下群众工作专题报告会上的讲话》

要把可能变成政治问题的事件用经济手段去化解、去摆平，决不能把经济问题转化为政治问题。

什么是政治问题，在现阶段就是我们党对老百姓的态度问题，是我们党与群众的关系问题。比如山西的黑煤窑事件，在国内造成的影响是次要的，关键是在国际上造成了一定的负面影响。再者四川的汉源事件，为了修水库把群众的几千亩地征了，群众不愿意就打，死伤100多人，还有大批的武警镇压等等。我们下一步要全面启动城市西区的开发建设，如果我们在拆迁建设过程中把事情弄坏了，对关系群众切身利益的事情处理不好，造成大规模的群众去堵路、堵门，引起上级的重视，派人调查处理我们的干部、我们的人，把西区问题搁浅、停下来，这就是政治问题。要想把可能引起政治问题的事情转化为经济问题，凡是能用钱摆平的，就容易处理，剩下的就是钱多钱少和会不会引起连锁反应。如果对有些事情不转化为经济问题，就会引起群众的大规模上访。

我提出的几个观点，是我从信访稳定工作中总结的，不是抄来的，也不是从哪些书本上学来的，而是从实践中总结的。譬如说，经济问题不能转化成政治问题。什么是最大的政治？党和群众的关系是最大的政治。像瓮安事件，就是领导干部政治敏锐性不强，把一些本来可以化解或者可以花小钱摆平的，弄成了政治问题。要想办法把可能造成政治问题的，给它转化成经济问题。信访稳定没有什么更好的办法，就是拿钱，用钱来摆平。不拿钱怎么办呢？①

---

① 资料来源：C20：2013年10月《在B市"听民生、解民忧、促和谐、迎国庆"信访稳定专项治理活动总结表彰会上的讲话》。

信访稳定没有什么更好的办法，就是拿钱，用钱来摆平。不拿钱怎么办呢？在维护稳定上要舍得花钱，今天不花钱，明天要花钱；今天花小钱，明天花大钱。

　　从我多年从事信访工作的经验来看，10个上访人中恐怕要有9个人反映问题是牵涉经济的。因此，在维护稳定上要舍得花钱，今天不花钱，明天要花钱；今天花小钱，明天花大钱。但是，花钱要有两个前提条件，一是钱多钱少，二是会不会引起连锁反应。对于信访问题，如果发现能够拿钱摆平的话，就相当于问题解决了百分之六七十了。我在某区时，每年拿出1000万用于解决信访问题，咱们市我提出要拿出500万。①

三是"什么方式有效，就采用什么方式"，要稳控得住。对于越级上访、非正常上访，要稳控得住，什么手段管用，就用什么手段。

　　每个村都有，当兵的，涉河涉藏人员，特殊人群，上边不开会没事，上边一开会下边人都睡不着，一开会（老上访户）人去哪你都得知道，今天不在街上你得知道去哪了，得稳定住，不稳控住不中。要想尽一切办法稳控住非访人员，调动所有资源，住得近的，村里干部大老远看看。离得远的，邻居一起帮忙稳控。我跟谁关系好的，调动关系好的，说这事别让乱窜。有的用非常手段，打听他的嗜好，爱喝酒的找人陪他喝酒，喝的晕晕的就不动了，找人陪着，这事拿不到桌面上，有时候让邻居一起帮忙稳控，但是达到一个目的，稳定住就行了，实际上基本都能稳控住。②

2. 花钱买稳定：规则虚置化
"花钱买稳定"也被称为"开口子"，即通过对既定政策"开口子"，

---

① 资料来源：C21：2013年3月《在全市政法暨平安建设信访工作会议上的讲话》。
② 引自课题组对C市QL镇党委书记L书记的访谈录音整理。

通过政府与抗争民众的讨价还价，而不是基于已有的原则和是非曲直，通过利益补偿的方式进行处理。

（1）与政府无关的民事冲突，县域政府通过讨价还价，给予经济补偿式"信访救助"，息诉罢访。以下6个案例因经济纠纷、邻里纠纷等问题长年上访，其中最长的达15年，最短的也有2年以上，最终由县乡政府通过"花钱买稳定"的方式解决。"息诉罢访"的原因仅仅是对救助金额的多少达成了一致意见，至于社会纠纷处理中的理由、程序等，甚至都不再是参考意见。

案例 A3：王某因 2002 年经济纠纷多年上访

信访人基本情况：王某，女，82岁，农民；反映问题：信访人反映的是A市杨某办省钢琴艺术学校A分校因缺资金，向王某借款购买教学用具，后杨某因办学亏损，2002年离开A市后杳无音讯，导致信访人无法讨要借款，要求政府出面向杨某追讨借款的问题。稳控责任单位：市第一人民医院。稳控措施：鉴于信访人年纪大，身体不好，家庭生活困难，市第一人民医院对信访人王某给予贰万元的信访救助，救助后的剩余借款直到与借款人杨某见面后再讨要。处理结果：经医院多次与信访人沟通，最后王某同意就与杨某之间的借款纠纷，经信访救助后愿停访息诉。信访人目前同意处理意见，王某明确表示接受救助后彻底停访息诉。

案例 A5：A 市 MX 镇李某因与他人经济纠纷多年上访

个人情况：李某，女，44岁，农民；反映问题：信访人反映李某与李某之间关于购买皂角树苗的经济纠纷问题。事情发生后，A市MX镇党委政府积极调查询问事情的来龙去脉，多次出面帮忙协调。因只有口头承诺，无具体合同，故多次协调未果。在协调过程中了解到李某的丈夫去年已去世，家中重要劳动力已缺失，且家中小女儿尚且年幼，生活实属困难，该镇政府拟决定救助李某2万元。稳控责任单位：乡镇政府；稳控措施：对信访人的稳控措施是镇政府给予其2万元的信访救助。处理结果：信访人同意处理意见，明确表示得到信访救助款后停访息诉。

案例 A4：李某邻里纠纷上访案

个人情况：李某，女，49岁，农民；反映问题：信访人反映李某与邻居王某宅基地纠纷等问题。李某与王某家系前后排邻居关系，因前后宅基地出水问题产生纠纷并发生肢体冲突，王某受伤后被送往医院住院治疗

2天，共花费医疗费1344元，李某拒不支付王某医疗费用被诉至法院。法院依法判决李某赔偿王某医疗费、误工费、护理费、住院伙食补助费等共计1544元。自此，双方积下矛盾。稳控责任单位：乡镇政府；稳控措施：该案件属诉求时间长，长期积累久拖未决的特殊疑难信访个案，经镇党委集体研究决定，特申请"特殊疑难信访问题专项资金"4万元予以救助解决。处理结果：信访人同意处理意见，表示愿就此事拿到救助金后停访息诉。

案例A6：A市朱某因邻里纠纷多次上访

个人情况：朱某，男，农民；反映问题：该信访积案发生在2015年，信访人反映原村干部罗某用挖掘机挖断宅基出路一事，要求解决。鉴于信访人朱某房屋已经建成的事实，朱某要求罗某予以补偿合情合理。稳控责任单位：乡镇政府；稳控措施：该案件属于法度政策之外，情理之中，长期积累，久拖未决的信访个案，经镇政府对朱某家庭经济状况调查，其家庭确实困难，经镇党委集体研究决定，特申请"特殊疑难信访问题专项资金"2万元予以救助解决。处理结果：信访人同意处理意见，明确表示接受政府救助后彻底停访息诉。

案例A7：A市张某因出租土地纠纷而多次上访

个人情况：张某，男，55岁，农民；反映问题：该信访积案发生在2015年，信访人反映本组村民张某租其土地私自改变土地性质建房，要求其拆除所建房子等问题。稳控责任单位：乡镇政府；稳控措施：张某案件属于法度政策之外情理之中，因长期上访造成生活困难的信访个案，考虑到实际情况，为彻底化解该案件，经镇党委集体研究决定，特申请"特殊疑难信访问题专项资金"4万元予以救助解决。处理结果：信访人同意处理意见，明确表示接受政府救助后彻底停访息诉。

案例A8：A市M镇娄某因遗产纠纷长期上访

个人情况：娄某，男，56岁，农民；反映问题：该信访案件发生在2006年，信访人反映娄某叔父娄某房子遗产一事。娄某案件因诉求时间长，解决问题的客观依据缺失，M镇已穷尽一切努力，无法依法处理。该案件属于法度政策之外，情理之中，因信访人长期信访造成社会困扰的信访个案。稳控责任单位：乡镇政府；稳控措施：经对其家庭经济来源等基本情况了解，其家庭经济确实困难。经镇党委集体研究决定，特申请"特殊疑难信访问题专项资金"2万元予以救助解决。对信访人的稳控措施主要是给予其专项的信访救助补偿。处理结果：信访人同意处理意见，明确表示接受政府救助后彻底停访息诉。①

（2）反映村庄治理中的干部腐败问题，不管是干部贪污问题还是干部贿选问题，面对基层治理中的腐败问题，不是通过加强制度化建设或者是通过法律的路径解决问题，而是走非法律化的道路，由乡镇政府出面通过花钱、妥协解决举报人的长期上访问题。

案例 A9：A 市 M 镇何某上访反映村干部贪污问题

个人情况：何某，男，57岁，农民；反映问题：信访人反映的是村干部贪污、非法转让、倒卖土地及其被打砸车辆公安不破案等问题。调查组建议对何某有关问题立案调查。根据初核报告建议，A 市纪委于2014年9月经纪委常委会议研究，给予何某党内严重警告处分。市纪委对 M 镇任村原支部书记何某的处理意见，何某仍不满意。后受到不明人士打击报复。信访人认为是因反映村干部经济问题而遭到的打击报复，并遭受重大经济损失，从而导致多次赴京上访。稳控责任单位：乡镇政府；稳控措施：该案件属于因举报受到打击报复造成的生活困难的信访个案，经镇党委集体研究决定，申请"特殊疑难信访问题专项资金"10万元予以救助解决。处理结果：信访人承诺拿到救助金后，保证停访息诉永不再上访。

案例 A10：A 市 XJ 村郭某因反映村干部贿选长年上访

个人情况：郭某，男，42，农民；反映问题：该案发生在2012年，信访人郭某等人多次赴京到省上访反映2011年 XJ 村党支部换届存在贿选等问题。经 RN 街道工委、办事处组织纪检、组织、工作片等职能站所专人组成的调查组深入到 XJ 村调查核实，信访人反映问题不属实。信访人郭某因反复长期上访，致使信访人家中耕地撂荒、务工收入断档，家庭生活水平日益困难。稳控责任单位：街道办事处；稳控措施：经办事处对其家庭经济来源等基本情况了解，其家庭经济确实困难。为社会和谐稳定，特申请"特殊疑难信访问题专项资金"2万元予以救助

① 以上6个案例引自 A 市内部资料：A 市信访疑难案件结案报告卷宗。

解决。处理结果：信访人同意处理意见，承诺救助后保证停访息诉永不再上访。①

（3）抗争民众反映的社会保障问题，往往是由于经济体制改革过程中，社会改革滞后，原来社会保障政策空白或者模糊，上访人社会保障权益受损，县域政府基于上访人长年持续上访，由主管单位（如以下案例中的商业总公司）通过花钱买稳定的方式使上访人同意息诉罢访，接受现行的社会保障政策。如下面2个案例：

案例 A11：A 市胡某反映 2009 年以来医疗保险问题多年上访

个人情况：胡某，女，65岁，食品公司已退休职工；反映问题：信访人本人认为其在职期间，单位应为其办理城镇职工医疗保险，故不愿办理城镇居民医疗保险或困难企业退休职工医疗保险，从而不断上访。城镇职工医疗保险施行初期，大多国企均未按规定给职工办理城镇职工医疗保险，现在信访人所在单位已改制结束，根据社保部门规定，职工退休后不能参加职工医保。稳控责任单位：商业总公司；稳控措施：考虑到信访人现在生活确实困难，商业总公司特为胡某申请壹万元的信访救助资金解决上述问题。处理结果：信访人表示收到救助后申请加入城镇居民医保或困难企业退休职工医保，以后不再上访。

案例 A12：B 市王某因下岗后工资和养老金问题多次上访

个人情况：王某，男，52岁，职工；反映问题：信访人是购物中心职工，每月工资仅1200元，低于当地最低工资标准。要求补发工资，补交差额部分养老金，解决生活困难问题而长期上访。信访人在购物中心下岗期间没有固定收入，生病住院后需长期服药，生活十分困难。ZA 公司承租购物中心后，经购物中心与 ZA 公司协商，安排王某上班，因其长年有病，身体较弱，只能做保卫工作，每月只有七天夜班，工资较低。因购物中心收入有限，经济上无力帮助王某。稳控责任单位：商业总公司；稳控措施：一是解决其工作岗位；二是为信访人申请壹万元的信访救助资金。该信访事项属特殊疑难信访个案，商业总公司特为王某申请壹万元的信访救助资金解决其生活困难问题。处理结果：信访人表示工资问题已解决，本人同意购物中心养老金补缴办法，收到信访救

---

① 以上2个案例引自 A 市内部资料：A 市信访疑难案件结案报告卷宗。

助后不再上访。①

3、软稳控：制度外方式的运用

有一些信访问题是解决不了的，这些问题可能是触及了政策的天花板，也可能是信访人要价太高，县域政府无能力或无意愿来解决，在这种情况下，既不能解决问题，又要控制得住，又不能将信访人抓起来激化矛盾，县乡政府采取的行为只能是以"软稳控"的方式进行，既有规则只能是扭曲执行或不执行，以更有灵活性和弹性的方式实现暂时的稳定。

（1）"人海战术"，24小时盯住。基本上每个乡镇都会有一些上访老户，这些上访老户牵扯了基层政府大量的精力，为了避免发生非访这样的事情，乡镇政府不得不把各种制度外资源动员起来，运用制度以外的方式将老上访户稳控在当地。如采用"多盯一"的行动方式，发动上访户所在村干部、乡邻等，实行24小时轮班制度，防止他们出去上访。

案例 A13：C 市 X 乡盲人夫妇因宅基地遗留问题上访

C 市 X 乡是一个典型的农业乡，辖内一盲人夫妇因宅基地遗留问题反复上访，令 X 乡屡受上级追责。为防止该夫妇上访，X 乡构筑了三道"防线"，一是在家门口"蹲点"，在一些重大节假日期间，乡政府委派专员及村干部在该夫妇家周围，几个人轮班把守。二是在交通要地"死盯"，一旦发现盲人夫妇不在家，工作人员会迅速赶赴该地汽车站、火车站等交通要地。去往北京的火车有时凌晨一两点才发车，这就意味着这些信访干部要等到凌晨两点才可以离开火车站。三是北京"劝返"。若两道防线均失守，乡政府则不得不依赖常驻北京的信访"值班"人员，"值班"人员通常驻守在北京各大火车站、汽车站以及国家信访总局周边，一旦发现本地信访人员，一方面会迅速联系当地政府派员接人，另一方面则会"软磨硬泡"地劝上访者回乡。②

（2）敏感时期要排查、陪吃、体检、陪游，要稳控得住。在诸如两会、党代会等敏感时期，县域政府要对全市重点上访户进行布控，以

---

① 以上 2 个案例引自 A 市内部资料：A 市信访疑难案件结案报告卷宗。

② 资料来源：课题组信访访谈专项调查案例。

确保敏感时期无进京到省上访事件的发生。采取的措施往往是把重点人群组织起来，如为防止退伍军人国庆节闹事，基层政府组织辖区的退伍军人上访者进行体检。也有的乡村干部在上级领导到本村下访或视察工作时，召集老上访户喝酒，通过让对方喝得酩酊大醉，而避免"拦轿喊冤"之类事件发生。在实践中，基层政府除了在敏感时期默认运用非正式的利益补贴方式实现暂时的稳定外，日常节日也运用多样化的软控制手段维稳。

D市SF街道每逢重大节日和敏感时期，维稳工作最主要的任务是稳控一批原县工商局协调解聘人员，这批人员共16人，要求获得工商局退休人员待遇。在诉诸法律但未得到支持的情况下（判决败诉），该群体多次赴北京上访。按照《信访条例》规定，上访人数超过五人即为集访案件，反复出现集访事件将会给SF街道带来极大的政治风险。为分化、化解这一群体，SF街道在给部分家庭困难的上访积极分子解决低保的同时，逢年过节均给这一群体米、面、油等以示"慰问"，在"两会"等敏感时期还发动社区以"帮扶"名义盯紧团体成员，以防上访。社区主任隔三岔五请他们吃饭、喝酒，名曰"感情投入"，SF街道每年为此花费数万元。①

（3）运用迂回战术，政策执行弹性化。有时候上访者提出的问题是政策的高压线，按照政策规定根本不能解决。要让上访者息诉罢访，主要方面的矛盾解决不了，可以绕个弯，通过次要问题的解决来换取他的让步，用这种办法化解问题，如下面SF乡李某上访案例中出现的"维稳保"问题，就是政策扭曲化、弹性化执行的案例。以下为迂回解决的典型案例：

案例A14：D市SF乡李某上访事件

李某曾于1999年至2008年在SF乡工作（临时工），上访要求SF乡为其办理低保及退休手续，但是按照政策规定，李某并不能享受上述待遇。在诉求未果后，李某多次到国家信访局、中南海附近上访，D市G区明确李案为督办案件，要求SF乡限期解决，这给SF乡带来了巨大的政治压力。为推动李案解决，SF乡党委书记亲任组长，将李某诉求中所涉

①　资料来源：课题组对B市SF街道信访干部L某访谈录音整理。

及的各个科室负责人整合到了一个工作组内，工作组围绕李案召开了专题会议，党委书记表示要领会市政法委书记最新的讲话精神，顾全乡镇工作大局，"只要信访群众的诉求有一点合理成分，合理成分就要解决到位"，如果低保解决确有困难，可以考虑在其他方面解决。最终，形成了以"房屋征收办牵头，解决李某百村庄安置政策①、民政所牵头，解决李某丈夫低保问题、综治办牵头，以信访人家庭困难名义向上级信访部门申请信访困难救助金 7000 元整"为主要内容的化解方案。李某最后息访罢诉。②

二　专项治理：政策突破窗口期

有很多学者从宏观、中观以及微观层面探讨过具有中国特色的政府治理模式——运动式治理问题，政府通过政治动员自上而下地调动并集中各种治理资源，对某些突发的、久拖不决的社会疑难问题进行专项重点"整治"，如"严打"、基层纠纷化解等"专项治理"活动③，这些研究洞察到了中国特色的运动式社会治理具有非制度化、非常规化和非专业化特质④。运动式治理以专项治理的话语修辞常见于基层社会治理中，以开展专项治理活动为契机，成立专项治理活动领导小组使临时性机构正式化⑤；以强激励、强问责的方式，形成"开口子"时机，不断突破政策底线；省、市、县、乡四级政府形成开口子、制度突破等非规则化运作的共识；以完全妥协、部分妥协，或者实在没有办法妥协就进行物质安抚的模糊化策略应对，"不惜一切代价将信访人稳定在属地，最大限度地避免越级上访和非法上访的发生"，使非规则化治理显性化和共谋化。在信访维稳专项治理中，地方政府间"共谋"以制度、文件等形式，

---

① 百村庄拆迁，按照百村村规民约，李某属外迁户不享受安置房待遇，但可低价购买。

② 资料来源：课题组在 D 市 SF 乡实地观察材料。

③ 唐皇凤：《常态社会与运动式治理，中国社会治安治理中的"严打"政策研究》，《开放时代》2007 年第 3 期；李里峰：《运动式治理：一项关于土改的政治学分析》，《福建论坛》2010年第 4 期；程熙：《"运动式治理"日常化的困境》，《社会主义研究》2013 年第 4 期；倪星、原超：《地方政府的运动式治理是如何走向"常规化"的？》，《公共行政评论》2014 年第 2 期。

④ 冯仕政：《中国国家运动的形成与变异》，《开放时代》2011 年第 1 期。

⑤ 樊红敏、周勇振：《县域政府动员式社会治理模式及其制度化逻辑》，《中国行政管理》2016 年第 7 期。

共同认可了非规则化行为的合理性和合法性，包括组织的再结构化、上下级政府间形成非规则化的共识，以及开启政策突破窗口等。非规则化行为往往以制度、文件等形式实现了正式化，具有稳定性和成文化的行动特征。

1. 开展专项治理活动，形成地方政府非规则化行为的"共识"

专项治理活动的结构和过程可以总结如下：地方政府面对敏感时期或社会稳定形势的压力，将如信访治理、"矛盾化解"等重大活动作为集中整治对象，安排部署有针对性的专项社会稳定治理活动。在专项治理活动中，县域政府对整个官僚组织和官僚进行动员，通过领导小组和会议对专项治理活动的实施情况进行监督、检查、考核、评比和验收，结束专项治理活动。县域政府以开展专项治理活动的方式推动社会矛盾和纠纷的化解，达到常规治理中难以达到社会稳定的目标和效果，如信访积案化解、矛盾纠纷排查、特殊时期重点稳控活动开展、敏感时期信访隐患排查等"集中攻坚"活动。以 A 市为例，从 2014 年下半年至 2016 年 5 月，A 市先后组织了 6 次矛盾纠纷集中化解专项治理活动，化解疑难信访问题 620 余起。[①] 专项治理活动成为县域短期内社会冲突治理的强有力措施，这种动员式治理方式也得到上级政府的认可和支持，以专项治理活动为契机，地方政府形成开口子、制度突破等非规则化运作的共识。周雪光认为，地方政府执行上级部门特别是中央政府的各项政策指令时，常常以上下级共谋方式共同应对，导致在实际执行过程中偏离政策初衷。而在县域政府社会冲突治理行动中，如敏感时期，省或者市会以文件形式要求县级政府开展专项治理活动，地方政府间以制度、文件等形式正式化的、公开化的行为，共同认可了非规则化行为的合理性和合法性。也可以说，在基层社会冲突治理中，省、市、县、乡四级政府在共同的共识下，通过在短期内动员整合行政体系内外资源，对重大或久拖不决的疑难问题进行疾风骤雨似的专项治理活动，这种方式打破了已有科层制度、规则和专业分工的界限，在上下级政府共识中实现稳控的目标。而这种行动方式在县域

---

① 资料来源：课题组对河南省 A 市市委书记 G 书记的访谈录音整理。

政府社会冲突治理中已惯例化、常态化并逐步正式化。下面的案例说明了省、市、县、乡之间对专项治理的共识：

省政府出台专项治理活动文件：2016 年春节和"两会"期间，H 省印发《关于开展化解信访积案集中攻坚活动实施方案》，作出了开展专项治理活动的决策：

文件要求"全省各地各部门要对本地区本系统信访积案开展一次深入全面的排查梳理，重点排查交办转送后超期未办结、办结后群众对处理结果不满意的信访事项，制定务实管用、针对性强的分类化解措施，集中力量、集中时间依法依规予以化解，努力实现信访积案'清仓见底'、化解稳控的目标"①。

A 市市委根据要求出台文件做出了布署安排。根据 H 省关于信访案件集中攻坚活动的要求，A 市市委印发《关于开展信访积案集中攻坚活动的实施方案》，要求 A 市在全市深入开展化解信访积案集中攻坚活动，并对各乡镇提出要求：

要对信访隐患进行一次彻底、全面、深入的排查，从基层抓起、从苗头抓起，摸清信访隐患底数，做到早发现、早介入、早解决。各乡镇办和政法各部门要集中时间、集中力量，对排查出来的矛盾纠纷进行有效调处和化解，集中利用 2 个月的时间，实现全部交办信访积案清仓见底。第一个月，整体化解进度达到 65%；第二个月，整体化解进度达到 100%。对特殊疑难复杂案件，两个月内确实不能如期化解到位的，要在两个月期限截止前 10 日内上报延期申请报告，经审查批准后可最多再延长一个月，申请延期的案件不得超过交办案件总数的 15%。②

乡镇出台文件进行具体落实和布置。A 市 ZF 镇镇党委、政府根据 A 市市委关于开展信访积案集中攻坚活动的要求，细化专项活动内容、活动形式，明确活动的重点，对此专项治理活动进行了具体布置：

根据我镇信访实际情况，争取在要求的时间内，实现我镇的信访积案清仓。一是分类建立台账。各工作片及村委对我镇所有积案，根据性

① H 省内部文件 C22：《关于开展化解信访积案集中攻坚活动实施方案》。
② A 市内部资料文件 C23：A 市委《关于开展信访积案集中攻坚活动的实施方案》。

质分类汇总，逐一建立台账，登记事由、上访人情况、包案领导、具体责任人、化解工作进度等。二是领导包案。对所有信访积案，都要落实领导包案，包案领导要亲自见面、亲自研究、亲自调处、亲自做解释疏导工作，按"五个一"要求，即一名包案领导、一个工作班子、一套化解方案、一份会议纪要、一套稳控措施，严格落实责任，力求达到实效。三是综合施策。综合运用法律、经济、行政等手段和教育协商、调解、疏导、救济等办法，从解决问题、帮扶助困、教育疏导等多方面攻坚克难，化解矛盾纠纷。能解决的，提出解决的方法和步骤；不能解决的，提供疏导解释的法律依据和政策意见。对信访积案，要有"破"的勇气、"立"的智慧、"闯"的胆识，敢于迎难、敢于碰硬、敢于负责，创造新思维、找出新办法、走出新路子，综合运用疑难信访专项资金、困难救济、心理疏导、法制教育等辅助手段，综合施策，多方用力，逐个突破。四是责任到位。对尚未化解的问题，积极寻求新的解决思路加大化解力度，落实化解措施；对新的苗头隐患要及时发现、及早介入，防止其演化为重复信访；对到期未能成功化解，仍存在上访隐患的，落实稳控责任；对已经化解的问题，注意回访了解后续情况，彻底息诉罢访。①

2. 成立临时领导小组，临时性机构正式化

成立领导小组是地方政府加强组织协调的一种特殊组织形态，是推动地方事务有效运转，推动地方治理不可或缺的手段。②在县域政府开展专项治理活动的同时，成立活动领导小组作为专项治理活动的组成部分，已经成为一种制度化的机制，将动员式治理嵌入到了科层常规机制中，对科层制常规机制中的等级结构、专业化分工、规则施治，进行了新的组织整合和制度化，通过成立领导小组，使临时性机构正式化，同时也加强了横向和纵向的动员和整合。

以 A 市为例，为确保信访稳定，"在四大班子层面，成立了 10 个重点工作推进领导小组，其中政法信访稳定领导小组由市委副书记任

① A 市 ZF 镇内部资料：《ZF 镇关于化解信访集案攻坚活动的通知》。
② 原超、李妮：《地方领导小组的运作逻辑及对政府治理的影响——基于组织激励视角的分析》，《公共管理学报》2017 年第 1 期。

组长，政法委书记、政府副市长、公安局局长任副组长，人大、政协分管副职参与，其他四大班子领导作为分管领域和分包乡镇的包案领导"。A市ZF镇为确保"双节"和党的重要会议等敏感时期全镇社会大局的持续和谐稳定，下发《关于开展信访突出问题和社会矛盾大排查大化解活动实施方案》，要求专门召开各行政村、镇直镇办负责人参加的信访突出问题和社会矛盾大排查大化解活动工作会，全面安排部署开展此项活动，并成立了以镇党委书记为组长的领导小组，开展信访突出问题和社会矛盾大排查大化解专项整治活动。领导小组以正式化的方式建立非正式的权力机构，打破原有科层组织规则和制度，活动期间在小组成员原有的权力基础上增加"附加权力"，并加大专项治理活动的激励与问责，而地方领导也会利用自身的权威和关系资源，以完成活动任务为目标，以非正式、非规则化方式完成目标任务。专项治理活动结束后领导小组撤销，维稳治理恢复为日常科层组织运作。

　　3. 形成"开口子"时机，开启政策突破窗口

　　在政府与抗争民众的博弈中，对那些明显具有要挟谋利、缠访闹访或者缺乏政策依据的抗争行为，基层政府官员往往会通过拖延、消极、迂回、踢皮球、文牍主义等方式应对以保护自己，如一些历史遗留问题、民众社会纠纷引发的持续上访问题、没有政策依据的社会保障问题等。但专项治理活动以强激励、强问责的方式，形成了开口子的时机，不断突破政策底线，以完全妥协、部分妥协，或者实在没有办法妥协就进行物质安抚的策略，获得上访人的认可，达到息访罢诉的目的。

　　以B市开展的"信访稳定专项治理活动"为例，B市要求切实做到"四个查清"，要求化解工作要做到"五个一""四到位"。

　　"四个查清"是查清诉求，查清问题，查清原因，查清责任。"五个一"即明确一名具体负责县级领导、一个工作班子、一套化解方案、一份会议纪要、一套稳控措施，因案施策、逐案化解。"四到位"即对群众诉求合理的，一次性解决到位；群众诉求过高的，教育疏导到位；确有实际困难的，帮扶救助到位；缠访闹访违反法律的，依法处理到位，确保

"案结事了、息诉罢访、群众稳定"。①

对专项治理活动期间的问责进行了明确的规定：要通过落实"五包"责任制，确保把问题化解在基层，把信访人稳控在当地，实现绝对稳定。并对"严肃查究"做了具体的规定：

"五包"责任制即包掌握情况、包思想教育、包跟踪督办、包解决化解、包息诉罢访。对重视不够、部署不力、进展迟缓、推诿扯皮的单位和部门，市群众工作领导小组办公室要给予通报批评。对因工作不到位，责任不落实，造成交办的突出问题得不到有效解决，引发上访人赴京到省来市上访的责任单位和责任人，将依照有关规定严肃追究责任。②

在绝对的稳控目标和刚性责任下，维权的民众也以敏感时期、专项治理活动等为时机，寻求解决问题和维权目标的实现。专项治理活动作为开口子的时机，在社会冲突治理中已经成为重要的机制，支撑着基层社会稳定。

三　"情理之治"：非法治化运行

在情、理、法之中，中国人倾向于通过引入人情与道德来解决问题，将"情理"纳入矛盾化解和冲突调解中，情理既是工具，也是解决问题的合法性所在。情理作为一种价值、规则、工具，本来是法律、制度的补充和支持系统，但在具体处理方式上，在"法律手段、经济手段都用尽"③的情况下，不得不将公共制度与法理规范放在一边，各显神通地运用各种关系和策略，人情关系超越法律，情理替代法律，如亲缘关系连带化——基层政府在"无可奈何"的情况下，以"连带"方式将稳控的责任转移给其亲属，由亲属运用亲情关系和情理关系来稳控上访人。情理之治，包括作为价值的情理之合理性、作为一种规则的"人格化治理"以及作为工具的对人情及关系手段之借用等。从政府社会矛盾与冲突化解行为来看，其行动方式把旧有的教化传统与群众工作中的"说理—心服"模式相结合，把刚性的制度规范与柔性的人情关系杂糅

---

① B市内部资料：B市《关于做好近期信访稳定工作的通知》，2016年10月。

② 同上。

③ 资料来源：C市QL镇副镇长L某访谈资料整理。

处理，基层官员变成了"嵌入差序式关系网络中的行动者"。政府和民众双方都共享着传统儒家的伦理规则：政府作为"父母官"，要解决民众的所有问题，正所谓"孩子出了事，长辈总要管管嘛"。而普通民众在遇到问题时往往习惯于找政府，政府要有求必应、包治百病，使规则模糊化具有了文化合理性。

1. 行政超越法律

领导批示、专项整治、包保责任制、信访吸纳法治等，这些行为都或多或少包含了政治超越法律的现象，以下从县域政府化解 1 个因村民资格而上访问题，以及涉法涉诉信访难题来分析行政超越法律的非法治化现象。

县域政府以行政干预村民自治运行，使社会冲突治理都陷入法治化困局。课题组选取毛某上访的典型事件，分析县域政府以行政权力施压村治机构，违背村民自治运行规则以及改变村规民约来稳控的过程，这一案例中，B 市 M 办事处 WT 村毛某上访是典型的要挟性维权案例，随着毛某上访活动频率和范围不断加大，迫使政府不断运用行政权力干预村民自治运行。纵观毛某上访问题解决的过程，也就是以毛某为代表的访民以成为政府突出的稳定隐患为手段，次次突破规则以达到目的的过程。县域政府以全面妥协化解信访矛盾，反而引发信访人谋利型上访。以下为 A15 毛某上访案例基本情况：

A15：B 市 M 办事处 W7 村毛某要挟性维要案例

1960 年出生在河南省 B 市 M 办事处 WT 村毛某，作为一个外嫁女，要求她及其家人享受村民待遇资格的认定，而根据《WT 村村规民约》，毛某及其家人均不能享受村里的福利待遇。对《WT 村村规民约》，毛某坚决不认同，于是，她开始走上了上访之路，要求享受WT 村村民的诸如占地补偿费用、村民过节过会福利、丧葬费用补贴等。

从 2005 年 10 月至 2006 年 12 月 4 日，毛某不间断到 M 办事处和K 区信访办进行了数十次信访活动，主要诉求就是一家人的福利待遇。K 区信访办、M 办事处两级领导及办案人员多次与村两委、村民小组沟通协调，但村委会认为根据村民自治少数服从多数的原则，村民代表大会不同意其村民资格,毛某一家人不能得到福利待遇。

2006年12月4日毛某信访活动升级,到地级市B市信访局上访。随着毛某的村民待遇问题成为一个越来越大的不稳定因素,办事处改变态度力争协调解决此问题,2007年1月,最终经办事处多次与村两委、村民小组沟通协调,牵头对村规民约进行了调整,毛某本人享受村里的一切福利待遇,其两个儿子享受部分村民福利,其丈夫则不享受村民福利。从处理意见看,毛某通过信访达到了部分目的,但她认为这一结果与自己的诉求还有一定差距,"不同意"办事处的协调处理意见。2007年4月8日,经市、县两级复查复核委员会复核,出具了信访事项的终结意见,认为办事处的处理意见"事实清楚,使用依据准确,程序合法,处理恰当,决定维持",毛某的信访事项已经过三级办理终结。

毛某开始了越级非正常上访的道路。2007年5月23日,毛某到北京中南海地区越级非法上访,办事处将毛某接回后,再次责成村两委对其福利待遇问题进行研究。2007年5月28日,WT村两委召开专题会议,维持了以前的处理意见。此后,毛某多次到省市区三级信访部门上访。2007年9月党的十七大召开在即,B市加强了稳控工作,实行严格的责任追究制度:"在化解矛盾纠纷期间如发生重复赴京到省来市上访1次的,市信访工作领导小组对包案领导进行通报批评,发生2次的,给予诚勉谈话。"因此,9月初至10月底,M办事处对毛某采取了24小时看守措施。

2007年11月26日,毛某又一次前往北京,到东交民巷总理驻地进行非访,K区、M办事处和WT村派出工作组进京将其接回。2007年12月4日,经反复沟通,毛某和村两委均同意采取公决的方式解决该事项。经WT村两委成员、党员、群众代表组成的村民代表会议投票公决,绝大多数不同意其家人获得村民待遇。毛某不服公决结果,于12月7日、12日到北京总理驻地、天安门广场非访,并明确表示:不争取到子女及丈夫的福利待遇,誓不罢休!

2008年元月至3月,是各级"两会"集中召开的时间。在这期间，毛某成为重点稳控对象，M 办事处及 WT 村村委会专人负责，人盯人、人看人，其间，毛某多次伺机到北京上访没有成功。两会结束后，2008 年 4 月 7 日、8 日、30 日赴京到国家信访局以及北京天安门等地进行越级上访。在举办奥运会期间，毛某于 2008 年 7 月 29 日再次到国家信访局上访。

北京奥运会期间，在空前严厉的稳定政策和最为严厉的责任追究制度下，基层政府感受到了前所未有的压力，在县领导的坚持下，2008 年 8 月，县政府领导要求"本着切实做到息诉罢访，确保稳定，具体问题具体解决的精神"，WT 村必须改变村规民约的有关规定，并采用会议形式，形成毛某家人都享有村民福利待遇的结论。县域政府在信访人居高不下的信访诉求，以及全体村民的自治要求和共同利益的维护之间，最终将平衡点偏向了"会闹方"。至此，毛某的信访诉求最终得以全部达到要求并得以解决。

信访问题彻底解决之后，毛某并没有像基层政府想象的那样息诉罢访，又提出了新的要求，要求政府赔偿其因上访而造成的个人经济损失 90 余万元，在遭到拒绝后，又成了信访部门的常客，同时，她还鼓励同村部分群众为了利益共同上访。2008 年 9 月 12 日，毛某与同村几名群众一起到北京国家信访局上访。2009 年 3 月 13 日，毛某和同村其他 4 人到联合国开发署北京驻地进行非正常上访，闯入安全禁区，被北京市公安局朝阳分局行政拘留五日，这次的非正常上访，被确定为缠访闹访，2009 年 3 月 21 日，因涉嫌犯聚众扰乱社会秩序罪，毛某被 B 市公安局 K 区分局刑事拘留，并于 4 月 16 日被逮捕，最终被判处有期徒刑三年，缓刑三年，毛某的信访之路终以犯罪获刑终结。①

面对涉法涉诉信访问题，司法行政化模糊了司法和行政的界限。所谓涉法涉诉信访是指那些涉及法律的案件，因当事人认为判决或结果有违公正，以信访的方式维护自身权益的信访问题。目前各级人民法院、人民检察院、公安部门和司法行政部门等机构，分别设

---

① 资料来源：D 市中级人民法院信访案件卷宗。

立对应的信访机构专门处理此类信访案件，进一步推进了涉法涉诉信访的形成。以人民法院为代表的司法机关从司法主体化身为涉法涉诉信访案件化解的直接责任人。课题组通过对 D 市中院的调查，市中院在应对涉法涉诉信访问题已经做到了"制度化"：成立了专门的机构，形成了涉法涉诉信访的接办模式："信访人员排队—填写信访登记表—工作人员收表归类—分配到对应部门接访"；设立了"院长天天接访日"的工作制度；摸索总结出了"四个到位"的信访工作理念：生活确有困难的，司法救助到位；合理合法诉求，依法解决到位；无理不合法诉求，感化教育到位；违法谋利诉求，依法坚决打击到位。据 D 市法院统计，D 市法院年平均发生信访案件量 1500余件，一些案件还在法院审理阶段当事人就选择上访途径，有些案件一审时间漫长且没有得到解决，当事人就放弃法律途径选择直接上访，近年来群访、缠访、闹访、重复访问题不断增多，导致信访总量和比例只升不降。课题组选取了 D 市法院 8 个涉法涉诉信访案例，可以代表性地反映当前涉法涉诉信访的状况。从这 8 个信访案例来看，信访发生的原因既有来自法院的因素，也有来自当事人自身的原因；从处理依据和结果来看，信访部门处理案件时绝大多数没有或者说缺乏法律依据，也未能最终成功解决，8 个案例中仅有 1 个案例在处理时因为有法律依据而得到成功解决（见表 4—1）；

表 4—1　　　　　　　　　　　8 个涉法涉诉信访案例

案例排序	信访人概况	主要内容/时长	发生原因	化解方式	法律依据	解决情况
案例 A16：苗某不服判决上访	苗某，女，83 岁	因举报村干部越级上访，被判聚众扰乱社会秩序罪，不服判决，上访 21 年以上	不服判决，认为量刑过重	领导包案、司法救助	无	否
案例 A17：朱某因法院执行不力上访	朱某，男，52 岁	民事纠纷判决胜诉后，得不到执行，依法逐级走访 5 年以上	法院执行不力	妥协、推诿	无	否

续表

案例排序	信访人概况	主要内容/时长	发生原因	化解方式	法律依据	解决情况
案例 A18：杨某要求享受村民资格上访	杨某，女，60 岁	判决离婚后，要求享受村民福利待遇，上访 6 年以上	无法享受村民福利待遇	司法救助、稳控	无	否
案例 A19：于某不服法院赔偿上访	于某，男，51 岁	入狱 5 年后，检察院撤诉无罪释放，请求国家赔偿的要求未达到；上访 2 年以上	不服法院赔偿决定	领导包案、稳控	无	否
案例 A20：D 市 XH 公司因房屋拆迁纠纷上访	D 市 XH 公司，1993 年成立	J 区政府无合法依据强制拆除当事人房屋，拒不履行判决后，上访 2 年以上	法官不作为，无故不按照法律进行审理和判决	稳控	无	否
案例 A21：D 市吕某担保责任认定事实错误上访	吕某，女，47 岁	担保责任认定事实错误，适用法律错误，当事人上访 1 年以上	认定事实错误，适用法律错误	依法申请再审	有	是
案例 A22：D 市石某因法院调解案件程序违法上访	石某，女，64 岁	法院未经当事人同意，将判决程序改为调解程序，遂开始长达 18 年的上访	法院调解案件程序违法	领导包案	无	否
案例 A23：D 市汪某因工程合同纠纷上访	汪某，男，56 岁	工程合同纠纷，当事人认为法院判决不公，请求撤销原判，上访 11 年以上	法院判决不公	司法救助、专家论证会	无	否

资料来源：D 市中级人民法院涉法涉诉信访卷宗

　　在处理方式上，法院被迫行政化，要通过包案、司法救助、花钱买稳定、稳控等方式对待涉法涉诉信访问题。以第一个案件苗某的案件为例，苗某在长达 26 年的上访过程中，其中有 20 年上访因对方蓄意伤害而成为涉法涉诉案件，经过课题组实地调研、查阅相关资料以及与接访过苗某的

H市法院信访工作人员访谈得知,在苗某上访期间,法院为了稳控已经竭尽全力,她曾多次获得司法救助,还享有社保,现家中水电费全部由当地政府负担。但已经80多岁的苗某依然对法院曾经的判决不服,不定期到法院门口静坐示威,在信访大厅大喊"冤枉",而且因苗某上访经验丰富、手段多样,被其他信访人称为"苗大侠",并"代理"了好几位上访者上访事项,苗某在冲击中央重要会议或重要场所而受到政府官员接待时,代替被代理人递交信访资料或帮其说话①。涉法涉诉信访模糊了司法和行政的界限,司法的行政化更是助长了民众的青天观念,与法治化渐行渐远。下面是案件A16基本情况:

> 个人情况:苗某,女,1934年生,汉族,住B市S乡。因与村干部在承包树园方面发生纠纷多次上访,后因无序上访被判犯非法集会罪、聚众扰乱社会秩序罪而获5年刑期,认为量刑过重,要求改判并给予赔偿。
>
> 上访过程:1986年,苗某担任本村第二村民小组组长。其间,主持了本组村民的树园、苇园的承包分配工作。1991年,时任本村村长的孙某开会宣布以前村民承包树园、苇园的合同作废,并强令村民伐树。苗某不服,逐级上告到B市林业局、D市林业局、H省林业厅、国家林业部。最后,上级经过调查,承认原承包合同有效并认定了村长孙某滥伐树木上万棵的事实。但村长并未因此得到处罚,而是逐步升迁为本村党支部书记、乡土地所长。苗某不服,从此以后长期告状,而村长孙某及相关村干部则对苗某和她的家人进行报复:阻挠苗某家接电、娶媳妇不开证明、不分土地等。
>
> 由于苗某持续不断对已经任村支书的孙某违反计划生育政策举报,1996年,B市计生委下达建议书,建议免去孙某的村支书职务、停止他在土地所的工作。同年11月,告状回家路上的苗某被孙某以一万元价格雇佣的马某、孙某、杨某等四人绑架,并密谋杀害,最终苗某在他人的帮助下逃脱,并报案。1997年,苗某在H省省委门前上访时得到在H省视察的国家领导的接见。其后,苗某家的用电照

---

① 资料来源:D市法院信访工作人员W某访谈录音整理。

明、给媳妇办户口等问题得到了解决。

1998 年，2000 年，2001 年，2002 年，参与绑架杀害苗某的直接凶手马某、孙某、杨某、李某分别被抓获，被判处 3 年、8 年、5 年等刑事责任和民事责任，苗某不服判决，认为幕后主使孙某未能获得应有判决，持续上访，并于 2002 年 11 月，苗某冲击中共十六大会场，闯进人民大会堂。不久，绑架杀害苗某的幕后主使孙某被拘留。2003 年，Z 市中级人民法院以故意杀人罪判处孙某有期徒刑 15 年并赔偿苗某经济损失 2 万元，其间，孙某的亲属多人追打苗某及其家人。判决后，苗某拿到两份判决书，其中一份虽然也是写着判处孙某有期徒刑十五年，可赫然标明孙某的服刑期限到 2008 年。苗某认为，这是法官故意的，为孙某翻案或早日出狱预留的埋伏，因此依然坚持上访。

2005 年 4 月 14 日下午，苗某与李某、李某（两另案处理）等十余人，不听门卫劝阻，强行进入 B 市市委、市政府大院，在大院和办公楼内高声叫喊、大声吵闹，持续时间达数小时，后被公安人员强制带离。据访谈 B 市委因此将召开的全市信访稳定工作会议推迟到 4 月 15 日。2005 年 6 月 10 日，苗某与李某、李某等十余人，再次强行进入市委、市政府大院及办公楼内高声喊叫，大吵大闹，长达数小时，后被强制带离。2005 年 11 月 9 日，苗某等二十余名上访人员行至北京市日坛路日本驻华大使馆门前，苗某带头穿上白色带"冤"字的上访衣，大声哭着喊冤枉，导致多人围观，后被强制带离。

因多次赴京上访等不当上访行为，2006 年 5 月 31 日法院做出了刑事判决（2006 年 B 刑初字第 128 号），以非法集会罪判处有期徒刑三年零六个月；犯聚众扰乱社会秩序罪，判处有期徒刑二年，决定执行有期徒刑五年，宣判后，苗某不服提出上诉。后驳回上诉，维持原判。之后，苗某仍以原判程序违法，向省高院申诉被驳回。

2010 年，苗某出狱后，开始持续不断上访。D 市法院非常重视该上访案件，成立了以院长李某为包案领导，主管刑事副院长郑某为主要负责人，刑庭庭长张某为责任人，刑庭副庭长孙某为直接责任人的工作组，专门处理此案。事实上，本案中苗某被判处非法集会罪和聚众扰乱社会秩序罪，是对其不当上访行为的惩罚，因信访被打击处理，案件本身被定性为"三不案件"，即"不受理，不登记，不交办"。

苗某在出狱后仍坚持继续上访，认为自己有冤，D市法院认为她是缠访、闹访属无理信访，将其作为法院和当地党委政府的重点稳控对象来对待。①

从1991年开始的二十多年里，苗某奔波在B市、省城、北京等城市之间上访告状，乞讨为生、露宿街头或车站，多次被各级部门遣返，累计被收容和拘留四百多天。课题组成员在法院调研期间曾见到过苗某一次，不仅在D市法院门口静坐，还去信访大厅大声喊冤，如今，她还在上访。

2. 人情替代法律

我国的传统法律文化重视道德教化和伦理规范，主张"法顺人情"，即使是在当下，我国民众所信奉的也依然是"法理不外乎人情"的道理，"中国社会从价值层面直至现实层面都是一个重视和讲究关系的社会"。②应该说，人情是"冷冰冰"和"高成本"法律的有益补充，尤其是在基层治理资源不足情况下，情理之治是相当有效的手段，但问题在于当人情关系替代法律规则，亲缘关系连带化、人情、关系介入社会矛盾与冲突化解中，不仅有可能与法治化形成张力，而且也难以持续支撑强大的稳控压力。基层政府面对拆迁引发的上访难题，以连坐的方式应对，乡镇干部与村干部、上访户以情动人息诉罢访，既凸显了地方干部的主动性，也侧面反映了地方社会冲突治理的压力和困境。

（1）连坐。县域政府在社会冲突治理的过程中，针对信访疑难积案，在正式手段失灵的情况下，通常采用非正式手段进行"软约束"，将稳控压力加诸于上访人亲属，将亲缘关系因素纳入到上访治理中，以达到暂时平息信访的目的。特别是上访人亲属工作单位来自于行政事业部门的，基层政府在"无可奈何"的情况下，以"连带"方式将维稳的责任转移给

---

① 资料来源：课题组在D市中级人民法院调研的案例材料。

② 金耀基：《人际关系中的人情分析》和乔健：《关系刍议》，载杨国枢主编《中国人的心理》，台北：台湾桂冠图书公司1988年版。

其亲属，由亲属运用亲情关系和情理关系来稳控上访人，这是基层维稳中特别是拆迁纠纷中常见的"招数"，以下案例 A24 中，基层政府按照程序对李某的非访行为化解无效后，转而运用亲缘关系化解信访矛盾，对付李某的招数就是要求李某的姐姐不时被要挟"停职"以做好李某的稳控工作。

案例 A24：C 市 QL 乡 Q 村李某因拆迁赔偿问题上访案例

　　C 市 QL 乡 Q 村李某因在某市重点工程拆迁过程中对赔付标准不认可而拒绝搬迁，后 QL 乡政府为保证重点工程的进展，决定依法对其进行强拆。强拆之后李某开始上访维权，且多次越级上访，并在重大节日、重大活动期间多次赴省、国家信访局反映情况。因此从 QL 乡到 C 市无不对李某头痛不已，多次与李某面谈无果后，然后根据其户籍关系查到其姐在 C 市 Y 乡工作，于是责令其姐对李某进行"稳控"，每到重大节日、重大活动李某姐姐都会被专门放假专职"稳控"李某。自此李某越级上访，尤其是越级赴省、赴京上访得到有效遏制。①

　　（2）以情动人。"关系"更多的指双方的感情交往和相互影响的能力，不仅仅体现了一个人的社会地位，更体现了一个人对他人的影响能力。在县域社会矛盾与冲突化解中，"关系"被作为一种治理工具，运用于社会冲突和矛盾化解中。正如访谈中一位乡镇干部所说，"在基层治理中，没有解决不了的问题、没有商量不了的事、没有治不住的人。简单的问题迅速解决，稍微复杂的问题，商量着解决，各退一步折衷解决。实在难以解决的问题，解决不了问题就想办法解决'人'，通过各种社会关系或利害关系进行说服乃至'威逼利诱'，总有办法用人说服人，用人影响人"。通过人情的因素来化解社会矛盾，乡镇干部和村干部的"关系"嵌入，与村干部建立个人感情关系，完成稳控任务，是乡镇领导的常规办法。而基层领导跟信访人的情感关系，也是基层社会治理中的"必杀技"，以情动人化解了大量农村社会矛盾，在中国式维稳中，不能没有人情、关系的存在，但仅仅

---

　　①　资料来源：C 市 QL 乡调查资料。

依靠基层干部的能动性，以"特殊主义"的方式化解大量的社会矛盾和纠纷，使基层社会冲突治理面临着不能承受之重。

下面是包案领导干部通过与信访人建立个人关系化解信访的案例。在包案责任制下，能成功化解纠纷的包案负责人通常会在稳控过程中与信访人建立并强化个人关系，构建与信访人之间的"熟人关系"，并借助这一关系以达到"以情动人"的稳控效果。如地方领导干部通过请对方吃饭、送对方急需用品、帮助解决信访人个别困难等强化与稳控对象的个人情感，达到化解以矛盾纠纷、稳控当事人的目的。地方干部的人情策略达到了化解矛盾纠纷的效果，但这种"一把钥匙开一把锁"的行动方式，正是地方干部作为一个"策动群体"[1]弥补了治理资源的不足和转型期的价值危机，以下基层领导 W 乡长在处理上访问题的过程中，通过建立起信任和良好的个人关系，达到了劝离李某上访的目的。以下为对 C 市 W 乡长的访谈：

记录人：听信访办的同志们说，您曾多次在现场处置了李某越级上访事件？

W 乡长：在省信访局见过李某两次，谈不上处置，只是劝离。

记录人：都是什么时候，能简单介绍一下经过吗？

W 乡长：一次是开上合会议期间，一次是省里开两会期间，她都去了省信访局。我发现后就对她进行了劝离。

记录人：您是如何在第一时间内赶到现场的？又是怎么对李某进行劝离的？或者说您通过什么方式做通了她的工作？

W 乡长：我在重大节日、重大活动期间被乡里根据上级的要求派到省里信访单位做好信访保障工作的。我在信访局附近发现了她，就开始对她进行劝离啊。工作倒是容易做，都是些老生常谈的问题，李某的问题我们都很清楚，李某对我们也都很了解。她其实也明白，问题归根到底还是要到乡里解决，到省里上访，我想多数还是想引起我们重视的成分多一些。

---

① 参见杨雪冬编：《"主动的"地方政治：作为战略群体的县乡干部》，中央编译出版社 2013 年版。

记录人：李某就这样被劝离了？

W 乡长：哪有说说那么简单。之所以能够在现场迅速将李某劝离，首先是建立在我们前期对其做的工作基础上，对其反映问题的部分解决。另外她哪里有那么听我的，她主要是听她在 Y 乡工作的姐姐的，怕影响她姐姐的工作。据她自己说，她姐姐以前没少接济她们家。

记录人：这算不算一种关系控制，或者说是一种关系影响，这对李某的姐姐公平吗？

W 乡长：说是关系控制也算，但更多的是一种关系影响。对李某姐姐没啥不公平的，吃的都是政府的饭，就应当做自己的贡献。

记录人：面对你们的劝离，信访人会不会大吵大闹？

W 乡长：难听话还是会说一些的，但一般还是能够劝离的。

记录人：我们听其他人说李某还是比较难缠的，但是对你的话还是听的。

W 乡长：难缠不难缠我不好说，反正遇见了都头痛。难缠也好，不难缠也罢，其实也好理解，毕竟牵涉到自身利益。听我的话说不上，但是对我还是比较认可的。

记录人：为什么对你比较认可？

W 乡长：其实也简单，每次我在省里值班，她去了，在劝离过程中我都请她吃饭。其实就是吃了两次烩面，一次我告诉她总书记来了就吃的这家烩面。第二次我又请她吃另一家烩面，告诉她 C 市两家最好的烩面我都自掏腰包请她吃过了，可不能再来了。当时她就感动了，临走时还不断向我保证，只要我值班，她保证不来。

记录人：真的没再去？

W 乡长：第二天就又去转了一圈，据说在省信访局附近犹犹豫豫转了一圈，又走了。①

3. "理"在"法"外

人情与道德是中国礼治秩序中的基本构成要素。在基层社会冲突化解中，仅仅合法并不能完全构成矛盾化解的正当性理据。所谓"理"，即自

---

① 资料来源：课题组信访访谈录音整理。

然天地的义理所构成的公正之理，在中国文化中理是本情是根基而法为末，"天理无非人情""王法本乎人情"的情理主义是中国文化的特点。在"理"与"法"的关系中，理高于法、法治精神让位于人伦情理，跟现代的法治精神正相冲突。在基层治理当中，将"理"置于"法"之外，是政府与民众共有的行为方式，本书以政府花钱买稳定之理、民众缠访闹访之理为例，分析地方政府社会冲突治理中理在法外的行动逻辑。

（1）"花钱买稳定"之"理"。花钱买稳定作为县域政府摆平的重要"经济手段"承担了稳控的重任，那么花钱的正当性或者说"理"在哪里呢，这是思考"理""法"关系的切入点。

在上面"花钱买稳定"的案例中，乡镇政府都会用"鉴于信访人年纪大，身体不好，家庭生活困难，市第一人民医院对信访人王某给予贰万元的信访救助"，或者是"该案件属于法度政策之外，情理之中，长期积累，久拖未决的信访个案，经镇政府对朱某家庭经济状况调查，其家庭确实困难，经镇党委集体研究决定，特申请'特殊疑难信访问题专项资金'2万元予以救助解决"，以及鉴于上访人长期赴京非访的实际情况，为稳定社会大局，照顾全家人情绪，安排宅基地一处等，说明利用经济补偿化解一些甚至与利益受损无关的信访问题时具体措施的合理性，而这一合理性说明，情和理是官方和民间共同认可的，矛盾冲突的化解或者说信访问题的解决往往要把道德和感情放进去，"生活困苦、值得同情"至少和"绝对的客观事实、统一判断标准"法律具有一样的合理性和同等的说服力。以 A 市农民李某因与他人经济纠纷多年上访为例，李某与他人关于购买皂角树苗的经济纠纷问题。由于纠纷双方当事人是口头约定，信访人无法提供相关证据材料，致使协调工作陷入僵局，无法进行，属于一时难以解决的信访个案，由于在协调过程中李某的丈夫去年已去世，家庭重要劳动力缺失，子女年幼，家庭生活实在困难，因此，乡镇政府为使信访人停访息访，通过花钱这种方式解决棘手的信访案件，决定救助李某 2 万元。救助的原因跟当初的个人经济纠纷已经没有关系，但这种救助的合理性在于"虽然在法理之外，但属情理之中"，情理成为手段合理的最后依据。

（2）缠访、闹访之理。政府维稳与民众维权是一个互相型塑的过程，政府以非法治化的方式稳控的同时，可能诱发民众大量使用非法治化的方式维权；而民众维权的非法治化也会进一步导致政府社会冲突治理方式的非法治化。维权者将法律作为发起维权诉求的工具，在维权过程中将法律边缘化、权益化、工具化，使缠访、闹访不断增加，甚至出现了组织化的倾向，这些案例虽然在总体信访量中是少数，但其危害和影响是恶劣的，一些人长期滞留京、省、市缠访、闹访。在这些案件处理过程中，大部分法律手段、经济手段都已用尽，其上访诉求得到了基本满足，他们中大多数领取过救助金甚至签订过息诉罢访协议书，但仍然坚持持续上访。一些缠访、闹访现象甚至出现了组织化苗头，为了引起领导的重视，一些缠访者鼓动其他信访人，甚至花钱雇佣一些闲散社会人员，形成有一定组织的上访团队，采用统一着装、围堵政府大门、拉横幅或者进行游行等方式，向政府部门施压，课题组也目睹了一些上访人员身穿白色写有"冤"字的 T 恤，围堵政府大门，这种组织化的苗头日渐成为信访治理难题。

以下为长达 12 年的麻某上访案例。从麻某 12 年的上访过程可以看出，麻某漫天要价，缺乏规则意识、法律意识，在维权方式上也表现出无底线、无原则的特征，自利性、投机性以及政府和民众间单纯的利益博弈显而易见。以下为麻某因拆迁补偿长达 12 年赴京上访案例。

案例 A25：麻某拆迁补偿纠纷上访

麻某，女，62 岁，QP 街办事处 ZL 社区一组居民。自 2005 年反映 ZJ 公司霸占其宅基地，此宅基地上共有 2 条土桐一间房，麻某从其父亲麻有处继承，以及 2006 年反映 B 市国土资源局非法给 ZJ 公司办理土地证问题。历时 12 年之久，历经持续不断信访，包括 2005 年开始不间断地赴 B 市、D 市、河南省、北京上访，2012 年进行了信访三级终结，2013 年 9 月到国家信访局信访后被出具信访事项不予受理告知单；D 市人民政府 2007 年 12 月 6 日行政复议、B 人民法院 2013 年 12 月受理、D 人民法院 2015 年受理、D 市中级人民法院正在审理中。其间，麻不断寻找时机，如在国庆、党和国家重要会议期间、国际会议等，突破重重"稳控"，携上访过程中认识"访友"被麻某认作干爹的郭某，多次赴京省上访，仅赴京累计上访 20 次以上，成为当地"最主要"的不稳定因素和最头疼的"麻烦"。

麻某之所以让地方政府顿感"麻烦"，根本问题是分歧难以调和、且分歧巨大，用基层信访干部的话来说"胃口太大了，实在没法满足"。尽管在麻某不断上访的"压力"下，天平也逐渐向其"倾斜"，2016 年 5 月 D 市人民法院依法判决河南 ZJ 公司 15 日内向麻某赔偿 15 万元，受理费 5656 元承担 2356 元，之前的判决皆是驳回麻某诉求，受理费全部承担。麻女士认为 D 人民法院判决 15 万元，没有对公司违法的认定，很不公正，她认为 ZJ 公司 10 年在宅地上卖多少钱？一层一年租金就 120 万元，因此提出的要价越来越高，在我们调查期间，麻又进京上访了，地方政府协调到 100 万元赔偿，她仍不同意。后麻某又多次赴京、省上访。每到上访地，麻某会"习惯性"给地方干部打个电话告知，她知道不管诉求能否满足，非访既能给基层政府施加压力，又至少能解决来回的路费。

在漫长的上访拉锯过程中，当地政府无力充分实现维权诉求，只能靠打感情牌，从其家人着手做好其思想工作，在生活上给予帮助实施"稳控"；靠"四包一"等"拖字诀"战术，做到"只要在我任期不出事""只要不去北京上访，什么都好办"（地方政府官员访谈）。至今，麻仍然是重点稳控人员，对于其漫天要价，地方政府根本满足不了，她依然在上访当中。[①]

第三节　非规则化的运作特征：规则模糊化

非规则化治理核心理念支撑就是"想方设法""摆平""只问结果不问手段"、突破"天花板"等策略化处理方式，具有因人而异、因时而异、因事而异差别化、个案化应对民众诉求的特征，导致了行动规则模糊化。从行动方式上来看，非规则化治理既包括那些灵活的"因地制宜"的合理和合法策略，也包括那些不讲原则"不符合常理和规则的策略"[②]。所谓行动规则模糊是指县域政府社会冲突治理行为以结果为导向，弹性化执行社会稳定政策文本和制度规范，导致了模棱两可、具有不一致性和可

---

① 资料来源：B 市 QP 街道办事调查资料整理。
② 尹利民：《策略性均衡：维权抗争中的国家与民众关系——一个解释框架及政治基础》，《华中科技大学学报（社会科学版）》2010 年第 5 期。

以灵活诠释的多义性规则的形成，以及治理工具和方式的异化，如政策突破、法律突破等。

行动规则模糊具体表现为：一是制度规范的冲突性。县域政府社会冲突日常应对中，法律和制度规范工具化，超越、扭曲甚至违背制度规范的行为时有发生。从上面非规则化治理的案例可以看出，行政超越法律、人情替代法律时有发生，M办事处WT村毛某上访案例中，毛某上访问题解决的过程，就是县域政府违背村民自治运行规则施压村治机构改变村规民约，超越村民自治法运行的过程，实际遵循的冲突治理制度、规则与已有的制度规范甚至法律规则发生冲突的可能性很大。而基层政府以连坐的方式通过要挟亲缘关系者"停职"来稳控上访人，无异也是对公务人员管理制度的扭曲执行。

二是政策文本的超越和扭曲。县域政府和民众作为行动者对制度、规则以及政策的认知、理解与解释因时、因事、因人而改变。县域政府基于行动方式、压力时机、谈判筹码等构成的决策情景的变化，对制度、政策以及规则的理解与解释随之改变。从第二部分第一节案例4中，朱某因邻里纠纷多次上访问题，乡镇政府的"特殊疑难信访问题专项资金"的申请理由是"该案件属于法度政策之外，情理之中，久拖未决的信访个案，因其家庭确实困难"给予救助，与上访事件本身"原村干部罗某用挖掘机挖断其宅基出路一事"无关，可以看出乡镇政府对纠纷的化解完全抛开了应有的制度规范和政策。

三是治理工具和方式的异化。首先，在法律和政策工具的运用上，体现为与原有政策本身相冲突的政策价值理念和异化的政策目标。在本章第二部分第一节A14李某上访事件中，SF乡党委书记亲任组长、各个相关科室负责人组成的工作组，在最终形成的化解方案中，"房屋征收办牵头，解决李某百村安置政策"，"民政所牵头，解决李某丈夫低保问题"等，在法律和政策工具运用上，背离了村规民约为基础的村民自治法的价值理念，因为稳控的需要而不得不解决李某丈夫低保问题，也是对低保政策中社会救助和社会公平价值的背离，是对低保政策工具运用的异化。在本章第二部分第一节案例A9和A10中，何某和郭某分别反映村干部贪污和村干部贿选问题，何某因举报受到打击报复以10万元予以救助解决上访问题，郭某以"其家庭经济确实困难"为理由，街道办事处以2万元予以救助解决。在这两个案例中，乡镇政府绕过了法律的路径，出面通过花钱解决其上访问题，至于救助的金额则是基于上访人的实际困难，与反映的问题关联度不大。这种通过与行动者一事一议讨价还价的方式达成妥协，进一步强化了规则的模糊性。

第四节　县域社会冲突治理非规则化形成机理

县域政府综合运用制度内外资源，以"事本主义""特殊主义""弹性化"的运作方式应对民众维权抗争行动，本书将这种正式化、惯例化的、逆科层化的运作模式称为非规则化治理，非规则化以科层运作下的伦理突破、政策突破与制度突破为行动方式，其形成机理既有中国特色科层运动式治理的路径依赖、情理之治中的伦理文化，也有现实因素中压力体制下的政府共谋以及基层治理资源匮乏下的无奈选择。

一　运动式治理的路径依赖

有很多学者从宏观、中观以及微观层面探讨过具有中国特色的政府治理模式——运动式治理问题，这些研究洞察到了中国特色的运动式社会治理的基本特征，具有非制度化、非常规化和非专业化特质，以及运动式治理的临时性、动员性和不稳定性等①。而事实上，运动式治理在后革命时代已经发生了变异，特别是在县域政府社会治理过程中，形成了常规化的运动式治理模式——县域动员式社会治理模式，为县域社会冲突治理非规则化提供了制度的土壤和制度变迁的路径依赖。

运动式治理的历史惯性。所谓运动式治理是指一定时间内集中全部人力、物力重点完成某项工作的运作方式，这在一定程度上是从中国共产党在革命战争年代沿袭形成的治理方式。陕甘宁边区时期是具有一定现代意义的"法治"化的社会治理实践的开端，"与国民党从外部植入新精英而推行自上而下的官僚化、保甲制等垂直整合不同，共产党在实现由城市向

---

① 冯仕政：《中国国家运动的形成与变异——基于政体的整体性解释》，《开放时代》2011年第1期；周雪光：《运动型治理机制：中国国家治理的制度逻辑再思考》，《开放时代》2012年第9期。

农村的转移之后，就将社会动员作为国家政权深入村庄的有效手段"。①在社会治理过程中所依托的"组织技术""民主动员技术"和"化解矛盾技术"本身都是天然带有动员性的。所谓"组织技术"，就是通过成立各式各样的组织，将旧体制中的人重新纳入到新的权力组织体系当中；所谓"民主动员技术"，就是通过"民主动员"的方式动员所有的社会成员参与到社会政治生活当中。而所谓"矛盾化解技术"，则是通过化解人们之间的矛盾使群众更加有效团结起来，以组织群众达到贯彻党的主张、法令和政策的目的，从革命年代到新中国成立初期，通过"组织技术""民主动员技术"和"化解矛盾技术"等手段进行社会动员，一直是"国家政权深入村庄的有效手段"，②并构建出了社会治理的新传统。改革开放后，党和国家的工作重心转移到经济建设上来，政治动员下大规模的群众运动已逐渐消失。但值得注意的是，虽然通过普遍而广泛的发动群众运动达成治理目标已较为少见，但运动式治理作为一种手段和工具，被"广大干部群众"所掌握，动员式治理方式在国家重大政策执行、地方政府重大任务中，如招商引资、计划生育、平安建设以及矛盾纠纷化解中都成为科层运作中重要的行为方式。这种也已被"广大干部群众"所熟悉并掌握的治理技术，作为一种惯性仍见于基层社会治理中，成为县域社会冲突治理非规则化行为的支撑。

运动式治理的常规化。在笔者开展的本课题的前期研究中，提出了"县域政府动员式社会治理模式"这一解释框架，所谓动员式社会治理是指县域政府通过将运动式治理不断加以制度化、常规化，使其嵌入于科层的常规治理体系之中，并使动员式治理从一种动员机制演化为常态机制的结构化过程。从治理有效性上来看，运动式治理机制的嵌入和常规化，有效地消解了科层常规机制的治理失灵。从动员方式来看，国家运动式治理中大规模的群众动员被政府自身的行政动员所取代，政治行政化成为县域治理的结构化逻辑；③从动力机制来看，国家运动式治理中意识形态规训

---

① 强世功：《法制与治理——国家转型中的法律》，中国政法大学出版社2003年版，第100页。

② 同上。

③ 樊红敏：《政治行政化：县域治理的结构化逻辑》，《经济社会体制比较》2003年第1期。

转变为以目标责任驱动为核心的绩效机制，县域动员式治理与国家运动式治理、基层运动式治理有差异也有相同之处（见表4—2）。① 县域政府动员式社会治理通过建立小组体制，实现动员式机构的制度化；通过完善目标责任制，实现动员方式的制度化；通过建立制度化的动员网络，实现资源动员科层化，通过包保责任制、领导大接访、维稳基金等，实现了诉求表达与利益协调的制度化。动员式治理模式作为运动式治理的常规化机制，成为县域社会治理中与科层常规治理并行的治理手段，成为县域政府社会冲突治理行为非规则化的又一制度环境和构成要件。而动员式社会治理模式中所隐含的"专断权力的强制度化，常规权力的非制度化，同意权力的弱制度化"② 的制度化逻辑，则潜在地隐含了非规则化行为方式的脆弱性。

表4—2　　　国家运动式治理、县域动员式治理与基层运动式治理的异同

要素类别	国家运动式治理	县域动员式治理	基层运动式治理
动员主体	中央	县委	乡镇
动员方式	群众动员	行政动员	社会动员
动员动力机制	意识形态规训	目标责任制	包保责任制
治理模式	替代	嵌入	并行
有效性	暂时性、间断性	常规性、主导性	间断性、主导性
分工与专业化	低	高	低
制度化程度	非制度化	强制度化	弱制度化

二　治理资源匮乏下的被动选择

杜赞奇和迈克尔·曼的研究认为：与"完全官僚化"③ 不同，地方政

---

① 樊红敏、周勇振：《县域政府动员式社会治理模式及其制度化逻辑》，《中国行政管理》2016年第7期。

② 同上。

③ ［美］杜赞奇：《文化、权力与国家》，王福明译，江苏人民出版社2003年版，第185页。

权组织具有两个显著的特征，一是财政资源匮乏，二是基础性权力弱小。① 治理资源的匮乏与治理任务的繁剧客观上也促使地方政府不得不"选择性"地执行上级任务，而在"选择性执行"上级任务过程中盛行的"策略主义"②"不出事逻辑"③成为社会治理过程中非规则化行动方式的另一种表达。

社会治理体系落后于经济发展要求，造成治理资源和治理技术贫乏。自改革开放以来，我国经济建设因空前巨大的成就而引起世人瞩目，"经济奇迹"甚至成为社会的共识。但是经济发展和社会建设的不平衡也日益凸显，利益制度化不足体现为收入差距越来越大。我国基尼系数从2000 年突破了世界公认的 0.4 这一收入分配警戒线后，持续在高位运行，此后最高达到了 2008 年的 0.491，从 2010 年起基尼系数才呈明显回落的趋势，由 2010 年的 0.481，回落到 2015 年的 0.462，2016 年的 0.465 虽然略有回升，但基尼系数的总体回落趋势并未改变④（见图 4—1）。由于长期以来的 GDP 导向，社会治理体系建设远远落后于经济发展，社会治理过程中面临的社会摩擦和矛盾纠纷也不断增多，在治理资源和治理技术上捉襟见肘，这在客观上也导致了非规则化治理方式的加剧。

如果以信访量作为政府维护社会稳定工作量增加的指标，结合我国两版《信访条例》的发布时间和从 1992 年起全国信访总量连续 11 年上升，可以看到 2003 年形成信访洪峰的时候也是我国基尼系数较高的年份。党的十八大之后由于加强了治理体系和治理能力现代化建设，基尼系数逐年下降的趋势更加明显。显然，社会建设落后和治理体系的不完善，造成治理资源和治理技术的不足和落后，进而引发了社会维权事件的上升，而不断加剧的社会形势和社会冲突，又迫使县域政府更加依赖于制度外的治理资源和技术，这也在客观上为非规则化治理的存在提供了空间。

---

① ［英］迈克尔·曼：《社会权力的来源》，陈海宏译，上海人民出版社 2007 年版，第 69 页。

② 欧阳静：《"维控型"政权：多重结构中的乡镇政权特性》，《社会》2011 年第 3 期。

③ 贺雪峰：《基层治理中的"不出事"逻辑》，《学术研究》2010 年第 6 期。

④ 《2003—2016 年全国居民人均可支配收入基尼系数》，国家统计局网站，2017 年 10 月 10 日。

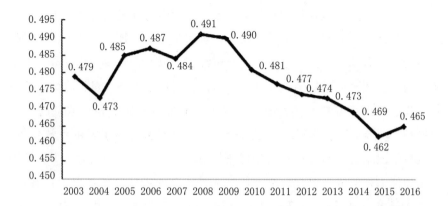

图4—1　2003—2016年全国居民人均可支配收入基尼系数[①]

　　治理资源与治理责任呈倒金字塔形结构。县域在国家治理体系中的"节点"位置，同时也由于中国上下分治的独特稳定机制，县域政府是治民权的承担者[②]，县域政府成为社会冲突治理的直接责任者。从纵向政府治理体制来看，在治理责任上，县域政府是政策执行的具体承担者，但越向下，治理责任越大，治理资源却越不足。从稳定责任来看，2005年及2010年的信访改革不断加大了"属地管理"责任，将社会稳定作为"一票否决"项目纳入到上级考核管理当中，地方社会治理事权都落在了县级政府。但分析县域政府社会治理资源，发现治理资源和治理能力严重不足：一是从行政权力配置上看，由于条块分割，有经济收费权或行政管理权的关键部门如税收、国土、工商等由上级政府垂直管理，县域政府对于上级垂直管理部门的人员是看得见，却管着不便宜、动员更不容易。正如访谈中基层干部所抱怨的"上级政府成为一个个问题的'批发部'，中央则是'总批发部'"[③]。上下级政府的权责的不平衡使县域政府的调控能力不断被弱化。二是从财政资源配置上，中西部地区大多数县面临着财政供养人员多、债务负担重、管理水平低下等问题，而东部地区财政资源

　　①　《2003—2016年全国居民人均可支配收入基尼系数》，国家统计局网站，2017年10月10日。

　　②　曹正汉：《中国上下分治的治理体制及其稳定机制》，《社会学研究》2011年第1期；徐勇：《"接点政治"：农村群体性事件的县域分析——一个分析框架及以若干个案为例》，《华中师范大学学报》2009年第6期。

　　③　资料来源：课题组对B市X街道办Z主任访谈录音整理。

优于中西部地区，但仍然存在县级财政统筹能力与社会治理事权不匹配问题。三是从县乡两级资源配置上来看，乡镇作为基层社会治理事权的具体执行者，乡镇政府在人员配置、财政资源配置以及行政权力配置等方面更不均衡，乡镇政府基层治理除常规工作外，往往还面临大量临时性、应急性工作，在正式编制外，大部分乡镇政府不得不雇佣了相当数量的"临时聘用"人员，① 这部分人员的工资、福利等支出一般主要由乡镇负责。就调研情况来看，与所承担的治理任务相比，乡镇工作人员数量少，特别是工作能力强的人员更少，在乡镇一人多岗、一人多职的现象十分普遍，工作人员平均要承担2—3个工作岗位，同时还要参与包村、中心工作、临时性工作、阶段性工作等，乡镇政权"悬浮化"② 与"空壳化"问题依然存在。面对急速社会变迁背景下涌现出的大量矛盾，县域政府在正式治理下难免左支右绌，筋疲力尽，从而不得不普遍运用各式策略性、权宜性治理手段，以完成上级的任务目标，"非规则化"行动方式成为县域政府的无奈选择。

三　压力体制下的政府"共谋"

在县域社会治理过程中，政府维稳和群众维权都纳入到了大信访格局中，而《信访条例》中明确规定的"坚持属地管理、分级负责，谁主管、谁负责"的原则，通过"信访工作责任制"，上级政府（包括中央、省、地级市）迅速将"维稳"的职责下移至县域政府，在2015年以前，国家、省、市信访排名、社会治安综合治理一票否决等责任制的建立和强化，维稳逐步取代经济发展成为县域政府最刚性的压力机制。

2015年以来，国家加大了信访制度改革力度，进一步规范信访事项办理程序，要求依法逐级走访，各地也相继取消了信访排名和多种量化考核，但并没有从根本上改变"属地管理"这一体制所带来的自上而下的压力传导机制。县域政府、基层的信访考核压力依然存在，如将信访排名改为对越级上访和非访的"点对点"通报，对解决信访问题应对不力的

---

① 以课题组调研的H省D市SF乡综治办为例，办公室7名成员中，4名为临时聘用人员。
② 周飞舟：《从汲取型政权到"悬浮型"政权——税费改对国家与农民关系之影响》，《社会学研究》2006年第3期。

县域政府和党政领导采取"列管""就地免职"等。2016 年，国家出台的《信访工作责任制实施办法》规定，"对发生的集体访或者信访负面舆情处置不力，导致事态扩大，造成不良影响的"，对"对信访部门提出的改进工作、完善政策和给予处分等建议重视不够、落实不力，导致问题长期得不到解决的"，可予以"通报、诫勉、组织调整或者组织处理、纪律处分"，而同年河南省信访局明确发文规定"对各地到省越级走访，省信访局每月 10 日前进行点对点通报"，"对重复越级走访要按照'有责追究'的原则落实责任追究，进一步压实相关责任部门的责任、规范信访秩序"①。从以上这些规定可以看出，基层信访的压力考核机制并没有发生实质性的改变，在两会、国庆等敏感时期，县域政府更是全员动员，借助"包保责任制"、领导"五包""四亲自"，赴京及会场地附近"值班"等形式，将整个县乡政府和领导干部纳入信访维稳工作体系中。根据 B市 S 乡《全国"两会"期间信访稳定突发事件应急预案》，会议期间仍要对重点人员依然是 24 小时盯控，对发生个访和集访事件的，包村领导和责任人要做到"30 分钟内赶赴现场，迅速将上访人员带回"，而就在课题组于 2016 年 12 月调研座谈会召开期间，B 市 QP 街道办事处主任因辖区进京非访而取消了所有评优评先资格，而主抓信访稳定工作的办事处副书记受到了处分。

中央、省、市、县、乡逐级传导的压力机制，依然刚性的社会稳定责任，使地方政府间形成共谋，"范围广、程度深、表现公开、运作坚韧"的非规则化行为成为上下级政府的共识，周雪光用"共谋"来形容这种基层政府与它的上级政府相互配合、采取各种策略应对更上一级政府这种现象，②周雪光认为的"共谋"是下级政府的非正式的、秘密的行为，与他的研究发现不同的是，在信访稳定治理中，地方政府间"共谋"则是以制度、文件等形式正式化的、公开化的行为，共同认可了非规则化行为的合理性和合法性。上级政府的考核标准不再是区分有理无理，也不管你采用何种手段，只问结果，仅以是否出现集体抗争、集体访、非正常上访

①　H 省信访局文件 C17：《关于对来省越级走访信访事项界定通报及核查认定标准的通知》，2016 年。

②　周雪光：《基层政府间的"共谋现象"——一个政府行为的制度逻辑》，《社会学研究》2008 年第 6 期。

等数量来评价；在敏感时期，省、市、县、乡四级政府相互配合，通过进京值班、逐级落实上级要求的一周一报以及对重点人员和案件情况一日一报等制度[1]，"不惜一切代价将信访人稳定在属地，最大限度地避免越级上访和非法上访的发生"，使非规则化治理显性化；而基于权宜性的"案结事了"，往往使日常稳控陷入丧失原则底线的非规则化治理逻辑。

四　情理之治中的伦理转换

随着经济社会的快速变迁，乡土中国的经济社会面貌已经发生了巨大的改变，传统的"家族主义"和"礼治秩序"[2] 已经不像过去那样是具有统治力的规范，但乡土社会的人情关系规则仍然作为一种延续性的惯习在人们日常生活中多有体现，仍然影响着人们的思维方式和行为模式。而现代法理秩序经过几十年发展基本在中国本土建立了基本的权威，成为维持社会稳定运转的基本保障。但中国原有的人情关系法则与现代契约法理精神是相违背的，所以，中国当前处于一个传统规范与现代秩序博弈并存的时代，一方面现代法理秩序已经在发挥作用，另一方面传统乡土社会的人情关系仍然强烈地影响着人们的行为方式和交往原则。

改革开放后县域政府社会治理方式的转变过程中，原有社会中的伦理原则依然在发挥作用，人情与讲理在基层社会治理中仍然是最经常使用的方法，在民众看来，一旦一件事上升到法理层面，就有了"不近人情"的意味。中国传统社会沿袭下来的民众和政府的关系与西方现代社会发展出来的契约关系有很大不同，中国传统社会最基本的是家族本位制，家族制的核心价值观念是孝道，传统社会以"孝治天下"，并"移孝作忠"，在政治领域通过泛孝主义来维系君主、政府与民众的关系，君主和政府官员是普通民众在家族之外需要"行孝"的对象，"孝"意味着"忠"，"忠"也就意味着"孝"。因此，中国传统社会中的政府与民众完全不是契约关系，而是有着强烈的"忠""孝"伦理维系支撑的充满人文关怀和伦理道德的"父子关系"。例如"父母官""为民做主""青天形象"等都是这种伦理关系的体现，哪怕在现代社会，这种文化惯性仍然普遍存

---

① 课题组材料：《W 镇全国两会期间的信访稳定工作方案》。
② 费孝通：《乡土中国》，北京大学出版社 1998 年版，第 4 页。

在，而维持这种伦理关系需要的方式就不是法理规范了，而是情理规范。因此，普通民众在遇到问题时往往习惯于找上级的政府告状，哪怕不是政府侵害了自身利益，也必须要政府管。

从政府社会冲突治理行动来看，县域政府的行动方式把旧有的教化传统与群众工作中的"说理—心服"模式相结合，把刚性的制度规范与柔性的人情关系杂糅处理，基层官员变成了"嵌入差序式关系网络中的行动者"，在具体治理事务的处理上，总是习惯将公共制度与法理规范放在一边，各显神通地运用各种关系和策略，① 也就形成了各种非规则化的治理方式。对于信访部门来说，在处理信访案件时，主要的方式也不会是法律途径，而是传统的说理教化、关系人情，采取各种灵活的策略，达成一个双方都较为满意的结果，而这个结果往往未必是规范化途径能够达成的。规范化的法律途径在民众看来过于"冷冰冰"和"高成本"，更不符合他们的习惯。因此传统的情理规范在县域社会治理中被继承和运用，抗争民众在维权过程中习惯于采用传统的"告官"或"找青天"而非走现代化的法律渠道。同样县域政府的行为始终难以从旧的治理逻辑中走出，习惯于"人治"而非"法治"。尤其是在形成"上下分治"② 的治理结构之后，县域政府掌握着属地治理的较大自由裁量权，当地方政府的"目标"以稳定为导向时，往往采用非正式、非规则化的方式，以更迅速、更高效地达成目标。

第五节 社会冲突治理非规则化影响

县域政府为确保特殊时期属地范围内的绝对稳定，以结果为导向，采用专项治理、摆平策略、情理之治等规则模糊化的社会冲突治理方式，实现了基本的社会稳定。但从长期来看，法治化权威受到削弱，信访的社会减压阀功能弱化、民众机会主义维权加剧以及转型期价值危机凸显，都是规则模糊化所引发的后果，非规则化的治理方式仅仅实现了暂时的、表面的稳定，权利基础性遭到弱化，导致秩序有效性大大降低。

---

① 翟学伟：《人情、面子与权力的再生产》，北京大学出版社 2005 年版。
② 曹正汉：《中国上下分治的治理体制及其稳定机制》，《社会学研究》2011 年第 1 期。

一　县域社会冲突治理法治化权威削弱

县域政府作为属地社会治理的责任主体，为实现属地社会稳定，完成上级层层下压的社会稳定任务，在冲突治理方式的选择上既可以以法律为准则，也可以以结果为导向。在日常社会冲突治理实践中，基层政府为了不丢"面子"，保住"位子"和"帽子"，以利益补偿、组织结构再造、打"感情牌"等方式实现暂时的稳定。特别是敏感时期，在结果导向的驱动下，对于情况复杂、久拖不决的事项，上下级政府达成"共识"，上级政府通过政府官方文件、行政命令等要求基层政府采用非规则化的社会冲突治理方式，甚至默许将法律变成冲突治理的工具，实现了一定时期一定范围内矛盾纠纷的有效化解，满足了基层政府对于属地绝对稳定的要求。短期稳定目标的实现使得非规则化社会冲突治理方式带来示范效应，成为县域政府在敏感时期和重要节日的首要选择，并演变为县域政府解决信访积案、处理重大纠纷事项的常态化手段，并逐渐正式化。然而这种非规则化的社会冲突治理方式导致了行政对法治领域的僭越，以权力超越法律、以人情替代法律以及将情理置于法律之上等，从行动上消解了法治化治理社会冲突的效力，向民众传递了"不合理诉求也能得到满足"的信息，加剧民众"信访不信法"现象，进而倒逼政府不断强化非规则化的冲突治理方式，不断突破政策和法律规则，弱化了法治化冲突治理的功能，解构了法律规则的权威和合法性。

在组织运作中非组织行为角色过于活跃，会干扰组织的规范化运作，从而使结果带有很大的不确定性。[①] 在基层信访治理中，政府根据信访事项本身的性质，采用规则化、法治化的方式治理社会冲突，信访的结果与信访事项的性质有直接关联，治理的结果能够有法可循；而政府根据信访人的行动方式、行动地点、行动时机选择和行动的影响力，采用专项治理活动、成立临时领导小组、人海战术、情理关系等手段对已有的制度、政策和规则形式化甚至扭曲执行，突破政策和规则的限制，甚至基本的法律制度和伦理道德也被无视，社会冲突治理方式具有随意性和非法治特征，

[①]　尹利民：《逆科层化：软约束条件下基层政府的信访治理与组织运作——基于基层政府行为的组织学分析》，《学习与实践》2014年第5期。

对于不同的信访案件、不同的冲突治理方式，治理结果也大有不同。特别是在基层的社会冲突治理实践中，针对特别复杂的、疑难的案件，政府通常"讲原则解决不了就只能讲感情，讲感情搞不通就只能用非理性社会治理方式"，采用"一案一策"的方式部署治理策略，而这些行为方式往往明显缺乏规范性和法治化，忽略、扭曲甚至抵制法律规则的作用，导致群众的正当诉求可能形式化的实现或部分实现，不正当诉求反而得以实现，维权结果具有很大的不确定性。

二　信访的社会"减压阀"功能失灵

信访之所以在化解社会矛盾、解决纠纷中具有独特地位，在于不同于严格规范化的诉讼、复议等途径，它以平息争端为宗旨，突破司法程序限制，提供多样化的救济手段。信访救济运作的核心在于信访人的信访诉求与政府的秩序追求之间的张力及其平衡。闹访、缠访等维权方式可以对党政机关形成某种压力，使得自己的利益诉求得到满足。而政府非规则化的社会冲突治理方式使信访人将维权的着力点放在信访方法与手段上，尽可能突破正常秩序，引起政府的关注，这就导致现实中不少人采用非正常手段上访，如围堵机关大门、拦截领导车辆、在办公区域哭闹、在公共场所以自残等手段相威胁；而政府使用的货币化解决方式又给民众提供了一种误导性的预期，即如果想让问题得到解决，诉求得到更大程度的满足，就得制造点"威胁稳定的事端"，也就是"大闹大解决，小闹小解决"。地方政府以非规则化的方式获得民众的暂时"服从"，长期来看出现了越来越多的极端事件，严重破坏社会的安定和团结，使原本被称为社会"减压阀"的信访制度，产生与社会稳定背道而驰的负面作用。

三　诱发机会主义维权

基层的信访积案和重要稳控对象，涉及的信访诉求大多在现有的法律和政策框架内难以实现，或者在县域政府的职权范围内难以解决，基层政府需要投入大量的行政资源，如实施"人海战术"24 小时盯紧，试图通过成立临时的领导小组，加强领导接访来促进信访矛盾的解决等；对于超出职权范围的事项，只能通过经济利益补偿、打破政策规定千方百计稳控信访人，不仅没有有效遏制无理访、集体访，反而抬高了民众对信访的期望，民众对于基层政府社会冲突治理能力和法治化的社会冲突治理方式产生质疑，促使更多的群众越级上访、非访、缠访。县域政府采用个案化的，往往丧失原则底线的非规则化社会冲突治理方式，使得正常上访的民众往往无法得到足够的关注，反而以非法治化维权的民众得到迅速的关注与解决。那些诉求无法获得政府有效回应或个人利益要求没有得到满足的群众，深谙只有采取非理性甚至非法治化的利益诉求表达方式才能引起县域政府的重视，以此增强解决问题和满足利益诉求的筹码，"要挟型"上访、"谋利型"上访等机会主义维权形式不断出现，地方政府愈会投入更多的体制内和体制外资源，信访治理资源大多被此类上访所分流吸纳，结果造成投入的资源越来越多，基层信访治理问题越来越严重。导致公共秩序失效，维持社会稳定的政府与表达权力诉求的群众之间难以建立起制度化的互动关系。

四　转型期价值危机凸显

县域政府面对巨大的政治压力，注重结果，忽略方式的合理性，动用所有的行政资源全力应对，甚至无原则的迁就当事人，地方政府在处理一些不具备扩散性的具体利益冲突时，往往使用"钱"来解决问题，甚至不分有理无理，为求得部分老上访户不上访，不惜给予一定"补助"，以求息事宁人。这种典型的非规则化的社会冲突治理行为，不仅无助于树立"规则"，反而会破坏现行的机制，消解原有的以伦理为核心的道义感和正义观，阻碍以法理为基础的契约意识的道义感和正义观的形成，导致各种伦理道义和法治理念相互矛盾和冲突。持有不同公正和道义理念的抗争民众缺乏统一的道德权威与公正理念的信仰，公共精神中的道义缺失，引发更多"底线型上访"[①]，而民众的机会主义行为有着自利性、个体性、现实性、投机性等特征，机会主义行为的蔓延，导致基层社会治理陷入官民难以合作的困境。维权民众的机会主义和县乡政府的策略主义共同型塑了当下县域社会治理的特质，这种缺乏义理基础的利益博弈必然显出丛林

---

① 董敬畏：《"底线型上访"——转型期涉法涉诉访的一种分析进路》，《中共杭州市委党校学报》2011 年第 6 期。

战的本色，呈现出"无公德个人"①的转型期社会价值危机，使地方社会治理陷入恶性循环。缠访闹访中体现出的"合理言说"的缺失，以及一种赤裸裸的力与利的摩擦和碰撞，使县域社会治理呈现为某种缺失合理性和合法性的恃强凌弱或反过来的"恃弱凌强"之中，如何融理于法中，是未来基层治理面临的问题。

小结

　　社会冲突治理非规则化是指县域政府在社会冲突治理行动中，县乡政府要综合运用制度内外资源，以"事本主义""特殊主义""弹性化"（政府官员称为灵活性）的方式应对民众维权抗争行动，实现县乡政府的属地责任，体现为制度规范与政策文本的多义性、诠释灵活性以及行动策略的灵活性。县域政府通过对制度外资源和行动方式的有效借用，以规则突破、政策突破以及制度突破为行动方式，因人而异、因时而异、因事而异差别化、个案化应对民众抗争行动。民众的维权行为受决策情景的影响，通过对压力时机、抗争方式、政府回应预期的考量，选择性地运用不同的规则谋求权益最大化。社会冲突治理非规则化主要表现为以"摆平"为行动策略的规则软化，以专项治理为行动方式和窗口期的制度和政策突破，以及以"情理之治"为特征的非法治化运行。

　　非规则化治理的运作特征是行动规则模糊化，即县域政府社会冲突治理行为以结果为导向，弹性化执行社会稳定政策文本和制度规范，导致了模棱两可、具有不一致性和可以灵活诠释的多义性规则的形成，以及治理工具和方式的异化，如政策突破、法律突破等。行动规则模糊化具体表现为：一是制度规范的冲突性；二是政策文本的超越和扭曲；三是治理工具和方式的异化。其形成机理既有中国特色科层运动式治理的路径依赖、情理之治中的伦理文化，也有现实因素中压力体制下的政府共谋以及基层治理资源匮乏下的无奈选择。非规则化治理实现了区域范围内总体的稳定，成为县域政府常态化的社会冲突治理方式，消解了法治的权威，诱发民众的机会主义维权行为，弱化了信访的社会"减压阀"作用，给社会稳定带来更大的压力。

---

① 参见吴毅《小镇喧嚣》，生活·读书·新知三联书店 2007 年版。

第五章　社会冲突治理交易化与边界模糊

　　许多学者都关注到了地方政府"花钱买稳定"这一现象，"人民内部矛盾用人民币解决"成为地方官员解读"花钱买稳定"合理性的调侃式表达。2015年，新的信访条例出台以后，国家加强了对信访非制度行为的管制，"花钱买稳定"的现象不像以前那么明显了，但在实际调查中发现，县域政府并没有找到一个可以替代"交易赎买"的工具，尽管"花钱"不那么显性化了，但要想解决实际问题，最终还是要通过"花钱买稳定"的方式与上访者达成"交易"。对于县域政府来说，最有效的处置和化解方式依然是"花钱交易"，用地方官员的话来说，"虽然花钱买稳定被有效控制了，政府在尽力依法依规按程序解决，但是大量的矛盾和纠纷最终还是要用钱来摆平"。"花钱买稳定"的做法在短期内确实是有效的，能够避免进一步激发矛盾，降低社会风险，对于民众来说，也倾向于将维权行动转化为物质化利益诉求，社会冲突治理形成了对"货币化"和"交易化"的依赖。前文所述，模糊性治理主要体现为三种机制，即责任泛化机制、非规则化机制以及交易化机制。本书的第三章和第四章探讨了模糊性治理的两种运作机制责任泛化与非规则化治理，本章通过对"花钱买稳定"这一现象的解读着重分析社会冲突治理交易化的表现、后果及其生成机理和影响。

第一节　概念界定：社会冲突治理交易化

　　随着我国法治政府进程的加速和信访制度的规范化，新闻媒体的发达使得舆论监督的能力和力量大大加强，加之上访者也逐渐熟知法律、媒体和"官场的政治生态"，使得高压的社会冲突治理方式和政治手段较难起到明显的作用。社会冲突治理的方式手段也发生了较大的变化，发生了从反应性政治向能动性政治的跨越，[①]从被动向主动疏导转变的趋势。取而代之的经济手段作为一种软性的社会冲突治理方式逐渐成为主流。对于地方政府在社会冲突治理行动中"花钱买稳定"这一现象，学界已经进行了大量探讨。应星在研究大河移民上访时，发现"开口子"是基层政府息事宁人的重要手段，它是指将上访过程中可能危及权力合法性的矛盾进行局部化处理，给予群众某些特殊的恩惠。[②]陶鹏和童星认为，补偿机制是政府治理邻避型冲突的重要路径，核心是"形成一个可接受的'诱因包裹'，对已经发生或可能发生的损失进行评估、赔偿，减轻周边居民的损失，以降低居民的抗争"。[③]时和兴称这种做法为"冲突赎买论"，强调花钱策略违背了共赢之道，只是冲突解决众多策略的一个，不应作为唯一选择而导致"懒政"的结果。[④]张永宏和李静君通过领导权理论来分析官民之间的"讨价还价"现象，认为政府的权威和公民的权利可以被解释为波兰尼所说的虚假商品，把本来不是商品的东西变成标价和可还价的商品必然会改变其性质和用途，在这里的后果就是政府权威和公民权利的同时削弱。[⑤]

　　西方学者和研究机构同样持续关注中国的社会冲突治理问题。他们的研究显示，面对群体性事件，中国的政府从中央到地方层面采用了"胡萝卜"加"大棒"的处理策略（或者说是施惠加强制）。特别是以赎买交易的方式来维持稳定局面在中国政府的回应中尤为突出，也恰恰是这种策略激励了更多为赢得补偿而出现的闹事和抗议活动。[⑥]与此同时，他们表示尽管补偿对于大多数事件的平息具有核心重要性，但是由于腐败和预算等方面的原因，政府所能够给予的补偿又是极为有限的。[⑦]可以说，无论

　　[①]　余敏江：《从反应性政治到能动性政治——地方政府维稳模式的逻辑演进》，《苏州大学学报（哲学社会科学版）》2014年第4期。

　　[②]　应星：《大河移民上访的故事》，生活·读书·新知三联书店2001年版。

　　[③]　陶鹏、童星：《邻避型群体性事件及其治理》，《南京社会科学》2010年第8期。

　　[④]　时和兴：《走出地方冲突治理的误区》，《北京行政学院学报》2012年第4期。

　　[⑤]　张永宏、李静君：《制造同意：基层政府怎样吸纳民众的抗争》，《开放时代》2012年第7期。

　　[⑥]　Thomas Lum, Social Unrest in China, CRS Report for Congress, May 8, 2006.

　　[⑦]　Albert Keidel, China's Social Unrest: The Story behind the Stories, Carnegie Endowment Policy Brief, 2006, 48.

是现实层面还是理论研究，都揭示了"花钱买稳定"的交易化策略成为地方政府回应和处理冲突问题的常规性方式。本书中所谓"社会冲突治理交易化"是指，县域政府社会冲突治理依赖于货币化策略，冲突各方以市场的逻辑展开博弈行动，将权利诉求转化为货币化的交易价格，政府与抗争民众围绕赎买价格进行博弈，县域政府的社会冲突治理行动转化为各种抗争价格讨价还价的市场，县域政府以货币回报的方式收买抗争民众不同程度的同意和服从。政府通过交易化收买抗争民众的同意和服从，对抗争民众来说，当他们被迫以机会主义方式通过讨价还价"赎回"公民权利时，民众对于"权利"的货币补偿，不管其价格有多高，都会产生一种权利被削弱的不公正感，其后果是社会矛盾冲突演化为缺乏客观的公正价值标准的无规则博弈。在这一过程中，政府的权威被商品化了，政府需要通过利益交换获取抗争民众的服从，使国家与社会的关系呈现为脆弱性、易变性和模糊性，导致权利的边界、国家与社会关系的边界模糊化。

第二节　社会冲突治理交易化的表现

"花钱买稳定"是指作为施惠方的地方政府以经济利益的妥协换取它所需要的稳定，避免当事方通过持续上访、闹事等途径制造不稳定的冲突解决策略。社会冲突治理交易化体现在以下多个层面。

一　社会冲突治理陷入高成本困局

1. 维稳资金投入越来越高。维稳资金在公共预算中没有单列，包含在多个条目中，一些基层政府稳控性开支不在公共预算之内，相对而言，公共安全支出是一个能够说明维稳资金投入的数据。从公共安全支出来看，由于受到当地经济发展水平、财政收入、社会管理水平和预防风险的压力不同等因素的影响，各地区政府的公共安全支出经费存在显著差异。表5—1为2008—2016年河南省与全国公共安全支出涨幅与GDP增长率对照表，从中可以清晰地看出，公共安全支出逐年较高速度增长，尤其在特殊年份增长迅猛。

表 5—1　　2008—2017 年全国及部分省份公共安全支出与 GDP 增长率

项目	区域	2017	2016	2014	2013	2012	2011	2010	2009	2008
公共安全支出合计（亿元）	河南省	417.11	358.4	274.12	261.22	244.42	204.8	189.72	167.14	119.69
	浙江省	548.44	518.58	370.69	347.78	319.03	290.87	260.67	216.98	199.62
	青海省	90.04	70.98	55.63	46.79	40.31	35.1	35.48	26.08	20.38
	全国	12461.27	11077.54	8357.23	7410.62	7111.6	6304.27	5517.7	4744.09	4059.76
公共安全支出较上年涨幅	河南省	16.38%	19.02%	4.94%	6.87%	19.34%	7.95%	13.51%	20.08%	16.29%
	浙江省	5.76%	22.44%	6.59%	8.27%	9.68%	11.59%	20.14%	8.70%	14.86%
	青海省	26.85%	20.26%	18.89%	16.08%	14.84%	-1.07%	36.04%	27.97%	27.45%
	全国	12.50%	18.10%	12.77%	4.20%	12.81%	14.26%	16.31%	16.86%	16.45%
生产总值增长率	河南省	7.80%	8.10%	8.90%	9.00%	10.10%	11.90%	12.50%	10.90%	12.10%
	浙江省	7.80%	7.50%	7.60%	8.20%	8.00%	9.00%	11.80%	8.90%	10.10%
	青海省	7.30%	8.00%	9.20%	10.80%	12.30%	13.50%	15.30%	10.10%	12.70%
	全国	6.90%	6.70%	7.30%	7.80%	7.90%	9.50%	10.60%	9.21%	9.63%

从增长率对比来看，公共安全支出的涨幅与生产总值的增长率相比较可以发现，公共安全支出的增长率远远大于 GDP 的增长率，近些年来 GDP 增速放缓，而公共安全支出的涨幅却相对增加。

社会冲突治理经费的支出类型大体上可以划分为两类。第一类是直接用于因各类利益诉求而上访甚至闹访的各类群体、个体，对他们进行直接的经济补偿，以此来换取息访行为的支出，此外地方政府法外解决、特殊处理，利用经济性补贴和救助的方式来处理部分于法无据、于情有理的个别性案例的做法也可归为此类。第二类社会冲突治理支出是间接经济支出，即除了直接用于信访对象的费用，包括信访的管理、运用、人力、物力等成本和支出，例如信访部门、公安机关等社会冲突治理部门以及各级政府的处理上访和维稳办、综治办、应急办等机构和人员、物力安排等。根据第一类社会冲突治理支出的使用性质和目标，可分为能动预防型和事后应急型。能动预防型支出主要是针对潜在的容易引发冲突的议题、事项、领域、区域、特殊对象等采取各种经济措施予以化解，从而避免产生危及稳定的问题。事后应急型支出主要是指在冲突爆发后，使用各种经济

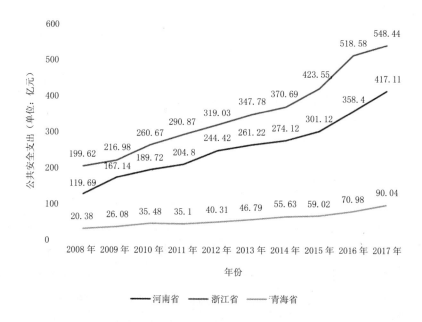

图 5—1　三省公共安全支出折线图

手段有效回应当事方的利益诉求以尽快平息冲突问题的支出。① 当权利双方都希望用交易的方式来博弈时，由于规则、讨价还价的制度空间的不确定性，以及特殊化、个案化的解决方式，县乡政府往往会深陷社会冲突治理泥潭，抗争民众倾向于选择长期、持续以及不断放大问题的方式追求机会主义和利益最大化，导致社会冲突治理成本不断增大，进而陷入社会冲突治理的"高成本困局"。

2. 事后应急型支出数额巨大。在实际工作中，事后应急型支出占据了主要地位，并主要体现为三种形式。第一，先行垫付。即由地方政府有选择地垫付诉求者的具体经济要求，例如企业由于企业主欠薪逃跑引起的社会冲突，当地政府会视情况，或全额垫付，或部分垫付，先平息民愤。事后再让责任人补偿，或通过法律途径向企业主追偿或接管企业后拍卖，但往往都是资不抵债，全靠政府兜着。第二，差额兜底。利益冲突的升级

---

① 韦长伟、贾晓光：《社会冲突解决中的"花钱买稳定"策略研究》，《吉首大学学报（社会科学版）》2015 年第 9 期。

经常是源于当事双方要价和还价的分歧过大，难以达成一致，这时地方政府会在与当事方讨价还价之后适当地进行兜底，补足双方的差额以寻求尽快平息事端。如石首事件中当地政府在酒店赔偿 3 万元基础上兜底 5 万元；南平事件中院方支付家属 5 万元，死者所在的镇政府兜底 16 万元。以下案例为基层政府先行垫付、差额兜底化解社会冲突的案例：

> A26：DF 镇政府先行垫付资金解决群众流转土地资金被骗问题案例。2014 年 XY 实业有限公司同 DF 镇 ZD 村签订土地流转合同，租用该村 128 亩土地用于建造玻璃温室大棚。但 2015 年初，多个合作单位和企业员工反映 XY 公司拖欠工程款及涉嫌诈骗问题。2015 年 5 月市公安局经侦队对 XY 实业有限公司涉嫌诈骗案进行立案侦查，并在核查后对该公司法人代表执行逮捕。但群众的土地流转金已经无法兑付，ZD 村村民集体联名上访，迫于压力，镇政府决定先行垫付 ZD 村村民 7 万元 XY 公司拖欠群众的土地租金。①

第三，道义补偿。在那些无明显责任人、非抵抗力和突发事件等因素引发的公共冲突中，其他主体没有必然的责任和义务，但政府出于公共责任和公平守护者的需要对利益受损或生活困难的当事方做出一定的补偿。以下案例说明了以道义补偿化解社会冲突的方式：

> A27：B 市 ZF 镇孟某土地承包及确权上访案例。孟某，女上访者，90 年代涉及土地承包问题后来延伸到土地确权的问题，索赔金额达上亿元，上访将近 20 年，上访的一些问题已经超出了合理合法的诉求，这是短时间内困扰当地信访局的一个大问题。孟与其家人年龄都不是很大，四五十岁左右，家徒四壁，不去干活，经常上访跟政府要钱。信访部门虽不可能答应其赔偿要求，但也会在逢年过节或敏感时期给予其一定的经济救助。②
>
> A28：B 市刘某家庭困难要求社会救助案例。刘某，年过六旬，

---

① 资料来源：B 市 DF 镇信访案件卷宗。

② 资料来源：课题组信访访谈专项调查案例。

其儿子郭某于 2012 年 1 月 9 日意外死亡，郭某已与妻子离了婚，留下一个四岁的女儿，刘某以其年事已高，家庭生活困难为由，进行上访。在信访局的大力协助下，针对该信访问题，为刘某协调信访紧急救助资金 4 万元，对此刘某表示非常满意，并承诺今后息诉罢访。①

从上述案例中可以看出，政府通过赎买的方式来化解民众的矛盾、"怨气"，并在一定程度上补偿其利益损失，这是通过商品化的方式对民众同意进行收买，对利益受损且上访闹事的部分民众进行"招安"的过程。上访者的权益诉求被商品化了，成为可以进行一定讨价还价、妥协博弈的市场行为，政府成了让信访者息事宁人的兜底者。

第四，政策性补偿。社会冲突治理交易化以货币补偿为主，物质补偿、政策补偿也是重要的赎买方式。政策性补偿是通过给予各类政策方面的减免、照顾或优惠，例如提供就业机会、解决社会保障问题或者给予低保救助等，虽然减少了实际的货币支出，但面临着政策执行的合理性和合法性问题，如饱受诟病的"维稳保"等。在性质上，补偿式维稳是补偿而非赔偿。补偿是政府基于与稳定问题制造者讨价还价而达成某种合意之后的交换或互补，赔偿是基于侵权或损害的事实，由侵权者对受害方造成的损失给予弥补。因此如果是赔偿，就意味着政府首先犯了错，在关系上处于劣势；而补偿则是一种更为平等或微妙的说辞，政府仍然希望维护自身的权威性，但又带有一定的情理因素和人情味，同时补偿也意味着可以讨价还价，通过协商达到一个双方都能接受的平衡的状态，采取的是一种折中的策略。以下为通过低保政策补偿等化解上访的案例。

A29：A 市陈某要求解决生活困难问题上访案例。陈某，女，30 岁，高中文化，农业户口。2003 年，范某将陈某撞伤，认定为范某主要责任，陈某次要责任。陈某及其母对法院的刑事和民事判决不服，上诉驳回后，接连到北京上访，存在闹诉缠访行为。为切实解决陈某的家庭生活困难问题，体现党和政府的关怀，A 市信访

_____

① 资料来源：B 市 XH 路办事处信访案件卷宗。

工作小组协调，由 A 市法院、公安局、检察院、镇政府、信访局共同筹资解决其生活困难问题，政府累计救助 84300 元。全家四口人全部享受低保，后镇政府为其安排宅基地，就宅基地问题政府补助金 2 万元。

3. 隐性稳控型支出高。所谓"隐性稳控支出"，是指那些并不直接用于上访对象，但在社会冲突治理的控制、运营过程中起到关键作用的支出。主要包括：截访、到市、省、京接人报销等产生的各项费用，到市、省、北京值班所产生的费用，日常、节日对访民的慰问，低保，社会救助，解决子女教育等产生的费用，民调员、"三室一厅"工作人员的费用等。更多的属于一种过程性的、程序上的支出。其中拦访、截访、接人等产生的支出数量最大，且弹性极大。以下为课题组对 B 市 QP 街道办事处信访工作人员的访谈：

　　问：信访截访费用有多少？

　　答：费用临时需要打报告，向财政上打报告，但平常每年预算也会有一部分预算，但远远不够。

　　问：一个乡镇大约会有多少？信访稳控大约多少费用？

　　答：最少也得百十万吧，包括预算，重大会议，包括去年阅兵，俺也是临时打报告，申请一二十万也没有，临时给你十万、八万，铺个路先去北京做个工作，回来以后再说，一般都是这种情况。

　　问：那你们在北京，在省里的那些人的费用咋给？值班人的费用？

　　答：D 市财政上有那个文件，有一些规定。

　　问：有没有固定的安排住到哪儿？

　　答：没有，都是临时的，因为根据需要有时候在会场，有时候在代表驻地，就近工作，还有部分在省委省政府，D 市委市政府都是分散着的，看情况。

　　问：平息去北京的费用大概是多少？

　　答：去北京的就平时的路程费用，回去买个票，再给五百、一千块钱，吃宿费用。这一趟就算最基本的了。①

此外，以中部地区某省为例，几乎每个市、县都会成立人民调解委员会。例如 B 市共建立人民调解委员会 369 个，其中乡镇街道 18 个，村、社区 351 个，每个村 8 名民调员，民调主任一名，四个委员，都是兼职，聘任专职人员 3 名。B 市总聘任的专职人员为 1053 人，乡镇的主要是司法局、司法所工作人员具体负责。人民调解经费分三块：兼职调解补助、专职生活补贴、案例调解补贴。像兼职调解员，每年会有 900 元的补助。此外还聘请一些有正义感的社会人士做社会法官，进行诉前调解，不受年龄限制，调解成一个案件补助 30 元。② 除此之外还有各种硬件设施和装备，例如橡胶棒、安全帽，民调员按照负责总人口计算经费比例，某辖区 5.2 万人口，按经费比例每人不低于 0.5 元，就有接近 3 万元的配置经费，其他的基础设施例如监控、办公、联网等更是耗资巨大。

二 "花钱买稳定"的常规化、制度化

随着法治建设的推进和新媒体的发展，基层政府任何强制行为都会面临道义合理性的质疑以及更大压力。一些研究者提出"安抚性"策略替代压制、打压成为主要策略，体现为一种变通或权宜性质的非正式社会冲突治理。实际上，"花钱买平安"依然是当前政府和抗争者都认可的最管用有效的常规性冲突解决方式，作为不可替代的治理策略和工具已经被制度化和常规化，成为正式治理的一部分。各地县域政府都有专门的部门负责维稳基金，除维稳基金外，县域政府、乡镇及相关局委等部门还要拿出额外的资金用作信访维稳费用。从表 5—2 的信访案例可以看出，当上访者的权益受到了损害，政府得最终为纠纷化解兜底，而化解的方式是以"特殊疑难信访问题专项资金""信访救助金"等制度化的补偿方式进行的。

---

① 资料来源：课题组对 B 市 QP 街道办事处信访工作人员 S 某的访谈录音整理。
② 资料来源：课题组对 B 市综治办工作人员 W 某的访谈录音整理。

表 5—2　　　　　　　　　　特殊疑难信访案例及其处置

纠纷性质	信访人概况	上访原因	信访诉求	处置策略及结果
基层干部违法违纪问题	案例 A9：何某，男，57岁，农民	多年上访反映村干部贪污问题	认为遭到村干部打击报复，要求经济补偿	乡镇政府申请"特殊疑难信访问题专项基金"10万元，上访人签订息诉罢访承诺书
	案例 A10：郭某，男，42岁，农民	因反映村干部贿选长年上访	要求彻查村干部选举流程	街道办因其家庭经济困难，申请"特殊疑难信访问题专项基金"2万元，上访人签订息诉罢访承诺书
	案例 A32：王某，男，63岁，农民，曾任村民委员会主任	反映在担任村民委员会主任期间，受到该镇副镇长恐吓和殴打	从2002年至今，多次到京、省上访，要求公正公平并得到经济补偿	面对巨大的信访压力，该镇副镇长已经被免职判刑，申请"特殊疑难信访问题专项基金"10万元，上访人签订息诉罢访承诺书
社会保障问题	案例 A12：王某，男，52岁，下岗职工	因下岗后工资和养老金问题多次上访	要求补发工资，补交差额部分养老金，解决生活困难问题	商业总公司提供工作岗位并申请"信访救助资金"1万元解决其生活困难问题，上访人签订息诉罢访承诺书
	案例 A11：胡某，女，65岁，退休职工	反映医疗保险问题多年上访	要求办理城镇职工医疗保险	商业总公司申请1万元"信访救助资金"，上访人签订息诉罢访承诺书
民事纠纷	案例 A3：王某，女，82岁，农民	因2002年经济纠纷多年上访	要求政府出面追讨借款的问题	乡镇政府给予2万元"信访救助"，签订息诉罢访承诺书
	案例 A8：娄某，男，56岁，农民、	因遗产纠纷长期上访	主张继承其叔父房产	乡镇政府申请2万元"特殊疑难信访问题专项资金"予以救助，上访人签订息诉罢访承诺书
	案例 A4：李某，女，49岁，农民	因与邻居宅基地纠纷长年上访	要求政府出面协调	乡镇政府给予4万元"信访救助"，上访人签订息诉罢访承诺书
	案例 A33：乔某，女，61岁，农民	村民王某侵占其宅基地问题	两人所持集体土地证存在交叉，年代久远，多次调解无果，信访人不断上访	该案中涉及的客观依据缺失，难以落实责任主体，确属长期特殊疑难信访个案，乡镇政府申请4万元"特殊疑难信访问题专项资金"予以救助

纠纷性质	信访人概况	上访原因	信访诉求	处置策略及结果
涉法涉诉	案例 A16：苗某，女，83 岁，农民	因举报村干部及其后遭到报复，多次越级上访，被收留以及判刑等，持续上访 21 年以上	起初要求依法追究村干部法律责任，继而因判刑等主张人身权利经济补偿	领导包案、司法救助，乡镇政府为其办理社保，并全额负担其家中水电费等。上访人持续上访，仍在主张人身伤害权益补偿，政府持续稳控中。
拆迁补偿纠纷	案例 A25：麻某，女，62 岁，农民	因拆迁补偿纠纷，上访 12 年以上	主张被征用的宅基地权益，随着时间推移，具体数额一直在抬高。	乡镇政府为使其息诉罢访，在未认定建筑公司违法的情况下将赔偿协调到了 100 万元，但上访者仍不同意。不断制造越级上访，集体上访，房屋权益主张不断加码，政府严防死守稳控中，其中多名基层干部被问责。
村民资格	案例 A15：毛某，女，58 岁，农民	根据《村规民约》，毛某及其家人均不能享受村里的福利待遇	要求认定其全家人享受村民待遇资格，其后又主张 90 万元人身伤害赔偿	县政府"本着切实做到息诉罢访，确保稳定"，多次协调不断改变村规民约的有关规定，最终完全满足了上访人及其家人享有村民福利待遇的要求。在得到了村民资格及福利后，进而主张 90 万元人身伤害赔偿，最终因闯入北京安全禁区被判刑。

三　加剧了民众机会主义抗争行为

抗争民众在维权行为动机上的"非政治性"与"具体利益性"越来越明显，民众维权行为的发生、发展及结果是其自觉或不自觉对合法性考量、个体行动能力、资源关系网络、利益损益程度和基层政府制度化水平等因素权衡的基础上而作出的选择[①]，通过对压力时机、抗争方式、政府回应预期的考量来谋求权益，县乡政府以物质补偿换取民众妥协的行为，激发了抗争民众的谋求利益最大化动机，民众的维权抗争行为越来越具有

① 陈明：《选择性抗争：农民维权的一个解释性框架——基于皖北 X 县 Y 镇三位农民维权过程的比较分析》，《中国农村研究》2014 年第 2 期。

选择性和机会主义特征，民众机会主义抗争行为主要包括谋利型维权、要挟型维权和偏激式维权等类型。

（1）谋利型维权。所谓谋利型维权是指一些维权抗争者将维权抗争作为其个人谋利的工具，尤其是在上访者中，"谋利型上访"已经成为一些为获取不当利益而以上访为职业的专有名词。这些谋利型上访者因长期上访而熟悉"业务"，也善于与地方政府打交道，并能选择合适时间和方式施压，以此获取经济利益。在本书中，所谓谋利型维权是维权抗争者利用地方政府考核问责压力等制度空隙谋取不正当利益的抗争行为。谋利型维权者已经成为当前基层治理的毒瘤，对社会秩序造成了极大的损害。一位乡镇领导谈到了对谋利型上访人的感受："感觉惹不起他们，他不断上访，以前老上访户七八个，化解之后还有两三个。县里面给他们买衣服买面买东西的，不领情，有的上访户直接跟你要钱要饭。钱都是我们自己负担的，没人给你报销。谁惹他们他们就告谁。有个上访户无理上访，给他盖房，乡里面决定给他花七八万盖，按这个上访户的要求，得花二三十万，就没解决成。"[1] 据一位乡信访办副主任也谈到："我干信访这么多年，唯一给我的感觉就是信访不信法，所有问题都来乡里，最终目的为利益，不满足会再来。要么就到县、市、省上访，而且以集访为主，尽量找到 5 人以上，以施加压力。"[2] 以下李某因患艾滋病而不断提出不合理经济诉求的案例，就是谋利型维权的代表之一。

A30：C 市 WL 镇村民李某因患艾滋病而不断提出不合理经济诉求上访案例

"李某因患艾滋病不断上访提出各种不合理经济要求"的案例基本情况：村民李某原系 C 市 WL 镇村民，其子和她都患有艾滋病。因其子住院开始到省政府、省民政厅上访，要求增加生活补贴、其子住院费用全额报销等违背政策要求，迫于压力，镇政府积极协调，争取到救助基金 27000 元，以及违背政策的医疗费用 13000 元，李某答应不再上访。从此以后，李某开始频频向政府提出各种要求，息访 5 个

---

[1] 资料来源：课题最对 C 市 QL 镇党委书记访谈录音整理。

[2] 资料来源：课题最对 C 市 QL 镇信访办人员访谈录音整理。

月后进一步提出购买住房、报销医药、现金补助等要求。尽管政府最终同意为其购买农村社区 120 平小高层一套，但李某旋即提出购买带车库连体别墅一套，导致未能达成一致协议。随后一年中，尽管镇政府陆续为其解决 10000 余元救助，但她仍然多次进京上访，并重新提出在县城购买商品房、每月 1500 元生活费、亲属享受低保等 6 项新的要求。第三年，因李某多次赴京非访，因涉嫌寻衅滋事罪被刑拘后，李某丈夫串联其他艾滋病患者到省政府、县委县政府围堵、抗议，多次到北京非访，目前，李某家人仍然在重要节点赴镇、县、市、省各级机关上访。[①]

（2）要挟型维权。所谓要挟性维权是指维权抗争者充分利用制度空间、以踩线不越线的方式实行维权抗争，以谋求合法或者不合法的利益。"要挟型上访"描绘了一个极端现象：底层民众利用压力型政治体制来胁迫基层政府满足其经济利益，甚至满足其不合理的经济诉求。[②] 要挟型维权者往往通过长期的缠访、闹访以及地方政府敏感时期的问责压力等，迫使地方政府无奈解决或部分解决其要求的情况下，进而提出新的要求，使维权抗争背离维稳，反而成为地方不稳定的根源。以第四章第二部分第三小节毛某上访的案例 A15 为例，毛某从 2005 年上访到 2009 年被捕，以缠访、闹访来要挟政府，并成为每一个重要敏感时期的稳控对象，给地方社会稳定带来了很大的压力和治理成本，最终以涉法被刑事拘留而得以终结。根据《WT 村村规民约》，毛某作为一个外嫁女，她及其家人均不能享受村里的福利待遇，从 2005 年 10 月至 2006 年 12 月，她通过数十次信访活动，要求享受 WT 村村民的诸如土地征用补偿、村民福利等。一开始，虽经区、办事处两级领导及办案人员多次与村里协调，但村委会根据村民自治程序和原则，召集并召开了村民代表大会，会议做出了不同意她及其家人村民资格及村民福利待遇的要求。随着毛某的信访活动升级，基层政府考虑到毛某的村民待遇问题引发了越来越大的不稳定问题，1 年以

---

① 资料来源：课题组的信访访谈专项调查案例。

② 饶静、叶敬忠、谭思：《"要挟型上访"——底层政治逻辑下的农民上访分析框架》，《中国农村观察》2011 年第 3 期。

后，在县乡政府的干预和压力下，村两委、村民小组不得不牵头修订更改了村规民约，而毛某通过信访达到了部分目的，村代会通过了毛某本人享有村民资格，其两个儿子部分享受村民福利的决定，并经市、县两级复查复核委员会复核，出具了信访事项的终结意见。信访的终结并没有阻止毛的上访活动，她又开始了更加频繁的越级上访之路。期间，办事处也责成村两委对其福利待遇问题进行再次研究，WT村两委召开了专题会议，维持了以前的处理意见。在党的十七大召开之前，县域政府为解决毛的社会稳定问题，经与村两委、毛本人多次做工作，双方同意采取公决的方式解决村民资格问题，但是村民代表会议公决结果，依然是不同意其家人获得村民待遇。毛某不服公决结果，继续赴京非访。后在奥运会即将召开期间，县域政府面临"前所未有的维稳压力"，县领导明确要求WT村必须改变村规民约的有关规定，要采用会议形式形成毛某家人都享有村民资格的结论。在行政的强力干预和介入下，县域政府以非正式的手段打破村民自治的运行规则，强制修订了村规民约，促使毛某的信访诉求全部得到满足，但毛某又提出了"90万元经济补偿、否则继续越级上访"的要求，最终毛某因到北京驻外使馆区恶意非访违犯法律而结束。

（3）偏激式维权。所谓非理性维权是指维权抗争者通常采用非理性的方式维权，如自焚、自残、暴力胁迫等偏激的方式。因抵制房屋拆迁而采取自焚方式的唐福珍，因讨要工钱未果的宁夏农民工王斌余杀死及重伤达5人，非理性维权者作为信访当事人，往往抱着不达目的誓不罢休的心态，并往往引发过激行为。而面对非理性上访者，一方面导致地方形成了大量的缠访闹访案件，牵扯了地方信访部门大量精力；另一方面，非理性的维权行为也给地方治理带来巨大的隐患。以课题组调查的曹某案件为例，课题组统计了官方文件中曹某案的处理情况，发现自2014年10月至2017年9月，地方政府针对曹某的维权行为，做了大量的工作，有关曹案的卷宗、报告累积有16项近百页之多。而最终的结果却是以曹某以非理性方式造成一死一伤的结果而结束。以下为曹某拆迁维权案例的基本情况：

A31：D市曹某反映村庄拆迁问题上访案例

曹某，男，37岁。现户籍所在地为D市XB村。自2014年10月至 2017 年 9 月，曹某通过多种渠道反映其所购高价院①在百村村庄拆迁中得到不公正待遇，并遭遇强拆问题。2014 年 10 月 11 日、10月 14 日，曹某通过市长热线反映其住所遭强拆问题，市长电话室责成 SF 乡政府开展调查。2015 年 6 月 29 日，SF 乡信访办正式受理了曹某反映事项，并出具了信访事项实体性受理告知书，但随后 2016年 7 月 1 日，SF 乡信访办以曹案系涉法涉诉案件，再次做出不予受理的决定，并建议曹某走司法程序解决。在 SF 乡信访办作出答复后，曹某多次到 D 市、省信访局等上访，并利用市、区领导视察、下访，以及中央巡视等机会重申自己的诉求，无奈之下，SF 乡信访办于2016 年 5 月 9 日再次受理了曹某反映事项，并成立由办事处副主任周某为组长的调查小组，调查后于 2016 年 7 月 13 日再次做出曹某反映诉求不合理的决定，并上报区、市信访部门。

曹某信访案件在经历了复审、复核后在程序上已宣告终结。但是，因诉求一直得不到满足，曹某心理逐渐产生怨怼情绪，并多次到区、市信访部门扬言要与村委拆迁人员"打仗"，威胁造成拆迁人员伤亡属于"正当防卫"。但是其非理性行为对于其反映事项并无实质帮助，在缺乏新的政策与证据支持的情况下，百村委决定对曹某所有的高价院进行拆除作业。

2017 年 8 月 28 日，SF 乡召开百村拆迁清零工作推进会，要求细化分工，明确责任，做好宣传动员工作，确保按期完成"清零"任务。曹某及其姐所持有的高价院一直未能顺利拆迁，属于百村应完成"清零"任务之一，9 月 4 日，村两委工作人员在寻找曹某妻哥协商解决其违法建筑问题时，曹某驾车冲撞现场人员，继而持械造成工作人员一死一伤后逃逸。9 月 7 日，D 市公安局发布公告抓获曹某，其对犯罪事实供认不讳。曹某最终以极端的方式结束了信访之路。

---

①　高价院为高新区农村土政策，即村民可向村委缴纳一定费用后获得一块宅基地用于建筑房屋定居。购买高价院者一般为外地户籍落户本村居民。按照高新区村规民约和拆迁政策，在村庄拆迁时，外地迁入本地的居民及其所居住的高价院不享受村民待遇，在补偿上也与一般村民有所差别。

第三节　社会冲突治理交易化的运作特征：边界模糊化

"花钱买稳定"是县域政府社会冲突治理最有效的办法，已经成为不可替代的治理策略和工具被制度化和常规化，成为正式治理的一部分。从行动策略来看，政府和民众行动都依赖于货币化策略，冲突各方以市场的逻辑展开博弈行动，将权利诉求转化为货币化的交易价格，地方社会秩序和抗争者的权利以商品化的方式表现出来，其行动策略的权宜性和机会主义导致了是非边界、权利边界以及国家与社会边界的模糊化。齐美尔认为，在各类个体和群体的关系中，"界限的概念在某种程度上是重要的，因为在这里，变动、扩展、入侵、融合更加易于理解得多，相互关系在积极面上和消极面上都会变得十分清楚和可靠"（齐美尔，2002 年）。清晰的边界可以清楚界定权利和利益，提供明确的行动规则，预防和减少越界行为，是预防和化解冲突的前提；而模糊的边界则会造成利益交叠和纷争，权利的失序，规则的失效，往往导致冲突加剧。在县域社会冲突治理中，社会冲突治理的交易化使得政府与民众在是非边界、权利边界以及行动边界多个维度上，都表现出明显的边界模糊性特征。

一是是非边界模糊。是非边界模糊化是指社会冲突中，相关主体缺乏关于公正的客观标准的共识，是非标准因事、因时、因人而异。在政府与民众互动过程中，政府以及相关各方各自抱持了不同的公正立场和是非观，现实中往往表现为是非不清、价值冲突，是非边界缺乏客观的公正标准，在具体行动中，是非标准因事、因时、因人而异，具有显著的模糊性特征。在表 5—2 的案例 1 中，何某反映的是村干部贪污、非法转让以及倒卖土地等问题，A 市政府经过调查，给予被举报村干部党内严重警告处分，后何某因举报受到打击报复，并遭受重大经济损失，从而导致多次赴京上访。在这一信访案件处置中，具体责任人乡镇政府以 10 万元"特殊疑难信访问题专项资金"予以救助解决，绕开了村干部违法的是非问题。案例 11 中，麻某反映 ZJ 公司霸占其宅基地问题。历时 12 年之久，期间麻某不断寻找时机，如在国庆、党和国家重要会议、国际会议期间等，突破重重"稳控"，仅赴京累计上访即达 20 次以上。在麻某不断上访的"压力"下，天平也逐渐向其"倾斜"，法院由原来的驳回麻某诉求，受理费全部承担，改为判决河南 ZJ 公司 15 日内向麻某赔偿 15 万元。但麻某不服，随着时间推移，不断提高其宅基地补偿诉求，在我们调查期间，赔偿费已经协调到了 100 万元，但她又提出了更高的要求。在漫长的上访拉锯过程中，当地政府只能靠打感情牌，从其家人着手做好其思想工作，在生活上给予帮助实施"稳控"；靠"四包一"等"拖字诀"战术，做到"只要在我任期不出事""只要不去北京上访，什么都好办"①。从这一案例可以看出，麻某通过不断提高要价的方式主张权利诉求，政府以讨价还价的方式试图解决其权利主张，政府和民众无底线、无原则单纯的利益博弈特征明显，其根源在于权利商品化导致难以形成有关是非标准的共识，是非边界模糊化。

二是权利边界模糊。权利边界的模糊化是指在社会冲突治理过程中，政府与上访者之间的权利和责任不清晰，权利越界、权利收缩、责任忽视等现象时有发生。法定权利作为一个社会的游戏规则，是人为设定的调节权利关系的约束条件，具有角色定位、划定组织行为以及权利和义务边界的功能。政府权力渗透和公民权利运行在法治意义上具有明确的界限，但边界模糊化使政府和民众行为缺乏清楚的利益边界和行动规则，其后果是是非不清、利益交叠以及社会冲突"按下葫芦浮起瓢"。县域政府花钱买平安的行为，将权利商品化和物化，导致公民的权利的实现和履行具有很大的弹性和讨价还价的空间，缺乏清晰的边界和标准。上访民众能在讨价还价中获得多少利益补偿，并没有统一的标准，因时、因事、因人、因地、因法，都有所不同。在信访诉求与信访矛盾化解中，抗争者的权利主张与处置结果差异很大，有一些是因为地方社会网络的原因，如村干部贿选，有一些是因为政策的原因，如下岗职工医保问题，县乡政府的处置策略以稳控为目的，从考虑当事人经济状况的实质合理性出发，通过经济补偿式"信访救助"或满足信访人不合理要求等，促使信访人不再主张其最初的权利诉求，其权利因事、因人而异。如上表中两个反映村庄治理中干部腐败问题的信访案例，不管是干部贪污问题还是干部贿选问题，面对基层治理中访民的政治权利诉求，乡镇政府出面以货币化的方式通过花钱、妥协解决举报人的长期上访问题，而不是明确冲突双方的权利边界。

---

① 资料来源：B 市 QP 街道办事处信访工作人员 S 某访谈资料整理。

因体制改革下岗反映养老和医疗保障等社会保障问题的信访案例，其处置策略是由主管单位（如上表案例中的商业总公司）以 2 万元的价格通过花钱买稳定的方式使上访人同意息诉罢访，接受现行的社会保障政策。信访人的社会保障权利诉求被搁置，原来已经不适应社会发展的社会保障政策仍然得以维持。上表案例 A15 中，毛某作为外嫁女，根据《WT 村村规民约》她及其家人均不能享受村里的福利待遇，但在行政管理部门的强力干预和介入下，县域政府以非正式的手段打破村民自治的运行规则，强制修订了村规民约，促使毛某的信访诉求全部得到满足。纵观毛某上访问题解决的过程，就是县域政府以行政权力施压村治机构，违背村民自治运行规则以及改变村规民约来进行维持稳定的过程。县域政府突破村民自治法相关法定规则，赋予毛某享受村民资格及相关权益，突破了法定权利边界，使权利边界模糊化，最终引发谋利型上访，形成恶性循环。从信访救助的数额来看，信访救助的额度主要是基于信访人的家庭困难状况以及信访人的"难缠"程度，其额度差异很大，权利诉求的价格是模糊的。同样是反映村官腐败，案例 1 给予的经济补偿是 10 万元，而案例 2 只有 2 万元。经济纠纷、邻里矛盾、遗产纠纷等与政府无关的民事冲突，最终县域政府以 2 万元至 4 万元的价格通过讨价还价，给予经济补偿式"信访救助"，息诉罢访。

三是政府与社会行动与关系边界的模糊化。行动与关系边界的模糊化主要指的是行动主体之间的行动策略和方式没有统一的标准和规范，双方都采取最有利于自己的行动进行利益博弈，所能获得的利益与其博弈的能力有关，且经常发生越轨的行为，忽视行动对整个系统所造成的影响。政府通过交易化收买抗争民众的同意和服从，对抗争民众来说，当他们被迫以机会主义方式通过讨价还价"赎回"公民权利时，民众对于"权利"的货币补偿，不管其价格有多高，都会产生一种权利被削弱的不公正感，其后果是社会矛盾冲突演化为缺乏客观的公正价值标准的无规则博弈。在这一过程中，政府的权威被商品化了，政府权威建立在与民众利益交换的基础之上，使得政府与社会的关系具有了弹性和模糊不明确的边界，同时也体现了国家与社会之间关系的脆弱性。案例 A16 中，苗某在长达 26 年的上访过程中，其中有 20 年上访因对方蓄意伤害认为判决不公而成为涉法涉诉案件，经过课题组实地调研、查阅相关资料以及与接访过苗某的 A

市法院信访工作人员访谈得知，在苗某上访期间，法院为了稳控已经竭尽全力，她曾多次获得司法救助，还享有社保，现家中水电费全部由当地政府负担。但已经 80 多岁的苗某依然对法院曾经的判决不服，不定期到法院门口静坐示威，在信访大厅大喊"冤枉"，A 市法院不得不长期承担稳控苗某的直接责任，法院不是根据法律规则作出裁定，而是沦为涉法涉诉信访的稳控责任人，其本身就是对法律公正的扭曲。法律作为最高和最后的公正共识，一旦得不到承认，就会丧失掉社会冲突行动的底线，全社会就会成为霍布斯所谓的"每个人与每个人斗争"的原始状态。

社会冲突治理的交易化让我们看到国家与社会关系间具体的互动，这是一个基于理性选择的讨价还价的过程。在这一过程中，政府的迂回退让和妥协使民众拥有了一定的利益表达的空间和场所，同时又尽力将这种表达限定在一定的范围内。政府与民众的关系在不同的时间以及不同的场所，形成妥协与冲突的各种文本，这些文本可能是没有格式化的、完全不同的版本，在这些交易化的文本背后，政府权威建立在与民众"讨价还价"的基础之上，使得政府与社会的关系具有了弹性和模糊不明确的边界，同时也体现了国家与社会之间关系的脆弱性和易变性。

第四节　社会冲突治理交易化的生成机理

一　县域政府的"不出事"逻辑

改革开放以来，"以经济建设为中心"的发展战略使地方政府经济管理职能和社会管理职能的发挥产生了巨大差异，经济发展受到了地方政府高度重视，得到了前所未有的强化，而社会管理和社会建设滞后于经济发展。李侃如认为，这是一种心照不宣的"政治契约"：以快速经济增长为基础，达到政治稳定。① 在一直以来的晋升体制中，经济发展是"硬指标"，而社会发展作为"软指标"无法与经济发展这一目标相提并论。在地方政府的"不出事"逻辑之下，政府的社会管理任务成为简单的维护社会稳定，继而进一步简化为维护地方社会的"底线"稳定。在巨大的

---

① ［美］李侃如：《治理中国：从革命到改革》，胡国成、赵梅译，中国社会科学出版社 2010 年版。

社会冲突治理压力和个人政绩面前，在市场经济过快发展和多元价值的背景下，地方政府的官员从"国家代理人"转变成了"政权经营者"，基层干部具有了双重身份特征。一方面是个人的政绩升迁，一方面是服务于国家的既定方向，国家的利益和民族的利益，同时也是民众的利益；一方面是"私利"，一方面是"公利"。有学者的研究表明，基层政府的领导者已经正向"谋利型政权经营者"转变，以个人的政绩利益为首选。① 因而在社会冲突治理这件事上，由于一票否决制，基层政府领导人的明显会先考虑"私利"，而不顾全大局，也就是维护政府的形象和民众的权益，只需要遵循"不出事"的逻辑。

　　在"不出事"的逻辑下，关于信访的考核采用一票否决制，一旦上访出了问题，尤其在特殊敏感时期，一些上访户越级上访，给地方政府的政绩带来很大的负面影响，甚至直接决定地方政府领导人的升迁。2003年中国收容制度取消，2009年劳动教养制度取消，政府打压上访的法律空间越来越小了。八项规定发布后，地方政府"高压"的空间日益逼仄，加之近年来"服务型"政府和治理创新的倡导，政府治理方式的转变使得政府在社会冲突治理上的行事风格也越来越"温和"，开口子不得不成为更加被依赖的手段和工具。"花钱"和其他行政乃至暴力手段相比，成本、风险更低，而上访者本身的利益诉求归根结底也离不开经济上的权益，因此赎买交易也几乎就成了地方政府应对和化解社会矛盾和冲突的主要方式。

二　基层民众的利益补偿偏好

　　基层民众的抗争行动依据参与主体、目标诉求和行为特征可以分为利益主导型和价值主导型两类，而事实上纯粹的价值主导的抗争并不持久，学者张荆红认为价值主导的上访事件或群体事件持续较短与行动的组织化程度、政治机会等诸多因素有关，但其根本原因在于脆弱的价值诉求难以持久留住上访者和聚集者，价值诉求因其与达成目标的具体操作性手段的脱节而往往显得空洞和脆弱。而相比之下，利益主导型抗争行为的参与主

①　杨善华、苏红：《从"代理型政权经营者"到"谋利型政权经营者"》，《社会学研究》2002年第1期。

体一般是利益受损者，利益诉求可以持续有效地为抗争行动提供动力。①

在当今市场经济繁荣的社会，经济利益也越来越成为社会民众认可的评判或衡量标准，经济的补偿也比价值层次的满足更加实际有效。一方面，市场经济社会的经济交换活动更加频繁，因而利益受损的状况更容易发生；另一方面，一旦发生了某种纠纷或损伤的状况，经济利益方面的补偿又是最简单、直接、有效的方法。同时，基层民众由于其现实生活水平、收入状况，对于经济利益的诉求更加看重。因此，在底层民众的抗争行动中，存在一种对经济利益补偿的期望，哪怕本来不是经济方面的问题，也希望通过利益补偿来得到满足，以息访罢诉。

在现实的抗争行动过程中，民众能在多大程度上获取利益补偿，并没有可参考的明确标准，完全取决于抗争民众与政府官员的博弈。尽管看起来政府是掌握话语权的强势一方，然而由于官员评价机制上信访和群体性事件的"一票否决制"，具体岗位的政府官员实际上存在着巨大的"政绩软肋"，当地社会稳定的状况则是关键的指标。因此只要基层民众抓住地方政府官员维稳政绩的"软肋"，通过闹大、闹炸将自身问题建构为政治主导话语下的稳定问题向政府施压，那么就会在博弈中占据主动，从而获取政府的高额利益补偿。以下为 B 市信访部门领导干部访谈：

> "比如安置工人讨薪，我们都说了，你拿着合同，没合同，那没有道理，要么你就得有欠条，他都没有，就是问政府要。政府这是给你办好事，政府给你协调也没推辞，尽快解决。但有些人，在那些企业干了两三年，去年前年都知道这企业是没钱给你的，今年知道资金运行不好他还偏跟着干，年底拿不到薪酬了，就问政府要钱，这种现象普遍存在。"

在实地调查中也发现，利益为导向的抗争占了绝大多数，哪怕是存在价值导向的抗争行为，最终也回到了利益寻求的方向上来。而且基层民众存在这样一种心理，就是只要民众"出了事"，政府就必须得管，哪怕直接跟政府没有关系。政府不仅仅要扮演"仲裁者"角色，更为重要的是

---

① 张荆红：《价值主导型群体事件中参与主体的行动逻辑》，《社会》2011 年第 2 期。

要成为"兜底者",那么如何兜底呢?自然是经济利益方面的补偿。如同案例中的安置工人,他们利益的受损与政府没有关系,但仍然要政府给他们经济补偿,最终竟然也拿到了政府的钱。长此以往,必定会助长民众在抗争中的利益补偿偏好,更是催生了"谋利型上访"。底层民众的抗争最终成了与政府进行经济补偿数额上博弈的行动,政治抗争异化成了类似商品化的交易行为。在这个过程中,基层民众在抗争行为中的利益补偿偏好倾向也越来越明显了。

三 官民博弈的中庸实践哲学

中庸是传统中国文化中的一个影响颇为深远的概念,是中国人为人处事及解决问题的基本原则。中庸倡导"以中为美",根据现实需要,寻找到为人处事最佳的平衡点。华人本土社会心理学学者杨中芳认为中庸构建了一套"元认知"的实践思维体系,是人们在处理日常生活事件时,决定如何选择、执行及修正具体行动方案的指导方针。[①] 在综合前人的基础上,构建了一套涵盖集体文化思维层面和个体心理思维层面的中庸实践思维体系,[②] 中国人的中庸实践思维作为内化于心的指导人行为的一种思维、行为模式,在个体心理思维层面,中庸思维的人在看待问题时,具有"全局观",能够认识到事情的两面及相生相克关系,不会走极端。因此在处事原则上遵循"顾全大局""以和为贵""不走极端""合情合理"。

基层政府部门尤其是信访部门进行社会冲突治理的主要目标就是顾全地方经济社会和谐稳定发展的大局,因此基层官员在此过程中的"全局观"至关重要,因为按照政府内部潜在的"不出事逻辑",一旦发生不顾全局的影响性"事件",影响的将是上级政府对整个基层领导成员的信任,不仅牵扯到地方经济社会的稳定与和谐,也牵涉到基层行政领导班子的仕途,因此基层社会冲突治理的核心原则必然是"顾全大局",个别官员在社会冲突治理中的情绪与委屈和"大局"相比不值一提。既然要顾

[①] 杨中芳:《传统文化与社会科学结合之实例:中庸的社会心理学研究》,《中国人民大学学报》2009 年第 3 期。

[②] 杨中芳、林升栋:《中庸实践思维体系构念图的建构效度研究》,《社会学研究》2012 年第 4 期。

全大局，"以和为贵"和"不走极端"就显得尤为必要。在法制化建设日益完善的时期，强制的手段已经逐渐失去了作用和威慑力，基层政府只能尝试与抗争的民众达成和解。如果走了极端，采取了较为极端的措施，一旦被曝光，可能会引起更大的反弹和负面影响，这就是没有"顾全大局"。因此，当强制手段面临失效时，必须要"顾全大局"的基层官员会认为，最好的和解手段就是经济上的补偿与讨价还价。

其次，在具体事件处理的层次中，中庸实践思维体系提出了三个阶段，第一是择前审思，指的是遇到问题要先进行全局思考，保持冷静，按兵不动，进行全盘打算和多方权衡，将自己可能采取的行动对各方造成的后果进行通盘考虑。择前审思非常符合基层政府处理上访等社会冲突治理事件的思路和做法，接到群众上访，基层政府往往先要做的就是明确问题性质，理清问题所涉及的多方面关系，不会轻易出手和下结论，往往先作为中间人的角色协调双方沟通，或者在双方激烈冲突中"和稀泥"。矛盾实在无法调解，确实需要政府出面做出部分补偿，那么也不会轻易许诺，等冲突双方尤其是利益受损的上访者底牌全出、"筋疲力尽"之后再给出补偿，能够适当降低谈判的难度和补偿金额。

第二个阶段是策略抉择，中庸的谋略精髓在于"恰如其分"这几个字，不偏不倚、无过无不及地照顾到各方的情况和诉求。因此策略必须具有整合性，找到一个彼此兼顾的方案，具有较强的变通性。第三个阶段是执行方式，中庸实践模式的特点是迂回性和平衡术，也是在执行方案时常用的"和谐化"手段，例如事后的"摆平"、善后工作，对于受委屈的一方要另做安抚，给予适时、适当的补偿。中庸实践思维"恰如其分"的策略抉择和迂回、平衡的执行方式与基层政府社会冲突治理行动和策略极为相似。面对上访和抗争的民众，基层政府官员很少会做出极端的事情，他们总是会"笑脸相迎"地了解清楚具体情况，找到矛盾双方的相生相克关系，做出恰当的不过激的行为来慢慢介入，该迂回时则迂回忍让，让对方空拳打棉花，该平衡时适当做出平衡的姿态，尽量避免矛盾激化。在前期，基层官员事实上做了大量的中庸实践的迂回性、安抚性和平衡性工作，为后续的经济补偿作铺垫，用平衡又恰如其分的方式控制社会冲突治理支出，尽量减少民众不合理的经济诉求，是基层政府更真实的实践逻辑。

第五节　社会冲突治理交易化的影响

一　为实现深层稳定提供了必要的缓冲空间

"花钱买稳定"作为县域政府冲突化解的有效策略之一，尽管交易化是一种非制度化的、非规范化、非原则化的社会冲突治理策略，但它也确实发挥了积极作用。

第一，有利于稳定社会秩序。现代社会治理最基本的目标就是对人权的保护并减少危及公共安全、社会秩序的暴力行为，暴力对抗的方式有悖于现代文明和法治精神，也更有可能进一步激发社会矛盾，导致更为激烈的冲突和动荡，影响社会和谐与稳定。因此，不管政府补偿赎买的策略是否具有制度上的科学性，至少减少了社会冲突治理过程中的暴力对抗行为，在当前基层政府管理能力欠缺、制度化手段不足的情况下，确实在一定程度上实现了社会的稳定，维护了公共安全，可能这种稳定是暂时的、短期的，但相比传统的暴力行政手段，无疑前进了一大步，稳住了公共秩序、及时维护了社会和谐。

第二，手段相对温和，彰显以人为本的执政理念。赎买的方式相比行政暴力手段，以及回避、激化冲突，更加温和而带有协商的意味，政府不再是高高在上的强力形象，而是能够与民众进行沟通和协商的亲民形象，这必然是一种进步，是现代文明的彰显。而市场经济快速发展过程中，贫富差距拉大，底层民众确实存在各种经济困难的情况，政府以经济补偿的方式对上访的弱势群体给予适当的关照，化解其因生活不满、待遇不公带来的愤懑情绪，彰显了人文关怀，一定程度上体现了以人为本的理念。该做法可以让底层群众感受温暖，没有被社会抛弃、边缘化，避免了因心理失衡而导致对社会的仇恨和报复。

第三，能够有效实现表层稳定（总体稳定）。赎买的策略相较其他社会冲突治理方式而言，能够更加高效、迅速、直观的实现基本的表层稳定，即没有群体性事件，没有越级上访、闹访、缠访等现象发生。深层稳定需要调整利益结构和利益分配，建立完善各种对话、交流、协商、整合的渠道和平台，加强相关制度的建构，但这并不是一蹴而就的，需要有一定的时间缓冲，这里的时间缓冲就是表层稳定所维持的。赎买策略的意义就在于，为达致深层稳定创造充足的表层稳定时间，地方政府以经济手段尽快平息事件，控制冲突升级趋向，及时稳定了秩序，避免了产生更多的伤害和裂痕，同时为深入发现和解决矛盾、完善制度提供了必要的缓冲空间。①

二　弱化了地方政府权威

"权利的交易化"导致政府权威的弱化首先是由其特点决定的。由于边界的模糊性，这种交易的机制缺乏明确的规范和依据，随意性强。冲突解决中政府是否使用及如何使用经济手段尚存在制度和规范上的真空，在具体操作层面就更会出现极强的灵活性和巨大的偏差，造成新的不公正，从而带来新的不安定。一些地方政府认为冲突是对安定团结局面的破坏，是对社会秩序的干扰，同时本着"不出事"的逻辑，尽快平息潜在社会冲突成为地方政府的当务之急。在制度化手段很难解决复杂问题的情况下，赎买交易几乎是唯一有效的方法，因此争议的焦点无外乎是冲突双方在赔偿数额上的分歧，适当地提供一些好处，必要时施加一些压力，通常很快得以解决。随之而来的问题就是，是不是所有的不安定因素都可以采用经济的方式，给多了政府财政无力承受，给少了闹事者不买账。因此，在实际操作中，政府往往与闹事者讨价还价，补偿的随意性强，领导者个人的主观色彩浓厚，具体补偿多少数额，往往就看领导者个人的谈判能力和处事手腕，完全看双方博弈与交易的情况而定。这就导致了补偿没有统一的标准和规范，也没有具有说服力的依据。有些地区城乡户籍不同，死亡赔偿标准相差 20 多万元，巨大的差额容易滋生不公正，造成攀比心理，增加矛盾进一步激化的可能性。

"交易化"策略的另一个特点是带有一次性解决的性质，缺乏制度反思，太关注于眼前事情的高效解决，而忽视了长远的后果和影响，实际上了犹未了。地方政府大多希望以经济手段一次性解决所有问题，现实做法就是签订协议，形象地讲就是"打界桩"，即事情到这也就了结了，只要签字画押，不论是从游戏规则上还是情理上都确定了以后再要价都属无理

---

① 韦长伟、贾晓光：《社会冲突解决中的"花钱买稳定"策略研究》，《吉首大学学报（社会科学版）》2015 年第 9 期。

取闹，失去了情理依据。这只是暂时权宜性地平息了矛盾，将诉求简化为经济要求，忽视了其他如公平处理、公开信息等诉求，甚至忽视了冲突解决中的不合理因素。因此，结果往往是政府一厢情愿，争议没有厘清，民众当时拿到好处同意签字，事后又以各种理由反悔，问题没有从根本上得到解决，非但无法实现稳定，反而促使闹事者在敏感时期或敏感地点故伎重施，提出新的要求，而政府出面签订的协议被上访者屡次打破，又能屡次得到新的补偿和协议，这也使得政府的权威遭到质疑和戏耍，民众也会认为政府软弱可欺。

交易化的策略使政府的权威和权力成了可以讨价还价的"商品"，政府办事的公正程序原则变成了市场交换原则，政府的权威被商品化了。真正的共产党领导下的政府，应该是坚持讲政治、讲正气、讲原则的。而通过讨价还价的赎买方式息事宁人，获得一个暂时相对安稳的社会环境，尤其是在特殊敏感时期的平稳可控，显然会让老百姓觉得政府部门更像是一个谋取自身利益最大化的商人，失去了政治性和政府的威严。由于基层政府部门仅仅是通过经济上的补偿，而很少在大义名分上给出一个公开说明，没有给到老百姓一个可以接受的明面上的说法，使得老百姓积聚的"气"仅靠经济利益无法得到根本补偿，只能让民众觉得这就是个讨价还价的地方，没有正气可言。在具体的讨价还价过程中，出于对自身经济成本和"政治效益"即社会冲突治理的双重考量，基层政府既想达成社会冲突治理的目的，同时又希望缩减社会冲突治理成本，只能软硬兼施地施展各种手段，而民众也在上访中把住了基层政府官员的脉，形成了"小闹小解决，大闹大解决"的共识，敢于跟政府进行讨价还价，因此在花钱买稳定的过程中，政府完全没有原则性，没有标准尺度和规范，因上访民众的"闹腾"程度和基层官员手腕能力不同而产生巨大的差异。长此以往必然会弱化政府的权威，失去公信力。

三　民众"气"的郁结和公民权利的"世俗化"

"气"是底层民众为了维护自己的人格尊严，为荣誉，为公平、平等而战的方式，应星的《"气"与抗争政治》一书中对"气"的含义是这样界定的：现实性社会冲突与非现实性社会冲突融合在一起的一种状态，是人对最初所遭受到的权利和利益侵害，而后这种侵害又上升为人格侵害时进行反击的驱动力，是人抗拒蔑视和羞辱、赢得承认和尊严的一种人格价值展现方式。[①] 在传统文化影响下，中国人一直把面子看得比生命更重要，"委屈""冤枉"之类的气，比直接的利益受损，可能更令人愤怒，"气"更接近于"为承认而斗争"。在应星看来，民众的"气"是一种权利得到伸张、获得公平公正的诉求，现实情况是权利诉求换来的是经济利益补偿，民众的诉求被商品化了，"气"却并没有得到很好的化解，而是郁结积压下来。同时，社会冲突治理交易化和边界的模糊化使得维权成为一种可以进行"讨价还价"的行为和机制，这种交易机制虽然不是正式的制度，但在模糊性治理的背景下，得到了政府和上访者的"合谋"认可，民众维权的权利是可以进行交易的，能够转化为利益方面的交割与讨价还价，公民权利本身自带的"纯洁性"、正义性、神圣性被"物化"了，变成了可以交易、讨价还价的"世俗物品"。随之而来就是权利只是作为一种交易的"筹码"而存在。

四　形成了社会冲突治理的权宜性

孙中山先生曾经说过，中国农村社会是"一盘散沙"，但他讲这句话时，农村社会仍然是以宗族或村社作为沙子的，宗族和村社内部具有强有力的规范甚至组织，农民具有预期和稳定感。而当前中国农村的"一盘散沙"是以农户家庭甚至个人为沙子的。村庄内的规范解体，村庄的开放、农民的流动，不仅使得违反村庄共识的行为得不到惩治，而且滋生出越来越多的乡村混混。[②] 在上访过程中，一味采用花钱买稳定的方式，就更加纵容这些"滚刀肉"把它当筹码，胁迫地方政府来换取利益。而一旦地方政府在处理上访的过程中采取息事宁人、"花钱买稳定"的办法，不碰硬钉子，不讲原则，那么地方政府的行为就会鼓励更多的上访者甚至刁蛮之人有恃无恐、步步紧逼，视法律和政府权威为儿戏，便有越来越多农民加入到要挟地方政府的"游戏"中来。以下为对 C 市 QL 镇党委书记关于缠访闹访问题的访谈：

---

①　应星：《"气"与抗争政治》，社会科学文献出版社 2011 年版。

②　贺雪峰、刘岳：《基层治理中的"不出事逻辑"》，《学术研究》2010 年第 6 期。

"至于缠访、闹访、非访如何管理，没有办法，感觉惹不成他们，他不断上访，以前老上访户七八个，化解之后还有两三个，有一个打击了，有一个不在咱这，还有一个还在稳控中。县里面给买衣服买面买东西的，不领情，有的上访户直接跟你要钱要饭。钱都是我们自己负担的，没人给你报销。谁惹他们，他们就告谁。有个上访户无理上访，给他盖房，乡里面决定给他花七八万盖，按这个上访户的要求，得花二三十万，就没解决。上访户就去找各个领导，都会给面，给吃的，这个上访户见别人都说谁谁都很好，但让他配合你的时候，不配合。像他们这种人，尝到甜头，一直会信访。"①

从上述访谈中就可以看到，政府的权威在"不出事逻辑"和"一票否决"之下左支右绌，一些抗争民众尝到了要挟政府获得经济利益的甜头，基层政府面临的是越来越大的"狮子开口"，和不断满足而又随时毁约的"滚刀肉"，造成一种不公平的社会情绪，最终形成灰色博弈的恶性循环，从而诱发大量次生冲突。

小结

"社会冲突治理交易化"是指，县域政府社会冲突治理依赖于货币化策略，冲突各方以市场的逻辑展开博弈行动，将权利诉求转化为货币化的交易价格，政府与抗争民众围绕赎买价格进行博弈，县域政府的社会冲突治理行动转化为各种抗争价格讨价还价的市场，县域政府以货币回报的方式收买抗争民众不同程度的同意和服从。社会冲突治理交易化主要表现在三个方面，一是社会冲突治理陷入高成本困局，二是"花钱买稳定"的常规化、制度化，三是加剧了民众机会主义抗争行为。社会冲突治理的交易化使得政府与民众在是非边界、权利边界以及行动边界多个维度上，都表现出明显的边界模糊性特征。社会冲突治理交易化是基于县域政府的"不出事"逻辑、基层民众的利益补偿偏好以及官民博弈的中庸实践哲学等政府行为、市场逻辑以及历史文化传统等因素影响。政府通过交易化收

---

① 资料来源：课题组对 C 市 QL 镇 L 书记的访谈录音整理。

买抗争民众的同意和服从，对抗争民众来说，当他们被迫以机会主义方式通过讨价还价"赎回"公民权利时，民众对于"权利"的货币补偿，不管其价格有多高，都会产生一种权利被削弱的不公正感，其后果是社会矛盾冲突演化为缺乏客观的公正价值标准的无规则博弈。在这一过程中，政府的权威被商品化了，政府需要通过利益交换获取抗争民众的服从，使国家与社会的关系呈现为脆弱性、易变性和模糊性。尽管社会冲突治理交易化在短期内具有维护社会稳定的积极作用，但从总体和长远来说，其消极影响更加明显。弱化了地方政府权威，民众"气"的郁结和公民权利的"世俗化"，形成了社会冲突治理的权宜性。

第六章　县域政府模糊性治理困境及实践探索

本书从县域政府社会冲突治理日常行为的视角，建构了模糊性治理的分析框架，从社会冲突治理责任泛化、非规则化治理以及社会冲突治理交易化三个维度分析了县域政府模糊性治理的运作及其引致的影响，如层级权责和角色模糊化、行动规则模糊化、是非与权利边界模糊化以及行动后果模糊化。"模糊性"已经成为重要的治理资源，构成了县域社会冲突治理的基本生态。本部分首先深入分析模糊性治理的总体影响，提出县域社会权利与秩序不平衡的低制度化难题，接着分析县域政府社会冲突治理的两难困境，即权利的困境和秩序的困境，在此基础上分析县域社会冲突治理的发展走向。

第一节　困境：权利与秩序的不平衡

县域政府模糊性治理实现了县域社会总体稳定，但是模糊性治理引致了强维稳—弱维权以及弱维稳—强维权、弱维稳—弱维权同时存在，导致了权利与秩序的不平衡。社会秩序是国家治理的目标，是社会保持繁荣又具有可持续性特征的状态。层级权责和角色模糊化、行动规则的模糊化、是非与权利边界模糊化导致县域社会秩序呈现为表面稳定、暂时稳定和相对稳定，民众诉求的实现程度具有不明确性、偶然性以及差异化特征。一些学者实证分析了地方社会秩序的模式，有学者提出"维稳与维权关系的错位"，用"维权维稳化"与"维稳维权化"来表述地方社会维稳与维权的不平衡，所谓"维权维稳化"是指维权方倾向于将维权问题变成维稳问题，从而获得上级政府或者政府官员的注意，进而达到自己的维权目的，该转化主要通过围绕所关注的特定议题以抗争性行为实现；"维稳维权化"是指维护社会稳定的行动反而激起或诱发更多、更激烈的维权行为。① 有学者认为民众维权与国家治理之间是一种策略性均衡，"国家与民众之间各自都会随着不断变化的局势，利用既有的政策和法律提供的支持，竭力寻找可能留下的空隙，以决定采用何种策略来处理相互之间的关系，以最好的方式达到各自最理想的目标"。② 有学者根据社会稳定的效果区分为"深层稳定"和"表面稳定"，所谓"深层稳定"是指社会主体间的内在关系在结构上处于比较合理的状态，彼此之间没有产生大规模对抗行动的意愿。深层稳定的一个重要的标志是，社会成员之间不存在根本对立、你死我活的大裂痕，与之相反，称之为"表面稳定"。③ 有学者分析了维权现象的特征、方式和发展趋势，提出社会风险不断聚集和加剧的论点，④ 以上这些研究不同程度地反映了当前政府社会冲突治理行动的影响和地方社会秩序的特征。

从秩序有效性与权利基础性的理论逻辑出发，县域政府模糊性治理的总体影响表现为权利与秩序的不平衡，所谓权利与秩序的不平衡是指县域政府社会冲突治理的结构体现为行政与法治的不平衡以及制度体系与社会发展不平衡，政治社会秩序落后于社会阶层和利益诉求的变化，制度自身的适应能力和革新能力低，引发对程序正义和权利秩序的伤害。县域政府社会冲突治理制度化程度低，制度包容性弱，制度一致性具有不确定性，导致秩序有效性低，社会稳定也存在局部稳定、表面稳定和暂时稳定的特征。权利基础性不足和秩序有效性弱同时存在，社会冲突治理的效果同时受到时机、行动方式以及行动能力的影响，民众维权的实现程度从过度满足、部分满足到不能实现存在不确定性。从县域社会权利和秩序的演进逻辑来看，县域政府模糊性治理虽然实现了总体稳定，但社会稳定的实现没有强化权利的基础性，而维权行动的实现也没有强化治理的有效性，县域社会冲突治理陷入制度化和不确定性的

---

① 李强彬、寄娜：《维权与维稳：何以错位如何归位》，《理论探讨》2017 年第 1 期。
② 尹利民：《策略性均衡：维权抗争中的国家与民众关系——一个解释框架及政治基础》，《华中科技大学学报（社会科学版）》2010 年第 5 期。
③ 许尧：《维权与维稳的内在逻辑及相互促进机制》，《甘肃行政学院学报》2017 年第 3 期。
④ 王松柏：《维权与维稳的现状、关系及有效实现》，《探求》2016 年第 1 期。

困境。

　　制度化的困境主要表现为制度化与社会发展不平衡。主要是指制度变迁与社会发展不平衡。政治社会秩序的稳定不仅在于制度水平本身的高低，而在于其与社会发展的契合程度。随着经济社会转型，县域社会各种复杂、多元的社会矛盾呈现为点多面广的特点，体制转型与改革引发了新的利益群体不断出现，新的权利诉求也不断被提出，县域社会冲突治理制度体系如何适应社会发展的要求，通过制度革新吸纳新的利益诉求和利益群体，以提高制度自身的适应能力和革新能力是县域社会治理制度化面临的挑战。不确定性的困境主要表现为社会冲突治理结果具有不确定性。在社会冲突治理过程中，以县为直接责任人的压力型考核体系、权责不对等使县域社会冲突治理行动工具化，县域政府以"不出事"为原则，稳控手段替代了维权目标，社会冲突治理的效果因时机、影响力和方式而呈现随机性。

一　制度化困境：制度化与社会发展不平衡

　　政治社会秩序的稳定不仅在于制度本身的高低，而在于其与社会发展的契合程度。随着经济社会转型，县域社会各种复杂、多元的社会矛盾呈现为点多面广的特点，体制转型与改革引发了新的利益群体不断出现，新的权利诉求也不断被提出，要求实现制度化吸纳新的利益诉求和利益群体的制度变革。而当前制度化的困境主要表现为县域社会冲突治理制度体系与地方社会发展不平衡。亨廷顿认为，一个社会所达到的共同体水平，反映着其政治社会制度和构成这种制度的社会势力之间的关系，"在组织社会的各集团之间，必须存在某种利益上的相互适应性，一个复杂社会还需要在基本原则或道义职责上界定能够联结各社会集团的纽带"。[①] 也就是说政治社会秩序的稳定不仅在于制度水平本身的高低，还在于其与社会发展的契合程度。社会冲突治理制度体系需要通过制度变迁，吸纳新的利益诉求和利益群体，以提高制度自身的适应能力和革新能力。随着经济社会转型，县域社会各种复杂、多元的社会矛盾呈现为点多面广的特点，体制

---

① 亨廷顿：《变化社会中的政治秩序》，王冠华、刘为等译，上海人民出版社2008年版，第8页。

转型与改革引发了新的利益群体不断出现，新的权利诉求也不断被提出，而县域政府更多是将关注点放在了"稳控"上，对社会治理制度化提出了挑战。

（1）新的利益群体不断出现挑战社会治理制度体系的适应性

亨廷顿认为，组织和程序要具有适应环境挑战的能力和存活的能力。[①] 在计划经济向市场经济转型的过程中，政治社会体制双轨制运行，使县域社会冲突治理制度体系面临适应变革的能力。新的利益群体不断出现，这些利益群体对分享改革发展成果的要求不断增强，社会保障、劳动就业、企业改制、环境污染、征地拆迁、涉法涉诉等问题引发的社会矛盾明显增多，这背后是在县域社会中不断出现的多种多样的利益群体。如何通过利益制度化来化解基层社会矛盾成为县域社会冲突治理重要的难题。以 B 市 2016 年排查的重点特定利益群体为例，B 市出现的难以解决的特定利益群体问题就多达 25 个，在这些特定利益群体中，涉及军队改革和军队体制问题产生了 3 种利益群体，乡村公共服务供给体制转型中产生的原乡村医生、农村电影放映人员等有 3 个，国营企业体制改革引发的问题产生了 9 个利益群体，如供销系统、银行系统、烟草系统、中石化系统等；政府体制改革引发的问题产生了 3 个利益群体，如乡镇机构改革、粮食体制改革等；历史遗留问题引发了 2 个利益群体；移民问题和非法集资形成的金融问题是后来市场体制转型过程中产生的利益群体（见表 6—1）。这些利益群体涉及了县政府 20 个部门如民政局、人社局、卫生局、工商局等，其中个别的部门已经撤销，也就是说，这些利益群体涉及了 20 多项政策。

表 6—1   B 市 2016 年排查的重点特定利益群体表

序号	群体类别	责任单位	社会问题类别
1	两参、涉军、青海支边、涉核人员	民政局	涉军问题
2	企业军转干部	人社局	涉军问题

① 亨廷顿：《变化社会中的政治秩序》，王冠华、刘为等译，上海人民出版社 2008 年版，第 11 页。

续表

序号	群体类别	责任单位	社会问题类别
3	原焦枝铁路守护营及民兵、平舞工程会战民兵	发改委	涉军问题
4	涉艾群体、原乡村医生、联合诊所人员	卫生局	乡村转型问题
5	原农村电影放映员	文广旅局	乡村转型问题
6	原农村兽医防疫人员	畜牧局	乡村转型问题
7	原拖拉机站临时工	农机局	农业体制改革
8	种子公司体制改革分流人员	农业局	农业体制改革
9	畜牧体制改革分流人员、原农村畜牧市场交易员	工商局	农业体制改革
10	客运行业人员、云南工役制人员、出租车、原公路养护人员	交运局	国营企业改革
11	原农村电工	电业局	国营企业改革
12	中石化协解人员	中石化	国营企业改革
13	农村信用联社清退临时代办人员	农商银行	国营企业改革
14	银行协解人员	中、农、工、建行	国营企业改革
15	原供销系统代购员、代销员	供销社	国营企业改革
16	原531国防工程建设人员、原5113工程建设人员	工信委	国营企业改革
17	烟草系统协解人员	烟草局	国营企业改革
18	原民师群体	教体局	教育改革问题
19	乡镇机构改革分流和内退、提前退休人员	编办	政府改革问题
20	公安系统清退人员	公安局	政府改革问题
21	粮食系统改革分流人员	粮食局	政府改革问题
22	非法集资、投资担保受损人员	市金融办	金融问题
23	水库移民及南水北调工程移民人员	水务局	移民问题
24	文革"两案"判刑人员	法院	历史遗留问题
25	离任原村干部、文革"两案"清退人员	组织部	历史遗留问题

资源来源：B市信访局内部资料

（2）新的利益诉求挑战利益制度化

在市场体制转型和社会发展的过程中，新的权利诉求不断被提出，比如，企业劳工权益问题，越来越严重的环境问题引发的民众环境权利抗争问题，不断边缘化的弱势群体的社会保障问题，企业改制引发的失业及其社会保障问题，"外嫁女"村民资格问题等。有相当一部分社会矛盾是因制度化不足而引起的，新的权利诉求不断被提出，如何通过利益诉求表达和利益诉求制度化、机制化来化解地方社会矛盾，成为社会冲突治理面临的挑战和困境。从 B 市 2016 年排查的重大信访事项来看，共 55 起，将这 55 起重大信访事项归类的话，主要有六大类问题，其中拆迁安置和土地问题分别有 11 起和 9 起，这是随着城镇化进程加速，伴随着土地产权制度转型而来的社会问题；而社会保障纠纷是市场转型过程劳工权益制度化不足引发的社会问题，有 11 起；经济纠纷是市场秩序尚不健全引发的如房屋权益、契约履行、企业（煤矿、化工等企业）包赔等问题，经济纠纷最多，有 15 起；环境问题是民众随着经济条件改善引发的环境权益意识和环境维权抗争问题，环境问题最少，有 2 起；利益群体是体制转轨中产生的，共 7 起；如果以 5 人为标准将抗争类型区分为群体抗争和个体抗争的话，在重大信访事项中，群体抗争占多数，有 35 起，占比为 64%（见表 6—2），其中利益群体和经济纠纷中，群体抗争的占比最大，在这些群体抗争中，人数最多的群体多达 130 人。政治社会经济转型导致的对利益机制的制度化不足，使制度体系与社会发展不平衡，如何通过利益诉求表达和利益制度化机制化来化解地方社会矛盾，成为社会冲突治理面临的挑战和困境。

表 6—2　　　　　　　　　B 市 2016 年重大信访事项表

重大信访事项	数量	占总量的比例	群体抗争数量	群体抗争在同类信访事项中占比
拆迁安置	11	20%	5	45%
土地问题	9	16%	6	67%
利益群体	7	13%	6	86%
社会保障	11	20%	6	55%
经济纠纷	15	27%	11	73%
环境问题	2	1%	1	50%
总计	55	100%	35	64%

资料来源：B 市排查重大信访事项表（55 起）

通过对信访重大事件的分析，说明民众的权利诉求是由于制度化不足造成的，仅仅通过强化社会冲突治理并不能从根本上解决问题，县域政府耗费了大量的时间和经济成本来解决问题；但信访人却选择不断上访或越级上访来维权，导致社会处于局部不稳定状态。

二　不确定性困境：社会冲突治理结果的随机性

在社会冲突治理过程中，以县为直接责任人的压力型考核体系、权责不对等使县域社会冲突治理行动工具化。所谓不确定性困境主要是指县域政府以"不出事"为原则，以稳控手段替代了维权目标，社会冲突治理的效果因时机、影响力和方式而呈现随机性。不确定性困境主要表现为县域政府社会冲突治理行为的效果因时、因事、因人而异。许多组织在实际运作过程中会背离其原来的正式目标，甚而追求其与原来相悖的目标。默顿提出当"一种工具性的价值变成一种终极性的价值"时会发生目标替代的过程[①]。稳控本来是工具性目标，其根本价值在于通过维护民众的合法权益进而实现社会秩序和长治久安。在社会冲突治理过程中，以县为直接责任人的压力型考核体系、权责不对等使县域社会冲突治理行动工具化，县域政府以"不出事"为原则，稳控手段替代了维权目标，社会冲突治理的结果因时机、影响力和方式而呈现随机性（见表6—3）。

表6—3　　　　　　　　　县域政府与民众行动、策略及后果

因素	类别	县域政府社会冲突治理行动	民众维权行动	后果
时机	敏感时期/非敏感时期	建立稳控责任制重点排查、稳在当地开口子	越级访、集体访、会场访等围堵省、市机关大门等	政府回应能力增加，开口子时机形成；民众抗争风险增大，维权实现机会增大
影响力	政治影响力/社会影响力	快速回应启动问责领导批示特事特办	引发媒体关注、网络动员引发政府、领导重视	社会影响力越大，政府回应越快；政治影响越大，越有可能特事特办

---

①　Robert. K. Merton, Social Theory and Social Structure, New York：The Free Press, 1957.

因素	类别	县域政府社会冲突治理行动	民众维权行动	后果
方式	组织化程度/规模大小	瓦解抗争精英集团重点稳控快速反应	制造集上体访大规模动员建立组织	组织化程度越高，政府越重视；规模越大，越有可能得到回应

（1）政府与民众行动的"时机"是影响其结果的重要因素

从时机上来看，可以分为敏感时期和非敏感时期，敏感时期是社会冲突治理的重要时机，其效果与非敏感时期有明显不同。所谓敏感时期包括重大节日如五一、七一、十一、春节，各级政府开展的重大活动期间如全国、省、市"两会"、党代会，或者如奥运会、重大国际性会议等。在所谓的敏感时期，面临更大的来自上级的"确保不出事"的问责压力，县域政府进入"强稳控"时期。开展专项治理、建立重点群体、重点人群稳控责任制以及将"开口子"作为敏感时期的常规化社会冲突治理行动。

一是开展社会冲突治理专项行动。从上级如地市级政府到县乡政府"针对两会期间对信访工作提出具体明确要求"，要针对"赴京非访和赴京到省来市集体上访，围堵省、市机关大门的现象"进行重点整治，县域政府也会对敏感时期的稳控工作进行部署安排，全面排查、稳控重点人员、稳控重点群体成为敏感时期的重要策略，这些措施虽是治标不治本，但已经成为县域政府社会冲突治理的常规化举措。县域政府在重大节日、国家重大活动期间全力稳控确保不出事的运作惯例，作为一种较为普遍的目标替代行为，与社会冲突治理的制度环境形成的诱因结构有关。这些制度环境主要包括政绩评价机制、责任机制和制度化的利益实现和调节机制等。"对于一些特殊人群、老上访户，我们这里几乎每个村都有，上头一开会都要问他们在哪、干什么，如果不在还不敢明说。一说不在得赶紧找，看人在哪里。要调动所有资源，如邻居等一起帮忙稳控，村里干部大老远看看，我跟谁关系好的，调动关系好的，让盯着别让乱窜，有的用非常手段，打听他的嗜好，爱喝酒的找人陪他喝酒，喝得晕晕的就不动了，这事拿不到桌面上，但是达到的目一样，稳定住就行了"。① 两会、国庆节期间，上级政府要求各县（市）区和重点市直部门要集中开展信访不稳定因素的拉网式排查工作，要更加细致地排查各类苗头隐患。以 B 市为例，在 2015 年"两会"期间，B 市政府要求各乡镇、街道上报重点稳控人员、重大稳控事项以及重要的特殊利益群体，要求"加大矛盾纠纷和群体性事件排查力度，在重点行业和领域，不留死角和盲点"。B 市将涉军、涉艾、民师、非法集资等各特殊利益群体作为排查重点稳控群体类别，将城建拆迁、企业改制、劳动社保、双拖欠等作为排查重点领域，明确了该市 122 个信访重点稳控人员和重点稳控信访事项。在敏感时期，要更好地做好群众诉求表达以便将信访群众吸附在当地。B 市要求领导开门接访、主动下访、了解群众诉求，避免发生非正常上访等问题。"全市各单位尤其是乡（镇）、街道办事处要认真落实领导干部接待群众来访制度。每天坚持保证 1 名领导班子成员在单位的群众来访接待场所实行全天候开门接访，确保群众反映问题有人接、事情有人管；要认真落实领导干部下访制度。各单位领导班子成员保证每周至少一天时间深入到分包联系的村（社区）企业等单位了解民情民困特别是要深入到信访群众家中了解诉求疏导思想帮助解决问题；各单位党政主要领导或接访领导要借助空闲时间或接访时间与信访人见面，听其诉求答疑解惑，切实将信访群众吸附在当地。"②

二是建立重点群体、重点人群稳控责任制。基于政府害怕出事的焦虑预期，抗争民众倾向于选择在特殊时间段采取措施进行维权抗争。一些"重点人群"想方设法京访、集体访、省访，而县域政府除了做好信访值班，通过截访、拦访解决一部分问题以外，对重点人员进行稳控，"稳在当地"成为县域社会冲突治理的重要工作。B 市要求各乡镇街道制定重点稳控人员和特定利益群体稳控方案，除了拿出各乡镇稳控人员和特定利益群体名单以外，还要制定并严格落实四包一责任制，对每一名重点稳控人员，各乡镇（街道）社区干部、片区警察、办事处分包领导以及网格长组成稳控责任人。对于重点稳控群体，B 市落实了责任单位和稳控单位，责任单位由重点利益群体相关的委局承担，稳控单位由利益群体所在属地

---

① 资料来源：课题组对 C 市 QL 镇信访办工作人员访谈录音整理。
② B 市政府内部资料：《"两会"期间关于做好近期稳控工作的通知》，2017 年。

乡镇负责，责任到人，委局和乡镇一把手党政正职为责任人。要求各单位"明确任务、明确时间，把稳控措施落到实处，确保不失管、不漏控"。以 QP 街道办事处为例，2016 年排查出重点稳控人员 32 名，其中每个重点稳控人员，有 2 名社区干部、1 名片区警察、2 名办事处分包领导以及 1 名网格长组成稳控责任人（见表6—4）。一旦发现稳控人员有上访迹象或到会场、代表住地反映问题的苗头，要立即采取行动，"严防出现拦车短路、冲击会场、拦截代表等现象及赴京非访事项发生"。

表6—4　　QP 街道办事处 2016 年特定重点稳控人员稳控责任表

序号	姓名	反映问题	村/社区干部	片区干警	办事处分包干部	网格长
1	麻某 麻某 麻某	ZJ 侵占其宅基地问题	麻某支部书记 徐某社区主任 徐某社区副主任	周某	宋某纪检书记 白某纪检科长	李某
2	李某	要求享受居民待遇问题	徐某社区副主任 杨某社区组长	周某	宋某纪检书记 白某纪检科长	刘某
3	王某	复转退军人	刘某社区主任 王某社区副主任	王某	尚某副书记 樊某税源办主任 王某宣教科科长	李某
4	楚某	反映十一组 JX 园安置房分配不公问题	麻某支部书记 徐某社区主任	周某	宋某纪检书记 白某纪检科长	刘某
5	李某	工行协解人员，做好稳控	徐某社区副主任 杨某社区组长	周某	宋某纪检书记 白某纪检科长	刘某
6	朱某	宅基地问题	周某支部副书记 于某社区组长	周某	宋某纪检书记 白某纪检科长	赵某
7	姚某	家庭困难	麻某支部书记 徐某社区主任	周某	宋某纪检书记 白某纪检科长	刘某
8	李某	购刘某楼因纠纷房东断水	郭某支部书记 刘某社区主任 刘某社区副主任	江某	孙某副主任 王某统计科长	周某

续表

序号	姓名	反映问题	村/社区干部	片区干警	办事处分包干部	网格长
9	王某	工商局下岗人员,反映待遇问题	杨某支部书记	王某	吕某副主任	刘某
			王某社区主任		钱某农办主任	
10	孙某	志愿军,反映待遇问题	郭某支部书记	楚某	刘某纪委副书记	罗某
			范某社区主任		罗某党政办主任	
			梁某支部副书记			
11	郭某	房屋分配有问题,二孩没有宅基地问题	赵某支部书记	赵某	岳某工会主席	周某
			李某社区副主任		樊某长效办副主任	
12	郭某	房屋分配有问题,二孩没有宅基地问题	郭某社区主任	赵某	岳某工会主席	周某
			李某社区副主任		樊某长效办副主任	
13	赵某	宅基地问题	赵某支部书记	赵某	岳某工会主席	韩某
			陈某支部委员		樊某长效办副主任	

资料来源:B市QP街道办事处特定重点稳控人员排查稳控责任表

三是成为"开口子"解决疑难问题的时机。敏感时期,县域政府回应能力更强,官僚组织的形式主义和拖延作风得到抑制,能够对民众抗争作出快速回应。B市要求各委局乡镇街道全力解决上访反映的问题,最大限度地把问题解决在属地,"要运用经济、政策等综合手段,维护好群众利益,实现'合理诉求问题解决到位、诉求过高思想教育到位,生活困难帮扶求助到位'的工作要求。对待重点人员和重点事项问题,一件件处理,最大限度地把问题解决在属地。对能够解决的,要加快进度全力予以解决;对暂时不能解决的,要制定化解方案,明确责任人员;对上访反映的问题已解决,但仍要求过高的,要切实做好稳控引导。坚决防止推诿扯皮等工作行为致使处理期间问题恶化、信访群众情绪激化,导致越级访、到会场集访、恶性访事项发生"。①

尽管敏感时期的民众抗争行动风险更大,还是会有很多上访老户、利

---

① B市政府内部资料:《"两会"期间关于做好近期稳控工作的通知》,2017年。

益群体选择国家以及地方重大活动期间，采取抗争行动。而维权行动会受到更高层行政领导的重视，受到更多的关注，甚至会导致政府酝酿出台某种政策来解决某一类问题，例如在 B 市调研期间，因 2000 年左右国企改革期间而下岗的工人群体的医疗保险诉求问题而多年上访的利益群体，因为党代会召开在即，市委最终出台政策决定拿出几千万来解决下岗工人的医疗保险问题，尽管政策只是部分得到执行，仍然能够说明时机与维权行动的后果有很大的关系。在敏感时期，县域政府也会强化责任追究，并加大打击力度，"因调处不及时、稳控不利、信息不灵等不作为因素而引发越级集访、赴京集访、非访，甚至形成负面影响较大事项的，从严追究相关责任单位、稳控单位及有关人员责任"。① 同时，县域政府会加大打击力度，对长期缠访闹访和非访行为，坚决依法给予处置，规范信访人行为，确保信访人依法逐级反映诉求、维护权益，以确保社会稳定的实现。

（2）影响力是决定政府与民众行动效果的另一个重要因素

许多学者注意到了互联网影响力，其中以韩恒的研究最具代表性，他敏锐地洞察到：网络曝光等是一种压力性回应模式，网络公共舆论作为民众影响政府的机制，会发挥巨大的影响力，地方政府会不得不做出压力性回应。② 影响力越大，维权实现的可能性越大。抗争行动的影响力可以分为社会影响力和政治影响力。所谓社会影响力主要是指抗争者通过舆论引起媒体、社会关注从而形成对政府的压力以达到维权目的；网络群体性事件就是其中一类，抗争群体通过制造网络影响力、引起媒体关注以及网络动员等方式向政府施压。而民众也会充分利用如互联网形成的社会影响力，网络群体性事件就是利用互联网影响力维权的"话语修辞"。政治影响力指的是个人或组织由于占有、运用一定的公共权力或与之相关的资源而具有的一种能力。③ 民众在大信访格局以及上访体制下，通过越级上访、面见各级一把手、冲击会场等，引起"上面的重视"，如领导批示、特事特办等，形成政治影响力，达到诉求表达和诉求解决的目的。从效果上来看，社会影响力越大，政府回应越快；政治影响越大，越有可能特事

---

① B 市政府内部资料：《"两会"期间关于做好近期稳控工作的通知》，2017 年。

② 韩恒：《网络公共舆论的生成与影响机制》，《河南社会科学》2011 年第 1 期。

③ 蒋芳：《政治影响力及其社会来源》，《重庆科技学院学报》2007 年第 3 期。

特办，促进问题解决。

通过放大社会影响力，达到维权目的。在众多已经曝光的群体性事件中，事件的最后的结果跟维权的影响力和方式有很大的关联性，通过制造网络影响力，民众维权经过波折最终获得成功的案例有很多。乌坎事件中乌坎村民的维权抗争最终能够得以圆满解决，与互联网形成的网络舆论影响力的助推作用有很大相关性。以乌坎事件为例，乌坎事件的舆情传播过程，可以很好地诠释当前互联网作为网络公共舆论媒介的影响。在乌坎事件的互联网传播过程中，前期 BBS 发挥了比较重要的作用，村民通过BBS 发帖促进了网民对事件的了解和村民诉求的知晓。根据网上资料来源，人民网舆情监测室监测分析，在乌坎事件发生的前半期即当年的 9 月到 11 月，传统媒体一直处于失声阶段，报道量接近于零，与互联网上网民对乌坎事件关注度日益升高显现出明显对比（见图 6—1）。① 而在后期，由于微博的发力，大大推升了该事件的舆情热度。而乌坎事件舆论关注度走势图也展示了互联网是如何打破信息的权威控制，互联网参与主体的匿名性和自主性特征，给网民提供了独立性和自我表达性空间，其倡导功能更为显著。而 12 月 21 日，互联网媒体和传统媒体的报道量达到了峰值，事件最终得以圆满解决。

案例概况：2011 年发生的广东省乌坎村民群体维权抗争事件，乌坎村民因地方政府盗卖土地并上访无果后，于 9 月 20 日大约 400 人到陆丰市政府大规模上访，提出了财务审计、土地权益、村委会民主选举等权利诉求。前期，陆丰市（县级市）政府对乌坎村民到市政府上访请愿、矛盾激化围攻派出所与市政府、投掷石块和推翻警车等行为采取了高压的态势，与此同时，陆丰市政府也成立工作组对村民提出的五大诉求进行调查处置。据 12 月 10 日陆丰市副市长通报，公安部门已经抓获 "9.21" 事件中为首打砸分子庄烈宏等人，并将继续追捕事件其余犯罪在逃人员，加紧推进取缔 "乌坎村村民临时代理事会" "乌坎村妇女代表联合会" 非法组织的工作。但总的来看，根据汕尾市领导的回应，市、县政府认为，乌坎村事件的根本不是村民维权问题，而是领导干部不作为、稳控不到位问

---

① 庞胡瑞：《广东乌坎事件舆情研究》，人民网，2012 年 1 月 4 日，http://yuqing.people.com.cn/GB/16788483.html

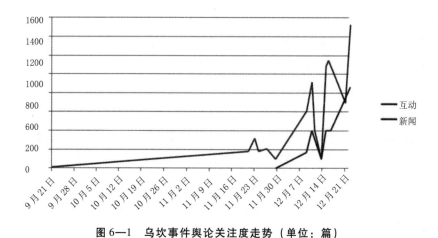

图6—1　乌坎事件舆论关注度走势（单位：篇）

资料来源：庞胡瑞，《广东乌坎事件舆情研究》，人民网，2012 年 01 月 04 日

题，"应从乌坎村事件中吸取教训，今后将要求干部把接访群众、解决信访放在工作的第一位，要落实责任制包案解决，用纪律甚至法制限制领导干部不作为"。乌坎村事件冲突会升级也在于"落后地区群众容易出现'有诉求就过激，一过激就违法犯罪'的现象"。①

通过凸显政治影响力，实现维权目标。民众所占有的体制性政治资源受到体制以及能力等方面的限制，政治影响力有限，但在大信访格局以及上访体制下，民众诉求的表达以及诉求解决，通过越级上访、面见各级一把手等重要领导，引起"上面的重视"，通过领导指示、引起高层次领导重视、造成政府困扰等行为，形成该维权行动的政治影响力，通过扩大政治影响力，促进维权诉求的实现。

案例 A16 苗某上访案例中，已经 80 多岁的苗某持续至今的上访案例可以发现，获得政治影响力大小与上访者维权诉求能否得到回应和解决存在很大的关联性。事件初期从 1991—1996 年，在提供的事实证据被查证属实的情况下，苗某坚持上访 5 年不但使存在违规行为的责任人孙某没有得到应有的处罚，也因此招致了孙某对苗家断电、不办户口、甚至企图绑架杀人的报复行为。但在事件中后期，政治影响力的获得对苗某维权诉求

---

① 百度百科词条：乌坎事件，https://baike.baidu.com/item

的解决起到了重大的推动作用，1997 年苗某上访时得到"在河南省视察的国家领导"的接见，引起政府部门对其维权诉求的充分重视，解决了其家里供电和给儿媳上户口等问题。2002 年，苗某冲击中共十六大会场，闯进人民大会堂，以极端方式寻求政府和领导的关注，不久之后幕后主使孙某绑架杀人的报复行为得到解决，孙某被依法提起公诉，同案犯也因犯罪事实确凿，被依法判刑。苗某信访事件的发展进程明确体现了政治影响力对民众维权的目标的实现效率具有显著影响，这也是解释民众为了得到政府重视持续采取极端手段的原因。

（3）维权行动方式是影响抗争结果的重要因素

从维权方式来看，组织化程度和抗争规模对维权后果有显著影响。一方面，维权抗争的组织化程度越高，政府越重视，越有可能被纳入决策范围，退伍军人维权政府最为重视，因为组织化程度最高。另一方面，抗争规模越大，越有可能得到回应。访民们为引起政府的注意，往往会采取拉亲戚朋友凑数的方式，制造集体访的事实，以及通过网络动员、大规模集体抗争等方式增大政府的关注和重视度。在一些环境抗争以及社区维权事件中，维权民众往往通过网络动员，使尽可能多的人们参与到群体事件中，他们通过组建微信群、采取散步、静坐、聚集等引人注目的方式，迫使政府不得不回应。下面的 2016 年湖北潜江市民抗争引进农药厂事件，由于市民选择了大规模集体抗争的方式，市民的环境抗争问题得到顺利解决，以下为湖北潜江市民环境抗争事件过程：

2016 年 6 月 27 日，湖北潜江发生了大规模的游行抗议活动，大量市民通过微信群动员、如传播"潜江市民请愿书"等，集体抗议潜江市政府引进新的项目——奥古斯特农药厂。当日早上 9 点 30 分左右，大量市民自发融入到市政府门口抗议队伍，聚集到潜江市中心地段前往政府门口，民众一路走一路高喊"还我干净潜江，让农药厂滚出潜江，坚决抵制建农药厂"。大家随后进入政府大院办公楼前抗议，并要求市领导接见，回应市民的权利诉求，最终市政府在政府网站发布文告称，决定停止引进奥古斯特农药厂项目。当大家从政府网站上看到公告后，才结束了这次抗议行动。虽然后来，潜江市纪委监察局对"6·27"事件中，党员干部、公职人员参与组建微信群传播游行消息、利用微信群传播"潜江市民请愿书"、擅自上街游行等违反政治纪律行为严肃查处，给予党政纪处分9人，诫勉谈话5人，批评教育40人，[①] 但市民的环境权利抗争的诉求得到满足。[②]

第二节　县域社会冲突治理实践探索

一　社会冲突治理规范化探索

各地县域政府在社会稳定的巨大压力下，探索了一系列新的措施、策略、方式和方法，并从组织、规则等方面对具体的实践探索加以规范化，所谓规范化主要是指通过组织程序规则的再造，重新建构基层社会冲突治理的规则和资源。以规范化为导向，强化地方实践探索的社会冲突与矛盾化解策略。其主要表现为新的组织体制的建立、各种规范性文件的制订或者是体现为流程与规则的制订等。通过规范化，使县域社会冲突治理行为在形式上呈现更为科层化、程序化与标准化的特征。当前，各地的社会冲突治理改革实践探索主要关注了大维稳格局的构建、协商平台建设、诉求表达及利益协调制度化等方面。

1. 组织重构：大维稳格局的构建

结构是社会行动的生产和再生产为根基的规则和资源，也是系统再生产的媒介。[③] 而结构化是社会个体或组织通过有目的的行动产生社会秩序的过程。中国作为后现代国家，现代化的国家政权建设和社会转型体现为组织、程序和规则演变的"再结构化"过程，这一过程在县域社会冲突化解体制机制建设中体现得尤其明显。在前面的研究中，笔者关注了县域动员式社会治理这一县域社会治理模式，县域政府在社会冲突治理中，通过建立动员型的组织、制度和网络，使运动式治理成为县域社会治理常规机制的一部分，并使动员式治理从一种动员机制演化为常态机制[④]。需要

---

① 潜江市监察局：《关于对"6·27"事件问题查处情况的通报》，潜江市纪委网，2016年8月25日。

② 张蓓：《湖北潜江停止引进奥古斯特项目：设计年产万吨农药产值15亿》，澎湃新闻网，2016年6月27日。http://www.thepaper.cn/newsDetail_forward_1489887。

③ 安东尼·吉登斯：《社会的构成——结构化理论大纲》，生活·读书·新知三联书店1998年版。

④ 樊红敏、周勇振：《县域政府动员式社会治理模式及其制度化逻辑》，《中国行政管理》2016年第7期。

指出的是，县域政府科层机制的再结构化过程就是动员式社会治理模式建构的过程，这一过程包括社会治理机构的再组织化、社会冲突化解机制的程序化和规则化三个层面。下面我们就此来分析地方社会冲突治理的再结构化的实践探索。在社会治理体制上，各地建立了县、乡、村、小组四级综治体制，也包括横向的人大、政协等社会稳定统合体制，具体表现在一是各地在市、县区都建立了小组体制，如维护稳定工作领导小组、社会治安综合治理委员会、信访稳定工作领导小组、处理信访突出问题及群体性事件联席会议等；二是探索建立和完善县、镇、村、村小组四级综治中心建设工作，在乡镇层次各地探索了大综治中心的治理体制，在村组层次探索了村综治站等；三是各地探索建立了包村包案机制，使人大、政协、法院、检察院都参与到社会冲突治理工作中。以下典型案例呈现了各地在社会冲突治理体制再组织化的探索。

（1）构建大综治格局

安徽六安市建立乡镇大综治格局。六安市整合乡镇（街道）综治办、群众工作站、为民服务中心、派出所、司法所、法庭、民政等资源，建立社会管理和群众工作服务中心以及综治信访工作中心，村（居）建立群众工作室和网格化服务管理工作站。[①]

落儿岭镇探索建立镇村综治体系。落儿岭镇设立镇综治工作中心和群众工作站两个群众工作平台。配备 2 名综治协管员，建立健全了联调、联防、联动、联治、联创工作机制。在每个村设立综治工作站和群众工作室，每个村民组配齐中心户长、治安信息员和群众工作员。由镇综治办牵头，依托基层调解力量，成立"大调解"工作领导组，各村建立标准化调解委员会，实现镇、村调解组织网络的全覆盖。[②]

广东梅州市蕉岭县镇级社会治理服务中心改革。蕉岭县成立镇级"社会治理服务中心"，负责社会建设、社会治理工作，并整合涉农对外服务事项，设立社会治理服务中心办事大厅，按照窗口办理——中心督

---

① 《安徽省六安市："654321"行动计划》，人民网，2015 年 07 月 29 日。http://leaders. people. com. cn/n/2015/0729/c395832 - 27378877. html。

② 《把平安扎在农村土壤里 把和谐写在百姓心坎上——霍山县落儿岭镇加强和创新社会管理》，安徽先锋网_ 中共安徽省委组织部，2012 年 01 月 12 日。http://www.ahxf.gov.cn/Home/Content/139005？ClassId = 339。

办——限期办结三个程序，常年为群众办事提供"一站式"的服务，实现了"进一扇门、找一个岗、办所办事"。①

河北肃宁县推行农村维稳组织全覆盖，被称为"3+1"维稳工作机制。"3"是指在村一级建综治工作站，在过去的村民小组或现居住小区建综治小区，综治小区再往下，每10户设一综治小组。综治工作站下设综治专干、信息员和调解员，主要对接乡村社会稳定和安全问题；综治小区，管40到60户农户；综治小组，由一名威信较高的村民牵头负责。"1"是指在各个村组建一支专门的治安巡防队，通过专职巡防队与每家每户村民轮流参与相结合的方式，在本村进行治安巡逻。②

（2）建立包村包案机制

自20世纪90年代以后，"包保责任制"在基层信访治理中扮演着重要角色。进入21世纪以来，在信访问题愈演愈烈的情况下，各县市区在信访稳定方面，都建立了包村包案机制，实行包保责任制。包括市县领导干部、法检领导干部、人大、政协委员包案负责制等。在信访治理工作中，重点针对那些长期上访、缠访，尤其是偏好越级、进京上访者，基层政府通过实施"包保责任制"，以期在基层工作人员和老上访户之间建立制度化的联系。当前，这一制度已经从非正式制度转变为了一项与科层制度相融合的正式制度，并得到了各级政府的认可，上级政府同意以官方文件的形式公开要求开展"包保责任"工作。

安徽六安市实行"五包"大接访模式。所谓"五包"大接访模式是指通过"市委常委包县区、市政府领导包部门、县区领导包乡镇、乡镇领导包村片、'一委四长'包涉法涉诉"的"五包"大接访模式，做实领导接访。同时实行"四专"措施，化解信访积案，即采取专班化解重点信访案件、专组解决涉法涉诉个案、专人包保服务重点人员、专项资金救

---

① 《梅州市蕉岭县探索推进镇级"一办一中心"改革》，人民网，2015年07月29日。http://leaders.people.com.cn/n/2015/0729/c395832-27378821.html。

② 《河北肃宁：推行"四个覆盖"农村社会管理新模式》，人民网，2012年03月22日。http://theory.people.com.cn/GB/40557/218049/218059/17460404.html。

助特困对象。①

广东龙门县探索实施人大代表、政协委员包案、接访制度。如建立代表委员接访日制度、带案下访制度、包案制度以及代表委员与职能部门联合接访、联合调处制度等，通过开展由1000多名代表委员参加的"人大代表创建和谐责任区"活动和"政协委员守法诚信、清风正气、关注民生、促进和谐"活动，将人大代表、政协委员统合进社会冲突化解体制机制中。②

S镇落实综治信访工作包保责任制，实行信访"四包一"制度。笔者所调查的S镇实行信访"四包一"制度，"四包一"制度中"包"即业务分包包干，"保"即确保落实，综治信访工作包保责任制要求一级包一级、一级对一级负责，并与年度目标考核挂钩。S镇信访"四包一"制度即每个信访案件由乡镇一名副科级（及以上）领导担任包案领导，同时成立信访案件处置小组，成员包括包案领导、乡镇包村干部、信访人属地村干部、包片民警等，四方联动，协调解决。"四包一"制度要求包案领导做到"五包、四亲自"，即"包掌握情况、包解决困难、包教育转化、包稳控管理、包依法处理""亲自走访当事人、亲自与上访人谈心、亲自调查研究、亲自抓督办落实"。"四包一"制度并严格限定了自交办时间至结案的处理时限，并对在化解矛盾纠纷期间发生重复赴京到省来市上访事项的，对包案领导予以通报批评、诫勉谈话等处分。③

（3）基层党建工作机制探索

党的十八大强调推动基层党建工作创新，加强基层服务型党组织建设；党的十八届三中全会进一步强调充分发挥基层党组织的作用，各地围绕"区域化党建""党建联合体"等创新基层治理模式，在原有村、居委会的基础上，统筹设置基层党组织如党工委、片区书记等，形成以乡镇（街道）党工委为核心、社区党组织为基础、吸纳其他主体如社区组织、党员等主体参与的网络化服务体系。以下为河南省A市的探索。

①《安徽省六安市："654321"行动计划》，人民网，2015年07月29日。http://leaders.people.com.cn/n/2015/0729/c395832-27378877.html。
②《龙门县以"六创新六促进"积极探索社会管理新机制》，人民网，2011年08月08日。http://theory.people.com.cn/GB/40557/218049/218059/15355234.html。
③资料来源：引自信访访谈专项调查案例。

A市以党建为统领创新基层社会治理的经验探索：2014年以来，A市面对资源型经济转型发展的背景下，提出了以党的建设全面过硬推动经济社会全面发展的工作理念，以压实市乡村三级主体责任为核心，抓住乡镇党委书记和村支部书记这两个乡村干部队伍的"关键少数"，建立了"选、扶、考、奖、培"工作机制，夯实基层治理基础，一定程度上破解了当代中国基层治理过程中"治什么""如何治"的问题。（具体做法如下）第一，加强"基层组织"建设。一是建立第一书记选派制度。A市从市政府各单位选派120名优秀年轻干部，任村党支部"第一书记"；抽调60名优秀副科级干部，下派到"软、散、乱、穷"的村任第一书记；从市重点委局选派55名副科级干部任贫困村"第一书记"。二是建立联系分包机制。实行市级领导联系乡镇制度，每个乡镇由2至3名市级领导联系，指导乡镇理清发展思路，协调解决突出问题，帮助化解疑难信访案件；实行市直单位联乡包村制度，选派40个重点委局联系20个乡镇办事处，并分包2至3个村，明确加强两委班子建设、党员干部教育、社会治安稳定、推动经济发展等工作职责和任务；实行机关干部分包贫困户制度，共分包5543户贫困户，帮助解决贫困户在发展生产、增加收入等方面的实际问题和困难。三是建立"一村一警"工作机制。从市政法机关选派459名优秀干警分包全市459个行政村，明确化解矛盾纠纷、社会治安防范等职责，对表现突出、成绩明显、群众认可的包村干警予以委托，是党员的任命为村支部第一副书记，不是党员的任命为村委会第一副主任，强化村级班子建设。第二，选优配强村党支部"带头人"。A市采取"两推一选""公推直选"面向社会公开考选、乡镇党委委派等方式，选拔素质高、能力强有奉献精神的党员任村支部书记。对软弱涣散、选不出支部书记的乱村，探索实行异地挂职制度。建立村级组织后备干部人才库，解决了村级组织"青黄不接""后继无人"的问题。2014年以来，共整治软弱涣散村级党组织46个，选拔优秀村党支部书记429人。目前，A市442名村支部书记平均年龄由过去的54.6岁降低到现在的48.4岁，大专以上学历占28.5%。第三，压实县、乡、村"三级党组织"主体责任。一是压实市委主体责任。出台关于调整完善市级领导班子责任明确、分工负责、科学推进工作的意见，将全市各项工作纳入9个领导小组管理，各领导小组组长由市委常委担任，副组长由人大或政协分管领导担任，代表市委对分管工作行使决策权、拍板权、考核权，以及分管领域干部的任免建议权，把四大班子的力量捆绑在一起。二是压实乡镇党委和市直单位党组织主体责任。制定各级党组织落实主体责任考核评价机制，在乡镇，确立"六项底线工作、重大项目建设、经济社会发展指标""三大主体工作"。同时，围绕"主体""底线"工作，开展考评，考核结果与乡镇党委和市直单位党组织业绩评定、干部职务晋升等相挂钩，实行奖优罚劣。三是压实村级党支部主体责任。出台关于进一步加强村（社区）支部书记队伍建设的意见，选优配强村党支部书记。同时，进一步完善村党支部书记岗位目标责任制，以乡镇为单位每月对村党支部书记进行绩效考核。①

2. 流程再造：社会矛盾化解的程序化和规则化

在科层治理中，诉诸规则和程序化运行，有利于科层治理吸纳抗争、维持或者变革原有结构、从而增强地方政府对社会抗争吸纳及回应能力。在社会矛盾化解机制程序化和规则化运行方面，各地围绕规范县、乡、村权力运行、信访依法治理、社会诚信建设、创新诉求表达机制、协商平台建设、冲突化解机制等方面，在程序化和规则化方面进行了大量的探索。

（1）权力运行规范化探索

地方政府从县、乡、村级政府科学确权、阳光晒权、规范用权、严格控权入手，以"权为民用、执政为民"为目标，在权力透明化、程序化、规范化运行方面进行了大量探索，如县、乡、村权力清单制度、阳光政务等。

浙江省宁海县村级权力清单36条。2014年，宁海县通过在乡镇（街道）试点的基础上，梳理出台村级权力清单36条，同时，配套出台各项制度，改革和深化农村基层治理工作。第一，出台了《宁海县村级权力清单36条》，厘清村干部权力边界，建立村级权力清单。宁海县村级权力程序化、规则化运行探索，梳理出小微权力36项，该清单涵盖了村级重大事项决策、项目招投标管理、资产资源处置等19项村级公共权力事项以及村民宅基地审批、计划生育审核、困难补助申请、土地征用款分配、村级印章使用等17项便民服务事项，基本实现了村干部小微权力运

①　郑永扣主编：《河南社会治理发展报告（2017）》，社会科学文献出版社2017年版。

行程序化的全覆盖，涉及村民所办事项在 36 条内都能找到依据。第二，绘制权力运行流程，规范村级权力事项，编织小微权力笼子。宁海县围绕 36 项村级权力事项，绘制了 40 余项权力行使流程图，村级权力事项的名称、具体实施的责任主体、权力运行的操作流程、权力事项的来由依据、运行过程的公开公示、违反规定的责任追究等 6 个方面内容逐项明确，确保村级权力运行"一切工作有程序，一切程序有控制，一切控制有规范，一切规范有依据"。绘制流程图一方面简化办事操作程序，另一方面规范村干部用权。第三，建立三级联动监督问责机制。宁海县在村级权力公开的基础上，构建了由上级党委及政府、村监会、村（社）群众有机统一的三级监督系统。在上级党委、政府监督层面。制定了《宁海县农村干部违反廉洁履行职责若干规定责任追究办法（试行）》，明确了村干部违反 36 条规定的 56 项具体行为，细化了责任追究的标准，为 36 条的实施提供制度保障。各乡镇（街道）建立了包括重大村务审核制、村干部目标管理责任制、述职述廉和民主评议制以及辞职承诺制等在内的制度体系，规范村级事务办理。在村监会监督层面，进一步制作《村务监督明白卡》《村务监督对账单》和《村务监督地图》，方便村监会对照 36 条开展全程监督。试点推行"乡贤议事会"等制度，扩充村务监督队伍，搭建更有效的村务监督平台，进一步发挥村监会的职能作用。在村（社）群众监督层面，打造了宁海"阳光村务网"和数字电视信息平台，借助一网一平台，群众随时可以查询到村级事务办理情况。①

（2）协商机制建设探索

协商机制是在处理公共事务、进行公共治理的过程中，在鼓励民众民主参政议政的制度环境下，为了保证实现利益相关者的价值诉求与利益因素之间的互动，解决价值分歧和利益冲突，实现价值认同与达成价值共识的目标，而有意识、有目的地管理各利益相关者之间的关系，以求达成有关评价决策的规范体系和制度安排。协商机制具体体现在协商的依据、规范、内容、步骤和策略等方面。通过实践探索，各地调动政府和社会力量，纷纷搭建固定、开放的协商平台，覆盖各个利益群体和行政区域，并

---

① 李人庆：《依法治村如何可能——浙江宁海小微权力清单改革的案例研究》，《中国发展观察》2014 年第 12 期。

邀请利益相关方借此平台表明利益诉求和立场、商议对策，实现了社会各方协同治理矛盾冲突。

广东佛山三水区两级议事会联动探索协商机制建设。针对农村基层协商中开会难、决议难以及协商效率低的问题，三水区推行了"组为基础，两级联动"的村组两级议事会制度。一是建立了协商议事的组织架构。两级议事会是由村民议事会和村小组议事会组成。村民议事会和村小组议事会分别是由村民（代表）会议和村民小组会议授权，受其委托，在授权范围行使村组两级自治事务决策权、监督权、议事权，讨论决定全村或小组日常事务，监督村民委员会工作的常设议事决策机构，并对村民议事会召集人和成员资格进行了明确的规定。二是规范协商程序。两级议事会由村民议事会和村小组议事会组成，制订了议事会章程，村民议事会会议据此由村党组织负责人负责召集并主持，每月至少召开一次，须有五分之四以上成员到会方能举行。三是引入约请制度。本村能解决议事会议题直接由议事会讨论决议；涉及需要相关部门配合的问题，议事会引入约请制度，约请相关职能部门和企事业单位现场协商交流并解答议事成员提出的问题，加强了镇、村沟通。四是建立了村民议事会决议制度。规定对村民议事会所做出的决定有异议时，可以由本村三分之一以上村民代表联名，要求将议题提交村民代表会议。对村民小组议事会所做出的决定有异议的，可以由本村十分之一以上年满18周岁村民联名，要求将议题提交村民小组会议进行审议并作出决定。[①]

深圳市盐田区打造县乡村组四级协商平台。2014年以来，盐田区探索协商平台建设，共打造了四个协商平台：一是在区级层面打造专题议政平台，政协牵头优化重大专题协商机制。围绕区党代会确立的战略目标，区政协每年选定一个中心主题开展专题协商。二是在区直单位层面打造对口协商平台。围绕区委、区政府重大决策落实和盐田发展的热点难点问题，在区政协专委会和区政府职能部门之间展开对口单位协商。三是在街道和社区层面打造社区共治协商平台。由街道和民主党派主办，依托社区政协委员工作室，召集居民代表、民主党派人士、政府部门公务员、专家学者

---

① 张树旺、李伟、王郅强：《论中国情境下基层社会多元协同治理的实现路径——基于广东佛山市三水区白坭案例的研究》，《公共管理学报》2016年第2期。

等召开社区共治协商会。四是在提案工作方面完善提案办理协商平台。由区领导干部领办提案、政协成员分工负责、主动协调，采取专题调研、实地考察、协商座谈、现场评议等方式开展协商活动，建立提案协商平台。①

（3）诉求表达机制探索

党的十八大要求畅通和规范群众诉求表达和权益保障渠道，所谓利益表达渠道是指各种利益主体在一定的社会生活空间下，表达自身利益的途径和方式。畅通的利益表达渠道不仅是执政党和政府获取社会信息、了解民情民意进而制定社会政策、解决社会问题和对社会实施有效管理的前提条件和基础，也是社会各利益主体伸张权益、求诉利益的重要通道。② 各地围绕诉求表达制度化从信访、人大、政党、媒体、基层社区等多种渠道、多种方式进行了探索。

福建邵武市建立"民生110"一体化公共服务平台，回应民众诉求表达。邵武市整合警务110、市长热线及政府职能部门的投诉电话，开通统一的24小时服务热线，与公安110电话联动，只要拨打110即可得到及时回应和对接服务，纳入"民生110"平台。并依托行政服务中心，建立综合性的公共服务平台，"民生110"服务中心在受理群众热线后，可直接指令相关单位开展警情处置、社会应急求助、突发事件救援等，对接落实群众反映事项，并将处理结果反馈至服务中心，由中心对当事人进行电话回访。③

重庆打造民情传递网，畅通民意表达渠道。为有效解决政府部门对居民诉求反映层层衰减的问题，重庆市于2014年依托全市党建云信息化平台建设，以"互联网＋群众工作"为切入点，构建了覆盖市、区（县）、街（镇）、村（社区）、村民小组（社区网格）的五级联动"服务群众工作信息管理系统"（简称"群工系统"）。"群工系统"依托互联网与"阳光重庆"、114热线、华龙网、区县长信箱等各类受理群众诉求的信息平台对接整合，并与微信、短信、QQ等即时通信工具联通，共设置9个项目："事项反映"窗口，即可向村、社区提交所求、所盼、所愿；"民事

---

① 钟瑞兴：《打造协商平台 增强协商实效》，人民政协网，2016年01月04日。http：//www.rmzxb.com.cn/c/2016 - 01 - 04/664450.shtml。

② 王勇：《城市化进程中失地农民的利益表达》，《华中师范大学》2007年第4期。

③ 刘明辉：《多中心协同的治理创新——以邵武"民生110"为例》，《中国领导科学研究年度报告》2015年版。

代办"窗口，即可了解有关证件、事项的申办条件、所需材料等；"村居公开"窗口，所在村（社区）的党务、财务、政务、服务公开情况；"政策咨询"窗口，群众可查询与自己生产生活生计密切相关的政策规定；"就业推荐"窗口，可轻松便捷掌握就业岗位信息，发布个人求职信息；"求诊问医"窗口，可轻松搞定医院预约挂号；"扶贫帮困"窗口，可跟踪了解、精准扶贫困难帮扶情况；"通知下达"窗口，即是由上至下部署工作发布信息；"便民服务"窗口，可查询生活账单、交通出行、失物招领等；若群众不方便或不会使用群工系统，也可以向所在村（社区）便民服务中心反映。

群众通过系统提交问题后，系统启动环环相扣的办理程序，并确定每一个环节的责任单位、责任人和时间期限；群众可以借助系统实时跟踪进度，对结果进行评价。首先，群众可用微信、QQ或网页在"村民小组和社区网络"界面直接提交问题，"村民小组和社区网络"负责收集群众问题并提交给村居；"村居便民服务中心"对提交的问题进行核查和办理，不能办理的向镇街提交；"镇街公共服务中心"接收后进行办理，不能办理的则向区县提交；"区县行政服务中心"对提交的问题进行研判、转办和督办考核，不能解决的向市里提交；"市级指挥中心"对区县上报的问题进行综合分析研判和统筹协调解决。[1]"群工系统"工作流程大致如下（见图6—2）：

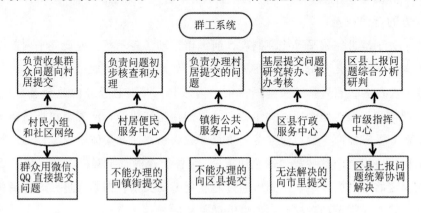

图6—2 重庆"群工系统"工作流程图

① 王丁：《以"互联网＋"打通群众工作"最后一公里"》，《重庆日报》，2015年11月2日。

3. 机制建设：冲突化解机制探索

随着中国经济社会转型和利益多元化，协调社会利益关系、满足社会多元利益需求成为社会和谐的关键。各地围绕利益协调机制建设如劳资关系和矛盾、基层利益表达和利益协调等进行了多元化探索，通过搭建利益协调机制，关注并正确处理社会中的多元利益关系和利益诉求，从而达到化解社会冲突、维系社会秩序的目标。

广东河源市劳动关系三方协调机制探索。自 2012 年起，河源市在以广东三友集团有限公司、农夫山泉广东万绿湖有限公司等作为试点企业的基础上，出台了《河源市创建和谐劳动关系先进企业暂行办法》，建立了"十项制度"，包括劳动合同制度、集体协商制度、员工收入分配制度、劳动标准制度、企业规章制度、用工制度、执行社会保险制度、安全生产制度、工会组织制度和内部调解机制。以上探索为劳动三方关系协调机制建设提供了制度依据。劳动关系三方调解的内容主要包括：推进和完善集体合同制度和劳动合同制度；处理企业改制改组过程中的劳动关系；制定和实施最低工资、工作时间、劳动安全卫生、女职工和未成年工特殊保护、职业技能培训、社会保险等政策；协调劳动争议；建立职工民主管理和工会组织等。通过构建起政府部门、职工、企业三方的协商平台，进一步加强企业用工管理，切实维护企业和劳动者双方的合法权益。

关于推进完善平等协商制度，河源市推动了各示范企业设立了内部交流沟通平台，充分听取员工意见和建议。如市移动公司通过成立员工代表联席委员会，召开员工关爱项目年中沟通会，开展总经理沟通会等方法，实现与职工面对面沟通。关于劳动争议的预防和协调，河源市积极搭建劳资双方平等协商平台，建立劳动争议仲裁简易程序和集体争议案件处理特别程序，构建调解仲裁"绿色通道"，对各类投诉举报案件依法、依程序在规定的时间内办结。河源市通过制度化劳动关系，探索推进三方协商机制，切实保障劳动者权益，和谐劳动关系。①

浙江温岭"民主恳谈会"以乡镇人大为平台的利益协调机制探索。

---

① 《河源市创新劳动管理构建和谐劳动关系》，人民网，2014 年 7 月 9 日。http：//leaders. people. com. cn/n/2014/0709/c382918 - 25259460. html。

学界大多将从温岭启动的"民主恳谈会"视为协商民主或参与式民主模式来看待，其实以乡镇人大为平台的"民主恳谈会"更是一种基层利益协调机制。民主恳谈会有普通群众代表和行业代表共同组成。行业代表由所在乡镇按照职业类别选取，普通群众代表则由自愿报名和随机选取产生。民主恳谈会的议题、时间、地点、参加方式等会前张贴告示并发放基础资料；而后，镇政府组织召开民主恳谈预备会，将代表们召集到镇会议室，就恳谈会议题进行讨论。民主恳谈会的进行一般包括以下程序：民意代表报到，并上交填好的调查问卷；大会进行第一次集中，主持人就恳谈会的会议章程、规范、议题、安排等内容向与会代表进行介绍。而后，各代表到相应的小组对提案开展小组讨论和第二次集中讨论；接着进行第二次小组讨论和第三次大会集中讨论；最后，由党委书记或镇长宣布最终决定。民主恳谈会种类包括对话型民主恳谈、决策型民主恳谈、参与式预算民主恳谈会、工资集体协商会等。当地民众利益属于哪一层级，可以自愿参加到该层级的民主恳谈会中。在民主恳谈会期间，参与者在充分讨论的基础上基本达成共识，最大限度地达成利益共识的形成，并促进公共利益的实现。目前，从温岭发端的"民主恳谈会"其可持续性虽然受到了质疑，但以乡镇人大为平台的利益协调机制探索具有极强的示范意义。①

二　社会冲突治理法治化探索

党的十八届四中全会《决定》提出要强化法律维护群众权益、化解社会矛盾的权威地位，引导和支持人们依法表达诉求、维护权益；把信访纳入法治化轨道，保障合理合法的诉求可以得到合理合法的结果；完善人民调解、行政调解、司法调解联动工作体系，有效防范和化解影响社会稳定的问题。《决定》强调通过法治思维和法治方式全方位推动实现社会冲突治理法治化。社会冲突治理法治化作为社会主义法治体系的组成部分，要在法治框架与宪法体制下，形成综合性的配套法律制度，并依照法律规

---

① 郎友兴：《中国式的公民会议：浙江温岭民主恳谈会的过程和功能》，《公共行政论》2009 年第 4 期。

则和法定程序，以法治思维和法治方式化解社会矛盾。① 本书中法治化是指通过建立和完善有效解决矛盾纠纷和社会冲突的法治机制，使法治成为化解矛盾纠纷和社会冲突长效的制度化手段。各地围绕树立法治理念、信访法治化、矛盾化解中司法权威性与专业化等方面进行了大量探索，主要关注点在于引导律师参与信访、落实诉访分离和依法终结制度规范信访秩序、推动司法介入综治等。

1. 律师参与矛盾化解

党的十八大以后，国家积极推动建立律师参与信访工作机制，律师作为第三方，通过与政府建立衔接机制、成立专门的组织等方式，向政府部门和民众宣传和培育法治理念和法治思维，提供专业性指导和咨询，引导政府部门和普通民众运用法律手段解决矛盾纠纷，推进信访工作法治化。各地围绕律师参与信访，在成立律师服务团体、购买第三方律师服务、建立基层法律服务机制等方面进行了探索。

四川省绵阳市组建"律师信访服务团"，建立"访调援"对接机制。绵阳市在全市招募30名优秀律师，组建律师服务团队，建立轮流值班制度，参与市领导接访和重大涉访涉稳案件的处置；市县（市区）两级在信访局建立信访法律援助工作站，将申请法律援助的标准和条件、范围、受理程序等进行公示，信访局与司法局各配备一名联络员，负责接待、协调对信访群众涉法案件的服务工作，开辟重大社会稳定事件"绿色通道"，快速受理、指派、处理。建立了"访调援"对接机制，由访调衔接机制、访援衔接机制、援调衔接机制组成，访调衔接机制通过建立"访调援"联动工作站，对符合人民调解标准的各类矛盾纠纷进行现场调解或由"大调解"协调中心组织调解；访援衔接机制通过各级法律援助机依据相关法律规定对信访人进行法律援助，协助信访部门处理信访案件，化解矛盾纠纷；援调衔接机制是指市县两级人民调解组织和法律援助机构合力化解矛盾纠纷，法律援助机构可将受理的案件委托给人民调解组织进行调解，而人民调解组织也可将申请法律援助且符合条件的事项指派给法

---

① 周孟珂：《"维稳"呈现法治化走向》，《中国社会科学报》2016年6月1日第7版。马长山：《我国维稳策略的反思与重构——以法治思维和法治方式为视角》，《北京联合大学学报（人文社会科学版）》2013年第3期。

律服务者进行法律援助。绵阳市通过建立"访调援"对接机制，有效强化了群众的法律思维，群众运用法律方式解决问题的意愿和能力明显提升。①

上海杨浦区政府购买律师服务，建立"政府—律师—信访人"三元矛盾化解机制。杨浦区从 2009 年开始通过政府购买服务的方式，引入"第三方律师事务所"，创建"政府—律师—信访人"的新型三元信访矛盾化解工作机制，嵌入信访制度。这一工作机制，从三个方面参与信访工作。一是核查信访积案。杨浦区委区政府要求相关部门和办事机构提供办理积案一切所需信息和材料，明确律师调查积案的合法身份、调查范围和程度，对所查各项积案出具《尽职调查报告》和《律师意见书》，并提出解决意见。二是律师参与信访工作决策。杨浦区邀请律师事务所与相关部门参与起草《杨浦区拆迁信访突出矛盾化解暨终结操作规程（试行）》和《杨浦区拆迁信访突出矛盾化解暨终结操作规程实施细则（试行）》等文件，将矛盾化解工作分为"基层工作""方案审核""方案论证""资源保障"和"律师工作"五个小组，明确各组成员和职责，从制度上建立"政府—律师—信访人"三元矛盾化解机制，以构建法治化的信访矛盾化解制度框架。三是建立购买律师服务长效机制。杨浦区委区政府以政府购买社会组织服务的方式，与第三方律师服务机构"市民诉调中心"建立合作关系。由第三方律师服务机构以杨浦区信访联合接待大厅和天一市民诉求调解中心为平台，并借助动迁基地、街道社区等在四个方面开展工作：一是在区信访接待大厅接访，为信访人直接提供法律咨询服务；二是深入参与信访矛盾化解，直接受理信访人提出的信访化解要求，并向信访部门备案；三是以信访代理人的身份，以法律手段维护信访人合法权益；四是深入街道、社区进行普法宣传，为弱势群体提供法律援助、代写法律文书等。②

长沙市雨花区探索建立社区法律顾问模式。雨花区通过建立"一社区（村）一法律顾问"制度引导基层群众通过合法途径表达利益诉求，

---

① 《绵阳市"访调援"衔接机制结硕果》，绵阳市司法局部门网站，2013 年 12 月 27 日。http://sfj.my.gov.cn/bmwz/941268819089817600/20131227/892571.html。

② 《上海市杨浦区"政府—律师—信访人"信访矛盾三元化解机制模式探索》，人民网，2015 年 6 月 26 日。http://leaders.people.com.cn/n/2014/0616/c382918-25155894.html。

化解矛盾纠纷。雨花区政府以服务费 5000 元的标准，每年拨付 82 万元专项经费购买公共法律服务，为各社区（村）配备一名律师；制定并实施《雨花区法律顾问制度》，明确规定社区法律顾问的选聘程序、权利义务、工作制度和考核办法，公开选拔专业律师，组建法律顾问服务库和律师团队；根据社情村情合理安排法律顾问，如在拆迁任务重的区域，安排擅长处理城市房屋拆迁纠纷、租赁纠纷的律师，在邻里纠纷多的区域，安排擅长民商事案件的律师等。在具体做法上，社区法律顾问制度主要有三个方面内容：一是定期开展服务。律师每月在规定时间内到驻点服务社区（村）开展法律服务；二是进行专项督查。司法部门定期检查法律顾问工作，征求群众对法律顾问的满意度和工作建议；三是绩效考核与薪酬激励相结合。结合群众测评结果，司法部门对律师进行考核等次评定，将考核结果与年服务费挂钩，提高社区法律顾问工作效果。①

2. 信访依法终结和诉访分离

社会矛盾纠纷以案件形式进入司法领域，出现司法诉讼与信访交错，法内处理和法外解决并存的现象，导致涉诉信访处置非程序化、权益化、空转化，影响了信访秩序。② 2014 年国家出台《关于依法处理涉法涉诉信访问题的意见》，提出进行信访制度改革，实行诉访分离，建立涉法涉诉信访依法终结制度。这一改革核心是通过完善诉访相关制度、机制，培育法律精神和法律思维，在实现诉访分离的基础上，把涉法涉诉信访案件纳入司法渠道解决，推动实现涉诉信访的依法终结，引导基层社会矛盾与纠纷化解回归法治轨道。各地围绕诉访分离和信访依法终结也开展了相关创新实践。

（1）诉访分离

"诉访分离"是信访运作过程中为实现涉诉信访依法终结采取的制度安排，运用司法处置的程序和方法，将涉法涉诉信访案件导入司法程序予以最终解决。各地为推进诉访分离，在创新诉访分离工作机制上进行了探索。

---

① 《长沙市雨花区司法局社区法律顾问工作成效明显》，湖南司法行政网，2016 年 8 月 1 日。http://sft.hunan.gov.cn/xxgk_ 71079/gzdt/jcdt/201608/t20160801_ 3117445.html。

② 谢家银、陈发桂：《诉访分离：涉诉信访依法终结的理念基础与行动策略》，《中共天津市委党校学报》2014 年第 6 期。

浙江省建立"六级接访"机制，落实"诉访分离"改革思路。浙江省法院主导在全省建立法院领导预约接访、法院中层领导轮值接访、信访部门领导随机接访、立案大厅干警常规接访、驻京工作组异地接访、网络视频远程接访的"六级接访"机制，在高院诉讼服务中心分类设置负责登记、刑事申诉、民事再审、行政再审、执行事项及信访事项的接访窗口，对群众反映的属于"诉"类事项的，依法及时导入相应诉讼程序，信访秩序持续好转。①

陕西省佳县建立"六位一体"诉访分离工作机制。2015 年，佳县从组织领导、办理程序、终结办法、司法救助、依法打击、责任追究六个方面构建了诉访分离工作新机制，由办案单位领导，办案民警、法官、检察官组成专项小组参与案件化解，严格审查涉法涉诉信访案件，实行对口转交和办理，对依法导入司法程序的信访案件，由归口司法机关依法处理；对不服从引导进行闹访滋事、缠访不止、甚至采取极端方式严重扰乱社会秩序的行为依法追究。②

（2）信访依法终结制度

涉诉信访依法终结以实现"诉访分离"为基础，以实现案结事了、息诉息访为目标，依照法定程序处理涉诉信访案件。各地在落实诉访分离的基础上，从制定相关法规、创新案件终结工作机制、规范终结程序、打击无理和非法上访等方面展开了一系列探索。

江苏省采取信访终结"六步工作法"，有效终结"老户"上访。江苏省信访局针对无理上访老户采取"六步工作法"，一是由县乡部门进行全面排查，确定上访老户范围；二是县级信访部门组织上访人及涉访单位参加集中会办，面对面解决涉访事项；三是对集中会办处理意见不认可并坚持继续上访的，邀请人大代表，政协委员相关单位领导、法律工作者、有时也包括新闻媒体等人员，召开听证会并给出处理意见；四是县级信访部门填写《无理上访老户申请登记表》，上报市信访部门进行确认，并做出结论；五是由市级信访部门将无理上访老户认定结论报省级实行终结认

---

① 徐隽：《让涉诉上访户"弃访转法"》，《人民日报》，2016 年 11 月 30 日。

② 《佳县建立"六位一体"诉访分离工作新机制》，榆林新闻网，2015 年 1 月 29 日。http://www.xyl.gov.cn/html/news/2015 - 01/163538.html。

定；六是对省级终极认定的结论不服从的上访老户，进入社会公示程序，以市为单位，由市信访局召开新闻发布会，在报纸、电视等媒体向社会各界公示无理上访老户名单及无理上访问题，并以文件形式发送县乡信访部门存档备案。经认定公示的无理上访老户，因同一问题再到各级部门上访，明确规定不予登记，存在非法上访行为的，依法进行处置。①

四川省建立党政主导的信访终结移送机制。四川省高院探索建立了党政主导、严格移送、依法终结、基层帮扶的涉诉信访终结移送新机制，明确界定司法与行政的职能，严格司法复查终结程序，合理配置司法救济手段和社会综合治理手段。对于反复上访的案件，由高院组织涉诉单位和人员、人大代表、政协委员等共同参与听证会，审定终结案件，并报送省高院和审判委员会审核。涉诉信访案件经审核后，已息诉罢访的涉诉信访案件，依照法定程序移动至省信访联席会议及党政办公室复审、备案与公示；对于没有息诉的信访终结案件，由省联席办在审查完毕7日内移交给各市（州）联席会议，各市（州）联席会议在收到移交函7日移交给各县（市区）联席会议，各级党政及信访部门不再受理，由当地党政部门成立帮扶小组，加强稳控。移送案件采取一案一册一报告制度，案件资料涵盖审理报告、终结结论、信访原因分析、后续工作建议等15个方面内容。移送终结案件时，终结案件清单同步报送党政部门备案，并输入涉法涉诉信访终结案件查询系统数据库，有效改善了终而不结的现象，终结后反弹上访率下降为2%。②

河南省畅通涉诉信访渠道，集中甄别处理和终结涉诉信访案。河南省法院推动建立针对审判流程的统一管理系统，开通网上诉讼服务平台，搭建由微信、微博、微视组成的"三微"联动平台和信息查询平台，为群众提供远程接访、预约立案、进度查询、法律咨询、投诉举报等服务；明确法官办案行为规范，畅通涉诉信访渠道。制定《全省法院集中甄别依法终结涉诉信访案件活动方案》，对各类案件进行分类，规范案件终结的标准，公开终结的过程，对最高法院给出审判结果、经过省法院再审维持原判或复查驳回、检察院做出不抗诉决定的案件，没有新的理由和事实证

---

① 《江苏省采取"六步工作法"终结"老户"上访》，《山东信访》2006年第9期。
② 蒋皓：《四环节确保涉诉信访案依法终结》，《法制日报》2014年9月17日。

据的，启动终结审查程序；对接受过大额救助，并做出过息诉罢访保证，省委政法委或省联席办已有结论的，不再纳入集中甄别处理台账；对非法代理、上访牟利，组织、煽动、串联违法上访等行为，参照民诉法的规定，予以罚款、拘留；对以极端方式上访，后果严重或影响恶劣的，涉嫌犯罪的，依法追究刑事责任。[①]

3. 司法介入社会矛盾化解

司法介入社会矛盾化解是基层政府化解纠纷的主要方式。司法通过介入信访、民调等，在矛盾化解的前端进行先行调解，在矛盾化解的终端进行排查巩固，最终调解裁定书以司法文书的形式进行公示。司法的有效介入疏通和拓展了矛盾化解渠道和方式，增强了社会调解的权威性和有效性，推动了社会调解的法治化和制度化进程。各地围绕司法介入社会矛盾化解展开了一系列探索，主要有三种模式：一是司法部门搭建矛盾化解平台，解决专项矛盾案件，建立专业化"快速通道"；二是司法介入民间调解，成立调解组织，将现代法治秩序与传统治理秩序相融合；三是司法主导探索多元主体参与的矛盾化解机制。

（1）司法部门主导搭建矛盾化解平台

司法部门主导搭建平台，建立专门的司法调解中心，将涉法涉诉案件集中专项解决，既提高社会矛盾化解效率，又促进诉访有效分离。各地司法部门通过设立巡回法庭、诉讼服务中心等方式，展开了不同的探索。

河南省三门峡市下属的义马市设立"便民巡回法庭"，建立矛盾化解快速通道。义马市在实地调查的基础上，探索在群众工作部设立"便民巡回法庭"，配备庭长、副庭长、陪审员、法警等工作人员，负责调解处理民事、刑事、行政、执行等方面的信访案件，即群众工作部移送的案件、全市基层群众工作网络移送的案件、市群众工作和维护稳定领导小组交办的案件、市法院审理案件中引发的信访案件、当事人提出要求换员执行的执行信访案件等；将调解贯穿于接访、立案、庭前、庭审、庭后、执行等各个阶段，并以实现诉前调解为主，确保法律效果和社会效果的有机统一；向群众印发便民联系卡，公开法庭 24 小时热线电话，在全市重点社区开展法律知识宣讲活动，引导群众通过法律渠道解决问题；对于行动

[①] 冀天福：《河南集中甄别依法终结涉诉信访案》，《人民法院报》2014 年 2 月 23 日。

不便的群众和影响较大的案件，实行上门服务、现场办公、巡回办案，简化立案程序、组成合议庭就地审理，尽快通过法律渠道解决矛盾纠纷。①

D市二七区成立诉讼服务大厅，快速解决社会矛盾。D市二七区于2011年10月成立多功能诉讼服务大厅，设案件受理、诉讼引导、诉前调解、立案受理、财产保全、速裁速执、信访化解、服务大局、诉讼监督9个服务中心，由诉前指导中心做总调度。完善诉讼引导，设两名专职诉讼引导员负责引导案件当事人、查询案件、联系法官；加强诉调对接繁简分流，对所有欲成立的案件，取得当事人同意后，由诉前调解中心聘请的调解员进行诉前调解，调解不成立再由立案受理中心进行案例分流，对案情简单、证据齐全、当事人争议不大的案件，由速裁中心当庭处理，三日内下发判决或裁定，或由执行和解中心当庭执行，减轻当事人诉累；对大厅不能迅速解决的复杂案件，再分流到各业务庭进行处理；整合多方力量，鼓励人大代表、政协委员、政法委干部到法院诉讼服务大厅参与诉前化解，同时与区司法局合作，成立律师代理申诉工作站，为当事人提供免费法律服务；强化诉讼监督，由区人大、政协、纪检监察、区检察院、区信访局在信访接待中心和诉讼监督中心派专人到大厅参与信访处理或诉讼监督，持续完善诉讼服务，有效促进辖区社会矛盾化解。②

（2）司法介入民间调解

民间调解具有程序灵活快捷、方式丰富、"法""情"结合的特征，但存在调解程序不规范、调解人员法律业务水平欠缺等问题。司法介入民间调解能规范民间调解程序，增强民间调解结果的权威性，提高民间调解的法治化水平。各地为引导司法介入民间调解，从司法委托民间调解组织、主导成立调解组织等方面进行了探索。

山东曲阜成立"和为贵"调解室，建立非诉讼渠道纠纷解决机制。曲阜市司法局于2014年在全市建立"和为贵"调解室，由各村支书兼调解室主任，并选聘3—5名威望高、具有一定的法律知识和专业素养的年长村民担任调解员，司法局定期组织人民调解员培训班进行培训，统一调

---

① 《河南义马率先在信访部门建立便民巡回法庭》，人民网，2009年3月20日。http://society.people.com.cn/GB/97741/125113/125437/8999602.html。

② 《二七区法院多措并举打造服务新平台》，河南省高级人民法院，2016年10月19日。http://www.hncourt.gov.cn/public/detail.php?id=167011。

解流程，依法调解村（居）内各类矛盾纠纷。"和为贵"调解室主要通过把法制、德教知识和理念融于人民调解文化建设当中，营造"以礼相让、以理服人、以德教人、德法融合"的调解氛围，将司法介入民间调解前移，有效预防矛盾纠纷产生；实行"民情夜会"制度，面对面与群众交流沟通，了解社情民意，推行"零点夜查巡防"，了解村居治安状况；组织村民学习掌握法律法规，普及法律知识，积极引导群众依法维权。司法部门通过主导成立调解室介入民间调解，构建了法治、自治与德治合一的纠纷解决渠道，大大提高了调解成功率，有效地化解了社会矛盾。①

（3）司法主导、多元参与矛盾化解机制探索

司法主导、多元参与化解社会矛盾是法治化探索的新趋势，是指在矛盾纠纷化解的整个过程中，以司法部门为主体，调动多元司法资源，引导行政机关、民间调解组织、社会组织、居民等参与的矛盾化解机制。各地已有的实践探索多从矛盾化解的前期介入研判和后期核查巩固展开，有效提高了调解成功率。

湖南双牌县建立司法介入"二次调解"机制。双牌县"二次调解"机制是指对基层司法所不能调解成功的复杂疑难案件，在案件宣布调解终结后，由县级司法行政组织资深干警、律师、公证员、法律援助工作者、调解员等组成"第三方"对案件进行"会诊"，讨论可行的解决办法，再作一次深入调解工作。"二次调解"机制采用上下联动方式，对于重大案件，由乡镇调委会、司法所拟定处理意见，并将处理意见上报"二次调解"办公室审查备案，签署意见后方能向当事人提出调解方案或拟定处理意见；对于基层无法调解或调解不成功的案例，在宣布调解终结后 7 日内，以书面形式将案卷移交"二次调解"办公室，在 30 天内由责任领导组织调解人员收集证据、现场勘验、制作笔录，组织"第三方"召开专题研讨会，制定调解方案，组织双方当事人调解；根据民事审判普通程序，由人大代表、政协委员、调解人员、律师、公证、司法鉴定、法律援助、基层政府工作人员，普通群众等组成 6 支调解小分队开展不定期巡回

---

① 薛艳雯：《孔子故里的农村版"小法庭"调解纠纷 400 余起》，《中国劳动保障报》，2014 年 11 月 15 日。

调解，快速解决基层社会矛盾，有效防止矛盾激化升级。[①]

河南省虞城县司法服务多元化推动化解社会矛盾。虞城县司法部门推动建立和完善诉讼服务台、人民调解工作室、立案调解工作室、社会法庭等多种机构，将司法与行政调解、人民调解衔接，实行"判前释法、判后答疑"制度，借助县、乡、村三级力量，充分发挥综治单位、行政人员、人民陪审员、基层调解员、村委干部以及人大代表、政协委员的调解作用，判前释明法院认定的事实和依据，引导民众合理合法诉讼，判后依据《立案信访大厅值班制度》，引导当事人服判息诉；与社会调解组织对接，开展进社区、进企业、进村镇、进学校、进军营"五进"活动，协助基层社会调解组织化解矛盾纠纷，将矛盾纠纷解决在基层。[②]

三　社会冲突治理社会化探索

社会冲突化解社会化，是指通过培育第三方仲裁组织及社会性纠纷协调组织，吸引多元社会主体共同参与社会冲突治理，并规范各主体行为边界、参与程序等，以形成化解社会矛盾和社会冲突的社会性机制，改变当前社会冲突化解主体单一导致的政府角色失当问题，进而达成社会良性治理。有学者提出"促进民间组织的发育，形成化解社会矛盾和社会冲突的社会性机制"，从而走出维稳怪圈[③]；有学者提出"变革行政权主导的一元化治理模式，积极培育非政府组织，实现国家—市场—社会三者之间的合作治理"；[④]"转变政府职能，强化政府作为规则和程序制定者以及矛盾调节和仲裁者的角色"；[⑤]"完善非政府组织参与社会冲突治理的制度和

---

① 双牌县：《建立"二次调解"机制，化解社会矛盾纠纷》，人民网，2011 年 12 月 21 日，http：//expo. people. com. cn/GB/57923/226143/226149/16676131. html。

② 《河南省虞城县司法服务多元化推动化解社会矛盾》，豫都网，2015 年 10 月 21 日。

③ 清华大学社会学系社会发展研究课题组：《以利益表达制度化实现社会长治久安》，清华大学社会发展论坛，2010 年 4 月。

④ 唐皇凤：《"中国式"维稳：困境与超越》，《武汉大学学报（哲学社会科学版）》2012年第 5 期。

⑤ 应星：《超越维稳政治学——分析和缓解社会稳定问题的新思路》，《学术前沿》2012 年第 7 期。

法律基础、准入和评价机制"① 等。与学者的关切相呼应，当前全国各地围绕社会冲突治理社会化也已经开展了多样化探索，多元社会主体成为参与当地社会治理的重要力量。

1. 地方精英参与社会治理

苏州市姑苏区建立"苏锦能人库"，动员"能人"参与社区治理。2013 年，苏州市姑苏区苏锦街道建立了社区"能人库"，通过社区居民自愿报名登记，将社区内能人分为民生类、文体类和调解类等三类。民生类的能人主要参与为老人和残疾人理发、义诊、陪护聊天等活动；文体类的能人主要开办摄影、书法、戏曲等活动；调解类的能人主要利用自己的声望和公正的断决，调解处理社区居民的矛盾纠纷。社区居委会则在社区居民遇到困难时，从"能人库"中找到可以帮助解决问题的能人，协助事项解决。"苏锦能人库"充分发挥社区能人骨干的引领作用，既有利于社区居民困难的解决，又减轻了社区的工作压力，是"政社互动"社区治理模式的有益尝试。②

福建省漳浦县枋林村发挥内生制度效应，传统组织宗族在村庄社会治理中有效发挥作用。枋林村位于福建省漳州市东南部，是革命老区村，全村土地面积约 400 亩，人口 800 余人，村民大都为林姓，经济上以水稻、蔬菜、龙眼、荔枝种植等农业经济为主。在村庄治理和公共活动组织上，枋林村采取了村委会与宗族管理并行模式，前者主要负责计划生育、社会保障等民生工作，宗族则主要保证村庄传统文化活动的有序开展与存续，联结宗族成员并维护村内的秩序稳定。枋林村宗族治理采取"长者监督——分班管理"模式。长者主要是指村庄中熟知宗族传统文化、具备宗族活动的组织与管理经验、在村庄内享有较高声誉的老年人；"分班管理"是指以一户为单位，在宗族的基础上根据血缘亲疏关系将血缘直系的几户不均等地归为一班，每班的带头人由村里的长者每年定期在祠堂进行讨论并在神明面前抽签决定，当地称这种带头人为"头家"，在几名"头家"之中还会产生一名"大头家"对宗族的公共事务进行总体协调。

---

① 胡锐军、杨卡：《非政府组织在社会冲突治理中的双向功能及其发展路径》，《广西师范大学学报（哲学社会科学版）》2015 年第 3 期。

② 《江苏苏州市姑苏区苏锦街道发动居民参与社区建设和民主自治——"能人库"助力社区治理》，人民网，2015 年 1 月 13 日。

目前，枋林村共有 9 个班，这九个班分别辖管 13 户—26 户不等。平时枋林村开展传统公共活动所需经费按宗族人口均摊计算，由各班"头家"向其成员户收取，例如修建戏台、传统节日庆典、祠堂维修等。

在实际运行中，枋林村的宗族治理在维系村庄内宗族情感、化解村民矛盾等方面起到了巨大作用，村民的红白喜事能够得到宗亲的热情帮助，而宗亲互助活动又加深了村民间的情感与联系。村民间的日常矛盾也主要通过宗族进行调解，一般情况下，同属一"班"的，由"班"内长者进行调解，分属不同"班"的，则由矛盾双方所在的"班"与"班"之间进行调解。宗族协调矛盾机制既能够使矛盾纠纷得以解决，又有利于矛盾双方感情的挽回和修复，避免直接诉诸法律造成的邻里不和与感情伤害。例如，2006 年 5 月，枋林村 A "班"曾发生一起严重的婆媳矛盾。男户主在外打工，家中事务多由儿媳妇打理，家里正在兴建新房子又恰逢农务繁忙季，儿媳妇请婆婆在新房子帮忙打理看管，事后几天，婆婆患上哮喘病，村里传言是新房子冲撞了老人的气运，婆媳两人因此恶吵，言急之下，婆婆拿起木棍狠打儿媳妇并辱骂其娘家人，鉴于二人的身份关系和"长者至上"的传统观念，儿媳妇并未对婆婆还手。事后，儿媳妇只能暂住在当地娘家，其娘家人咽不下气，找到 A "班"最有资格发话的叔公，双方就此事进行调解。A "班"叔公分别与当事双方进行交谈了解情况，鉴于双方说辞不一，叔公找了当事人的左邻右舍了解情况，寻找传言的源头并倾听了 A 班其他成员的看法，最终结果是婆婆处事不当、理亏在先，而儿媳在整个过程中与婆婆的沟通方式也失当。对此，叔公先后三次与婆婆进行谈话教育，同时联系并告知男户主。并对当事儿媳进行沟通劝解，婆媳双方大事化小、小事化了，一段时间后，双方重归于好。①

　2. 民间调解制度化探索

当前我国在调解领域不断建立完善了大调解工作机制，强调在党委政府的统一领导下，由政法委综合治理部门牵头协调，司法行政部门业务指导，以调解为手段，整合各种调解资源协调处理社会矛盾纠纷。其中，民间调解制度化也是大调解工作机制的一部分。与人民调解组织相比，民间调解组织更多的带有自发性、民间性。各地围绕民间调解的调解人员构

---

① 资料来源：来自课题组 2016 年访谈笔记。

成、调解过程、调解协议确认等各个阶段的规范化、程序化、法治化，探索在保证民间调解独立性、第三方特征的基础上，实现民间调解与法治的有效融合，保证民间调解的合法性与有效性，如社区层面建立民间调解组织，引入司法介入、吸纳律师社工等精英参与等。

（1）推动多方参与调解制度化

辽宁辽阳市文圣区成立"调解评议团"。2014年6月6日，辽宁省辽阳市文圣区"人民调解日"活动正式启动，确定每月第一个周五为文圣区的"人民调解日"，由区政法委牵头，区党代表、人大代表、政协委员、村（居）民代表、律师、行业技术人员等志愿组成五个"调解评议团"，深入到各个乡镇、街道调解矛盾纠纷；制定了案件调解申报、跟踪随访、后续落实、反馈等环节的规章制度，构建矛盾纠纷发生地、责任单位、涉事部门协调联动机制。主要工作流程为深入走访调研，初步筛选调解评议案件；确定调解评议案件；现场调解评议矛盾纠纷。通过"人民调解日""调解评议团"等系列制度，推动建立多方参与调解制度。例如，东京陵街道接官村的兰氏兄弟因房子问题引发家庭矛盾，其母去世后，大哥认为早年盖房子自己的贡献较大，房子应归自己所有；而弟弟因幼时残疾，生活无法自理，由妹妹照顾，由此四个妹妹认为房子应归弟弟所有。双方意见相左争执不下，关系一直很僵，街道人民调解委员会多次调解未果。区"调解评议团"介入后，在村民代表、社会贤达和律师的共同调解下，双方达成和解，大哥放弃房屋所有权，事件最终平息。[①]

（2）探索建立在线调解机制

河北省廊坊市通过社区居民网上调解系统，建立在线调解机制。2008年7月，廊坊市启动社区居民网上调解系统。在社区居民发生矛盾时，可以进入网上调解系统，系统工作人员根据调解需求预约在线调解室。而后三方同时进入预约的私密调解室进行会谈，调解矛盾。如果需求专业知识人员，还可以通过QQ群、视频等现代网络手段反映问题，将法律工作者与调解员或事件双方当事人联系起来，利用网络便捷高效的特性，及时化解矛盾。同时，建立社区调解员与被调解对象"一联一"调解互助制度，通过及时持续的在线沟通协调，解决当面无法有效调解的案例。网上调解

---

① 郑有胜：《让和谐春风吹进每个家庭》，《辽宁日报》2014年10月21日。

方式便于社区工作人员更方便地和居民进行交流，群众也通过这个平台了解调解工作的进展情况，畅通沟通渠道，使居民各方的利益得到了协调。①

（3）建立社会矛盾联合调解机制

浙江省宁波市设立邻里纠纷调解中心，建立社会矛盾联合调解机制。该市江东区积极探索社会矛盾联合调解机制，在区一级，由区政法委牵头组织成立区社会管理服务中心，集中司法、工会、信访等部门，整合人民调解、行政调解与司法调解资源。在社区一级，以社区综治警务室为平台，组成由社区民警、法制促进员、社区调解员、和谐促进员、结对律师等共同参与的邻里纠纷调解中心。引入调查—取证—陈述—质证—辩论—达成协议—回访的程序化调解模式，并在达成调解协议后，及时引入司法确认程序，确保调解协议的履行。②

重庆市黔江区开展"星级调解室"创建活动，推动民间调解规范化。自 2012 年起，重庆黔江区推动"星级调解室"创建工作，通过健全管理机制，推动民间调解规范化。黔江区建立了一系列民间调解管理机制，一是成立创建活动领导小组，明确综治办 4 名工作人员负责日常事务。并按照"属地管理，分级负责，归口办理"原则，区委政法委、区综治办负责对全区各级调解组织创建活动的领导和指导，区司法局负责对基层人民调解工作的业务指导、监督和检查，将"星级调解室"创建情况纳入全区平安建设和社会治理工作重要内容，作为年底考核的重要依据。二是将"星级调解室"分为一星、二星和三星三个等级，每一等级在基础设施、组织建设、工作要求、制度上墙、运行规范、业务指标、经费保障、档案规范等方面均有明确要求。三是在人员组成上，按照懂政治、懂法律、懂政策、会做群众工作的"三懂一会"要求，调解室广泛吸纳资深的退休干部、退休教师、退休法官以及群众信赖、放心的基层干部作为人民调解员，增强调解工作的实效性、权威性。星级调解室日常密切关注所在村、社区的稳定和谐状况，当有矛盾纠纷发生时，调解委员会前往案（事）

---

① 《全省首创廊坊市社区网上调解》，廊坊新闻网，2009 年 6 月 10 日。http://www.lfnews.cn/viewnews-55770.html。

② 崔小明：《江东区织就社会矛盾化解网》，《宁波日报》，2011 年 3 月 19 日。

发第一现场查看情况、协助相关单位进行取证调查，化解纠纷、消除矛盾，为居民争取应得利益，安定治安秩序。"星级调解室"是民间公益组织与人民调解制度合作的产物，与政府部门或民间自发形成的公益组织相比，"星级调解室"兼具社会性与权威性，使其既可以熟练应用各种社会规则，又能够积极争取内外资源，化解矛盾。"星级调解室"在化解基层社会矛盾，维护社会稳定中起到了重要作用。①

3、第三方介入纠纷化解

第三方参与矛盾纠纷化解对于政府社会治理转型具有重要意义。第三方通常指独立于双方当事人以外的，具有一定公正性的主体，既包括个人，也包括组织。第三方介入纠纷化解熟知于医患纠纷领域，是在司法行政部门的指导下，运用人民调解机制，由医患双方之外的第三方介入医疗纠纷的调解，促成当事人达成协议，化解医患矛盾的一种纠纷解决方式。② 第三方介入矛盾纠纷有效地提高了纠纷化解率，缓解了矛盾冲突中政府与民众二元对立的格局，构筑社会冲突中民众与政府部门的信任关系，成为特定群体与政府沟通的桥梁，并逐渐引入到其他类型的纠纷化解中。本报告中第三方既包括社会组织、仲裁组织、专业机制等组织，也包括独立于当事人和利益相关部门的个体，两者均具有独立性、专业性、权威性特点。各地围绕第三方组织的培育、第三方组织在矛盾化解中的角色和功能、第三方干预的条件、方式与效果等进行了大量探索，尤其在专业领域调解（如医调委等）、专业组织调解（如社工介入）等方面取得了显著成效。

上海市引入社工介入信访治理，化解信访难题。社工介入信访具有天然的优势，社会工作者以第三方社会力量介入信访案例，通过与信访人接触、取得信访者信任、整合与链接社会资源等方式，能够有效缓解信访压力，化解社会矛盾冲突。上海市在 2011 年 12 月实施"白玉兰开心家园——知心妈妈"项目，项目主旨在于引入社工组织帮助化解基层信访难题。由上海市妇联与 11 家专业社工机构签约，使其参与处理了包括浦

---

① 《黔江区创建"星级调解室"化解社会矛盾》，人民网，2015 年 7 月 1 日。http：//leaders. people. com. cn/n/2014/0731/c382918 - 25378784. html。

② 艾尔肯、吴冬梅：《论医疗纠纷第三方调解与民事诉讼的衔接机制》，《苏州大学学报（哲学社会科学版）》2015 年第 2 期。

东、黄浦、徐汇、长宁、静安、普陀、闸北、虹口、杨浦、明行和宝山等区的信访矛盾纠纷化解，其介入和化解效果由第三方专业评估机构来进行衡量，评估结果会影响其是否被继续聘用。社工不同于传统信访官员或者社区居委会工作人员，他们所具有的专业知识、技巧和心理沟通能力，加上他们独立于政府的身份，更容易被访民接纳和认可。通过定期接触访民交流和协助他们解决相关生活困难，社工与访民之间建立了长期稳定的联系和真诚的友谊。"白玉兰开心家园——知心妈妈"项目迄今为止已开展三期，在对接项目中，31%的案件得到彻底解决，44%的纠纷得到缓解转向理性表达诉求，而25%的案例虽然尚未解决但与社工之间已建立了正面的交流和连接。①

4. 强化群团组织社会职能

群团组织是人民团体与群众团体组织的统称，包括列入中国人民政治协商会议界别的八大人民团体及参公管理的21家人民团体和群众团体。②群团组织是职工和群众利益的代表者和维护者，在社会冲突化解中本应发挥其工人和群众的利益表达及整合功能，但是，随着经济和社会结构的快速变迁，群团组织行政化导致其缺乏足够独立性，民众利益聚合功能以及维权功能没能有效发挥。各地围绕回归与强化群团组织社会职能，如在群团组织去行政化、发挥作为群众利益表达和整合功能、推动服务群团组织建设等方面进行了大量探索，如山东省莱芜市共青团委建设枢纽型社会组织，发挥共青团组织在化解社会矛盾、纠纷协调方面功效的探索。③黑龙江穆棱市妇联借助"以案定补"政策创新，运用"巾帼调解员"将矛盾化解在基层的实践探索、江苏省沭阳县残联建立乡镇残疾人法律维权工作站，向残疾人提供免费法律咨询和法律援助服务的探索，以及各地工会针对劳工维权的多渠道探索等。以下为工会在维权功能发挥方面的地方探索。

---

① 任远、葛影敏、廖雅珍：《上海市妇联实施"知心妈妈"项目化解信访突出矛盾的经验》，《上海社会发展报告（2015）》2015年版。

② 参照2006年8月中组部、人事部联合印发的《工会、共青团、妇联等人民团体和群众团体机关参照〈中华人民共和国公务员法〉管理的意见》。

③ 丁凯：《在社会治理体系创新中发挥共青团生力军作用》，《中国青年报》2013年12月21日第3版。

山西省临汾市总工会成立职工法律维权服务中心，保障工人权益。山西省临汾市总工会通过各级工会的纵向联结，打造市、县、乡、企四级维权网络，并加强与相关部门的横向联系，搭建维权信息化平台，整合维权力量。严格落实"首问责任制"，落实责任主体，实行接案、受理、办案、结案建档一站式服务。在新闻媒体上公布了全市18个县（市、区）总工会农民工工资支付维权服务联系名单，方便工人求助。与市中级人民法院联合下发《在劳动争议案件中建立法律援助工作衔接机制的意见》，明确法院对工会提供法律援助的劳动争议诉讼案件将优先立案、优先审理、优先执行。建立与人社局、司法局、安监局、煤炭局等有关部门联席会议制度，定期研究工作，实现信息共享，在办案过程中遇到责任主体拒绝履行约定的情况时，由工会维权中心联合司法、法院、律师组成工作组，督促解决。截至2017年，临汾市各级工会组织共受理农民工欠薪投诉案件245起，为农民工讨薪7381余万元。①

第三节　县域社会冲突治理实践探索总体特征

一　以权宜性、策略化为特征的模糊性治理惯例化

在社会稳定压力不断增大的背景下，各地探索的一系列新措施及新方法，各地通过组织重构、流程再造以及机制建设，使县域政府模糊性治理呈现更为科层化、规范化与标准化的特征。总体来看，尽管各地的规范化探索使社会冲突治理的组织再造和程序规范获取了价值和稳定性，如各地建立的群工部、综治办、社会治理服务中心等，在地方党政整合、政府从管理到服务的角色转型等方面，发挥了制度化的功能，使社会治理体制呈现为从一种收益更高的制度对收益较低的制度替代的倾向。但是，从总体上来看，这种规范化建设，没有改变社会矛盾与冲突化解机制的临时性及治理行为的策略性，更多呈现为形式上的变化，并未转向实质上的科层理性。

在地方社会治理体制上，各地方政府都实现了县、乡、村、小组四级

---

① 《临汾市总为农民工讨薪勇于沉下身子挑起担子》，中工网，2015年2月12日。http://right. workercn. cn/895/201502/12/150212141505347. shtml。

综治体制规范化，部分被纳入了科层体制，各地在维护稳定工作领导小组、社会治安综合治理委员会、信访稳定工作领导小组、处理信访突出问题及群体性事件联席会议等机制方面基本趋同，实现了权宜性社会治理体制的科层化。通过实施网格化管理探索，构建县（市）区、乡（镇）办、村（社区）、村组（楼院、街区）上下联动机制，意图在于实现政府回应社会诉求的规范化问题。在社会矛盾与冲突化解方式上，通过建立包村包案机制，使党委、政府、人大、政协、法院、检察院等都参与到社会冲突化解工作中，建立了考核严密、规范严谨的包保责任制体系；通过建立信访稳定专项基金等，实现了"花钱买稳定"的规范化；协商平台的探索如村组两级议事会制度、县乡村组四级协商平台、以乡镇人大为平台的民主恳谈会机制等，尽管短期内可能取得了很大成效，显示出了制度的适应性、复杂性以及内部协调性，但由于政绩驱动，往往人走政息，缺乏制度的稳定性和可持续性。

权宜性治理规范化倾向使大量临时性机制和防控网络规则化及常规化，不具有社会稳定的长效性和可预期性。一些意在"创新"的社会治理机制反而弱化了政府作为规则和程序制定者，以及矛盾调节和仲裁者的角色，难以达到为多元利益诉求提供制度化的表达和协商平台的目标。

二　运动式治理常规化

运动式治理常规化是指县域政府通过将运动式治理不断加以制度化、常规化，使其嵌入于科层的常规治理体系之中，构建新的常规机制，成为政权建设的结构化过程。其制度化表现包括：构建以联席会议为运行机制的各类领导小组治理模式，实现运动式结构制度化。在县域治理中引入目标责任制，建立逐级向下增压机制，实现运动式治理方式的制度化。搭建县、乡、村、小组以及党委、政府、公安、检察、法院参与的纵横向资源动员网络，实现资源动员科层化。在诉求表达方面，将"一把手接访""包保责任制"等非常规、临时性措施加以常规化、制度化等。运动式治理机制的嵌入和常规化，有效地消解了科层常规机制的治理失灵，对社会稳定治理的绩效和后果发挥了主导性的作用。

运动式治理常规化使县域政府科层治理呈现出以下特征：一是县域专断权力的强制度化。专断权力是指县域权威（组织或个人权威）实现自身意志自行行动而形成的影响力，主要是指在县域社会治理中，上级政府、县域党委以及县域一把手在矛盾化解、信访治理、治安管理等社会稳定治理方面自行采取行动而形成的影响力，其权力基础是国家对合法使用暴力权的垄断。专断权力的强制度化是指县域社会冲突治理过程中专断权力的组织结构、激励结构和制度网络不断完善，体现为一个强制度化的过程。在组织结构上，县域政府通过建立小组体制，将党委、政府、人大、政协整合在社会矛盾与冲突化解工作当中，使县党委处于权力的中心；通过包案、包村的机制化，将非常规性渗透策略常规化，专断权力可以有效地跨越科层组织渗透到乡村、基层单位、居民，从而构筑起一个新权力网络，建立了专断权力的局部性支配关系。在制度网络上，县域政府力图将临时性资源动员转变为制度化的网络，通过制度化的网络增强专断权力的动员能力；在激励结构方面，专断权力通过目标责任制的建立，使上级政府和县域政府权威的意志直接体现在县域社会治理过程中，辅以"稳定是最大的政治"和"稳定压倒一切"的话语支配权力，专断权力的制度化被加以合理化。

二是常规权力的弱制度化。所谓常规权力是指以县域政府为主体的科层机构在分工明确、各司其职的相关社会治理结构基础上，在稳定重复的科层体制过程以及依常规程序进行的各种例行化的行政过程中体现出的影响力，其权力基础是科层组织和法律规范。常规权力的弱制度化是指县域政府为了实现社会治理的目标任务而打破了既有的结构分殊、功能分化的制度安排，包括组织机构、法律、规范、价值等等。一是组织结构混合化。从组织结构上来看，小组体制的建立打破了科层的结构分化和功能分化，使社会治理结构呈现出一种混合性特征。从程序规则上来看，正式科层组织理性化的形式规则、规范化程序被超越、虚置或扭曲。专项治理的制度化实现了运动式治理的组织化动员和渗透，这些制度的实施是以弱化科层规则和程序来实现的。二是法律、司法权威弱化。尽管涉法涉诉信访中"领导批示"不能再加以干预，但在立案、判案过程中，更加注重社会效果而不是法律效果。三是强化了治理过程中的非程序化。包保责任制建立强化了基层干部对社会矛盾与冲突化解的责任利益连带关系，但基于目的合理性，一些社会政策如低保、社会救助等政策也沦为社会治理的重要手段和工具。

　　三是同意权力的弱制度化。同意权力是指在社会冲突治理中县域政府权威被县域社会认可，并自愿服从其意志而形成的影响力，即民众的自愿认同和自愿服从形成的影响力，其权力基础来源于民众作为治理对象体现的表达和抗争能力。同意权力的弱制度化是指基层冲突化解过程中，体制内的利益表达机制渠道被虚置，缺乏矛盾各方按照法律自主解决其利益矛盾的协商机制，难以形成共同的利益诉求，通过正规的制度化表达机制维护自身权益。目前，县域社会在利益表达、利益组织化以及利益协商等方面，通过大接访、包村包案制、信访依法治理、协商平台建设等重新建立了以"抗争性诉求"为中心的官民互动机制，但这一机制具有较强的选择性特征，助长了机会主义行为，造成了"大闹大解决、小闹小解决、不闹不解决"的后果。

三　矛盾纠纷化解的法治化取向明显

　　进入 21 世纪以来，随着社会冲突的加剧，强化行政主导，以垂直命令、政治动员的方式集中一切可以调动的资源，以行政治理的方式，缓解了转型期日益严峻的社会矛盾和冲突，但社会冲突的行政化治理模式的缺陷也体现在社会治理的制度化积累不足方面。所谓法治化治理是指建立和完善解决社会矛盾和冲突的法治机制，使法治成为解决社会矛盾和社会冲突的长效的制度化手段。特别是党的十八届四中全会召开后，各地进一步加快了社会冲突治理法治化探索的步伐，围绕树立法治理念、信访法治化、矛盾化解中司法权威性与专业化等方面进行了大量探索。

　　从社会冲突治理理念上来看，民众、地方政府的法治理念、权利意识大大增强。法律诉讼成为维权民众争取权益的一个新方式，尽管这种新方式常常被民众以实用主义或机会主义的原则运用。课题组 2016 年的社会冲突治理调查显示，有 53.7% 的居民倾向于选择打官司、民间调解、政府部门协调等法治化方式解决矛盾纠纷，并有 58.3% 的居民明确表示选择以法律途径表达利益诉求、解决矛盾纠纷，法治化方式逐渐成为居民表达利益诉求和化解矛盾纠纷的主要途径，居民的法治理念显著增强。从地方政府行为来看，各地在县、乡、村等不同层级都配备了法律顾问，法律意识、依法行为意识大大增强。课题组 2016 年的社会冲突治理调查显示，有 56.3% 的受访者表示当地已建立完善的矛盾纠纷化解制度规范或村规民约，表明县域政府和居民采取法治化方式化解矛盾纠纷具有较为完善的法规和制度依据；并且有 38.8% 的受访者表示当地政府在化解矛盾纠纷时严格遵守法律，58.2% 的受访者表示当地法院能够依法公正处理矛盾纠纷事项，表明县域政府社会矛盾与冲突化解行为法治化趋向显著。

从社会冲突治理法治化方式来看，地方政府以法治理念为指导，运用多元化法律手段解决矛盾纠纷的法治化机制正在形成，化解矛盾纠纷的法治化取向日益显著。一是地方政府通过机构重组协作，设立巡回法庭、诉讼服务中心等，推动司法部门、信访部门和职能部门间合作，将司法贯穿于信访治理与矛盾化解全过程，推动了政府社会冲突治理方式的法治化进程。二是在社会冲突治理法治化方面探索与本土化矛盾化解方式的有效结合。如各地通过司法介入民间调解，规范民间调解程序，以司法文书强化民间调解效果，增强法律在民间调解中权威，引导非诉讼矛盾纠纷在法律框架内有序进行，实现了民间调解和司法权威的有效结合，增强了社会调解的权威性和有效性，推动了社会调解的法治化和制度化进程。另外，通过在社区（村）层面实施政府购买律师服务，引入法律工作者作为第三方，让法律的专业化服务介入基层社会治理过程，有助于增强基层社会冲突治理的专业性。

县域政府社会冲突治理的法治化取向虽然明显，但居民基于机会主义原则运用法律手段寻求自身利益的现象仍然存在，中国社会冲突治理法治化的道路依然漫长，法律所应具有的稳定的、理性的、规范的、程序化的治理效应还没能完全发挥和实现，通过法治方式建立矛盾纠纷化解的长效机制仍未形成。

四　社会力量参与制度化增强

当前中国的社会稳定治理模式具有组织化调控[①]的特征，强调政府通过强化组织网络和行政体系，使社会本身趋向高度组织化，通过行政化的权力组织网络调控社会秩序。随着社会转型和利益多元化，各地围绕多元社会主体参与矛盾和纠纷化解进行了大量探索，试图改变当前社会冲突化

---

① 唐皇凤：《“中国式”维稳：困境与超越》，《武汉大学学报（哲学社会科学版）》2012年第 5 期。

解主体单一导致的政府角色失当问题，本文称之为社会化调控。所谓社会化调控是指政府通过培育第三方如社会组织、仲裁组织以及中介组织等，通过第三方参与制度化有效发挥社会力量的功能，形成化解社会矛盾和社会冲突的社会性机制，达成社会自我的良性治理。

当前各地在推动社会化调控制度化方面进行了大量探索，主要体现在两个方面。一是在社区居委会、村委会层面，由政府推动诉求表达制度化和民间调解制度化。如动员地方精英参与社会治理，以居民自治、村庄宗族治理等方式促进"政社互动"的社会冲突治理机制形成，推动矛盾纠纷化解走向社会化调控。通过民间调解制度化探索，由党委、政府、综治、法院、业务部门、居民、社会力量等多元主体参与，构建和完善大调解工作机制，推动实现了多方参与调解机制的制度化；通过搭建民间调解平台，如在线调解系统、社区调解中心、村级调解室等，意在为居民利益诉求表达提供制度化渠道；通过成立民间调解领导小组、规范调解流程、严格绩效考评，实现了民间调解的规范化。二是建立第三方调解机制，发挥社会组织、第三方的纠纷化解功能。各地方政府通过培育第三方组织，强化和规范第三方组织在矛盾纠纷化解中的角色和职能，初步建立了第三方调解机制。如通过建立专业化的第三方调解机构，实现了各行业领域内矛盾纠纷化解的专业化；通过强化群团组织的社会职能，将群团组织利益协调和整合的功能运用到矛盾纠纷化解机制中，提高了第三方化解矛盾纠纷的有效性。

社会冲突治理工作中呈现的社会化调控趋势使政府逐渐摆脱了具体矛盾纠纷事项的调解者角色，回归到纠纷化解规则和程序的制定者角色，同时也不断提高了社会自主治理的能力。当然，就目前的发展来看，尽管社会力量的参与在一定程度上创新了矛盾纠纷化解机制，但由于其缺乏足够的权威性，在化解矛盾纠纷过程中难以保证调解结果的合法性和有效性。

小结

从秩序有效性与权利基础性的理论逻辑出发，县域政府模糊性治理的总体影响表现为权利与秩序的不平衡，所谓权利与秩序的不平衡是指县域政府社会冲突治理的结构体现为行政与法治的不平衡以及制度体系与社会发展不平衡，政治社会秩序形成落后于社会阶层和利益诉求的变化，制度自身的适应能力和革新能力低，引发对程序正义和权利秩序的伤害。从县域社会权利和秩序的演进逻辑来看，县域政府模糊性治理虽然实现了总体稳定，但社会稳定的实现没有强化权利的基础性，而维权行动的实现也没有强化治理的有效性，县域社会冲突治理陷入制度化和不确定性的困境。制度化困境主要表现为县域社会冲突治理制度体系与地方社会发展不平衡，不确定性困境主要表现为稳控手段替代了维权目标，社会冲突治理的效果因时机、影响力和方式而呈现随机性。接着从规范化、法治化和社会化三个维度对各地方社会冲突治理的实践探索进行了经验总结，提炼出县域社会冲突治理实践探索的总体特征：以权宜性、策略化为特征的模糊性治理惯例化；运动式治理常规化；矛盾纠纷化解的法治化取向明显；以及社会力量参与制度化增强等，为模糊性治理转型的方向、路径提供了现实参考和经验启示。

第七章 模糊性治理转型的方向、路径与政策建议

本书第二章到第六章实证分析了县域政府模糊性治理的运作及其影响，提出了模糊性治理向制度化治理变革的发展方向。本章基于实地调查和媒体等文献资料，对全国各地社会冲突治理制度化的实践探索进行经验总结，地方社会治理改革的实践探索的特征是什么，基于地方的实践探索县域社会冲突治理的发展路径是什么，这是本章要回答的主要问题。本章在梳理地方实践探索的基础上，提炼各地社会冲突治理实践探索的总体特征，进而提出县域社会冲突治理变革的路径和政策建议。

第一节 发展方向：从模糊性治理到制度化治理

县域政府社会冲突治理行为在治理程序与角色期待以及治理目标与方式上的过渡性、工具性、模糊性特征，使县域社会权利基础性不足和秩序有效性弱同时存在，社会冲突治理制度化与社会发展不平衡凸显，县域社会冲突治理陷入权利与秩序困局，权利的实现没有增进治理的有效性，社会稳定的实现没有强化权利的基础性，导致秩序的有效性低以及权利的基础性弱同时存在。要走出这一困局，迫在眉睫的是推动模糊性治理转型，由模糊性治理走向制度化治理。"社会冲突治理制度化"是实现长治久安、建设县域和谐社会的根本之道，其主要是指通过程序化、规则化来规范政府的权力，通过法定的程序和机制保障民众的权利，通过第三方和社会力量的培育和机制建设，实现社会自主治理，从而建立具有包容性、动态性、规则化、程序化的融合型动态稳定机制。国外学者基于社会运动及社会抗争的过程和机制，提出了社会运动或社会冲突制度化的相关理论。社会运动制度化被理解为职业化的社会运动组织与制度制定者建立合作关

系，运用策略性的手段实现其目标，将其意愿融合到行政和立法系统内，最终使社会运动与正式权威之间的界限模糊。[1] 梅耶和塔罗（Davids. Meyer and Sidney Tarrow）认为社会运动制度化有三种表现方式，一是集体行动的常规化（routinization），政府和抗争者共享共同的规则和行为文化，在共同的脚本下认可惯常或偏离的行动方式；二是包容和边缘化（inclusion and marginalization），既通过政治沟通的制度化将愿意遵守既有规范的抗争者纳入体制内，又将拒绝接受规范的抗争者以镇压或者忽视的方式关在对话大门之外；三是同化（cooptation），运用制度化手段使抗争者改变他们的主张、策略以及行动的方式。[2] 关于社会冲突治理制度化国内学者提出了以下观点：一是在治理体系现代化的框架内，以政府与民众的互动为核心，主张将社会冲突治理放在制度框架内，通过畅通民众的利益表达渠道、建立对话机制、引导多元主体参与等方式，推动建立制度化的社会治理运行机制。[3] 二是在法治的框架内，聚焦公民权利保障，加强相关领域的法治建设，通过公民有序政治参与制度化，推动实现社会冲突治理法治化。[4] 三是在政府转型的框架内，以政府治理行为转变带动社会

---

[1]　Doowon suh, "Institutionalization Social Movements: The Dual Strategy of the Korean Women's Movement", *The Sociological Quarterly*, 2011, pp. 442－471.

[2]　David S Meyer and Sidney Tarrow: "A Movement Society: Contentious Politics for a New Century", in David SMeyer and Sidney Tarrow eds: *The Social Movement Society: Contentious Politics for a New Century*, Rowman and Littlefield Publishers, 1998. p. 21.

[3]　张荆红：《"维权"与"维稳"的高成本困局——对中国维稳现状的审视与建议》，《理论与改革》2011 年第 3 期；赵科天：《论"维稳"与"维权"的辩证协调》，《理论探索》2013 年第 1 期；段明：《维权与维稳之争的问题转型——国家治理体系变革对两者的调和与统一》，《学术探索》2014 年第 9 期；陈发桂：《基层维稳运行的路径选择——基于运行机制的制度性缺陷》，《福建行政学院学报》2010 年第 4 期；清华大学社会学系社会发展研究课题组：《以利益表达制度化实现社会长治久安》，《清华大学社会发展论坛》2010 年第 4 期；黄顺康、夏俊毅：《"维稳"的机制设计思考》，《甘肃社会科学》2011 年第 3 期；张玉磊、刘晓苏：《基层维稳中的误区与矫正策略》，《理论探索》2011 年第 2 期。

[4]　周望、魏淑君：《法治、维权与维稳》，《甘肃理论学刊》2014 年第 6 期；邢亮：《维权与维稳的冲突与化解——基于法治思维与法治方式的考察》，《福建行政学院学报》2014 年第 4 期；陈发桂：《民权保障：基层维稳机制有序运行的逻辑起点——基于维稳与维权关系的分析框架》，《福建论坛（人文社会科学版）》2012 年第 9 期；唐皇凤：《"中国式"维稳：困境与超越》，《武汉大学（哲学社会科学版）》2012 年第 5 期；李强彬、咎娜：《维权与维稳：何以错位如何归位》，《理论探讨》2017 年第 1 期；杨志玲、杨梦梦、史世奎：《论我国当前"压力维稳"体制：问题与制度化转型》，《学术探索》2015 年第 9 期。

冲突治理行为转型，如完善政府信息公开、强化行政问责、合理界定基层政府在社会冲突治理工作中的权限，将基层政府的社会治理工作纳入到程序化、规范化轨道，建立社会的动态稳定机制。① 以上这些研究对本书有很大启发意义，基于政府与民众的制度化互动，寻求县域社会冲突治理清晰性与模糊性的平衡点，发挥模糊性治理的积极功能，化解其消极功能，将利益表达、利益协调建立在有效制度框架内。要从两个方面实现模糊性治理向制度化治理转型，第一，建立融合型动态稳定机制。所谓融合型动态稳定机制，其实质是通过社会冲突治理机制的变革，从政策过程、权力运行、程序实施和行动方式等层面，实现政党、政府与社会等主体之间制度化互动。增强体制弹性，消解规则与行为的背离，一定程度上消解规则和策略的模糊性。具体来说，一是加强社会冲突治理规范化建设，建立健全制度化的冲突调适机制，吸纳疏导民众利益抗争和利益表达；合理配置社会治理资源，建立权责对等机制。二是推进社会治理职能分殊化，推动信访机构回归民众诉求表达和决策参与载体职能，司法机构回归到裁决社会冲突和利益纷争的仲裁者角色。三是着力社会冲突治理法治化、社会化建设。探索通过律师参与、诉访分离和依法终结等，建立和完善解决社会矛盾和冲突的法治机制。培育和搭建多方参与调解的平台，强化群团组织的社会职能，形成化解社会矛盾和社会冲突的社会性机制，推动形成市场经济条件下地方政府和社会良性互动关系。四是通过强化对官员的激励与控制，如资源投入制度化以及政府层级间考评责任制等，降低责任的模糊性。第二，提升县域政府制度革新能力。地方社会秩序只有建立在民众基本权利得到确认与保护的基础上才可能稳固。当前随着经济社会转型深入，县域社会各种复杂、多元的社会矛盾呈现出点多面广的特点，体制转型与改革催生了多元的利益群体和权利诉求，县域政府要通过制度革新吸纳新的利益诉求和利益群体，以提高制度自身的适应能力和革新能力，而不是仅仅强化权宜性治理的策略主义。如将地方性知识和文化传统纳入到社会冲突治理中，将模糊性治理的空间限定在一定的范围内，通过制度化

---

① 朱德米：《建构维权与维稳统一的制度通道》，《复旦学报（社会科学版）》2014 年第 1 期；金太军、赵金锋：《基层政府"维稳怪圈"现状、成因与对策》，《政治学研究》2012 年第 4 期。

如有效发挥宗族、地方权威的作用等，在模糊与清晰的平衡中实现县域社会冲突制度化治理转型。从长远来看，要通过利益表达和利益协调的制度化平衡利益冲突，从而保证不同的利益各自都获得实现空间，建立基于权利基础上的社会秩序，进而实现地方社会深层稳定和长期稳定。

第二节 县域社会冲突制度化治理推进路径

社会冲突治理制度化涵盖了社会冲突治理规范化机制、社会冲突治理法治化机制、社会冲突治理社会化机制建设三个维度。所谓规范化建设是指通过增加规则和规范的制度供给，强化政府作为规则和程序制定者以及矛盾调节和仲裁者的角色。所谓法治化建设是指通过建立和完善有效解决矛盾纠纷和社会冲突的法治机制，使法治成为化解矛盾纠纷和社会冲突长效的制度化手段。所谓社会化建设是指通过对第三方仲裁组织以及社会性纠纷协调组织的不断培育，形成化解社会矛盾和社会冲突的社会性机制，探索建立市场经济条件下地方政府和社会良性互动关系。所谓模糊性治理转型就是通过社会治理机制的变革，聚焦于政党、政府与社会等主体的制度化互动，实现社会冲突调适性治理；要树立开放、常态化、具有包容性的社会治理观，认可、容忍合理的、理性的社会冲突。要建立韧性的冲突化解机制，通过建立制度化的权利实现机制、诉求吸纳机制和冲突调适机制，增强体制弹性，将利益表达、利益协调建立在有效制度框架内。从具体实践层面来看，需要通过进行规范化建设、法治化建设、社会化建设和包容性理念建设，建立融合型动态治理机制实现社会稳定。

一 树立动态、包容、可持续的秩序观

理念影响并塑造人们的态度和行为。要改变原有静态的、绝对的社会稳定观，树立动态、包容性、与时俱进的稳定观和权利观，建立规则化意识。具体来看，要通过转变政府和民众的权利观念，建立文化引导机制，推动动态、包容、可持续的秩序观形成和深化。

第一，转变政府和民众的社会稳定理念。首先要树立弹性社会稳定观，将适当的冲突作为社会的减压阀，要形成允许冲突存在的可持续稳定观。要实现从选择性权利观到普遍权利观的转变，也就是说，选择性权利

观侧重于对个别抗争民众现实权益的维护，普遍权利观的价值取向更加着眼于民众普遍权利如社保、医保等公民权利的实现。其次要建立规则化意识，政府、社会、民众在冲突化解中都要以规则为旨归，在原则和规范的前提下，冲突治理要以建构社会良性秩序和社会规则的确立为前提；重点培育政府和民众的公共责任意识，持续进行全方位、系统化的道德教育，提升双方的公共责任意识，促进公共价值观的形成。最后要确立与时俱进的价值取向，着重于权利的时代性和发展性，随着社会发展和社会变迁，民众权利诉求和权利意识也在发展变化，要与时俱进，树立动态、可持续的秩序观。

第二，建立文化引导机制。通过建立文化引导机制，使社会成员对政治共同体形成广泛认同，对矛盾冲突化解形成包容性态度。首先要除去"抗争性文化"，县域政府应在社区和村落的公共领域加强政策和主流文化的宣传，打造睦邻文化；通过积极宣传教育和文化重建，明确"抗争性文化"的弊端，营造和谐的文化氛围。其次要加强意识形态建设，规范民众价值取向。宣传官方的意识形态、工作精神、治理理念等，推动其在基层落地生根，达成文化共识；加强对多元意识形态的治理，发掘和宣传与官方正能量相关的意识形态，打击具有攻击性和扭曲特征的意识形态；充分发挥传统道德文化的作用，强调包容、和谐等理念的作用，构建具有特色的传统道德秩序；以社会主义核心价值观、中国梦等精神为载体，促进基层政府和民众的价值理念平稳转型。

二　加强社会冲突治理规范化建设

所谓规范化建设就是要通过增加规则和规范的制度供给，强化政府作为规则和程序制定者以及矛盾调节和仲裁者的角色，实现政府与民众的制度化互动。要转变政府职能和角色，避免政府在社会矛盾中处于首当其冲的位置，让政府与民众互动在制度框架内运行，从利益表达制度化和利益协调制度化两个层面着力。

第一，利益表达制度化。利益表达是利益主体以影响政府决策为目标，通过一定的方式来表达自身利益诉求的行为。而利益表达途径和方式分为制度化和非制度化两种。制度化的利益表达渠道是指当前的法律法规中所规定的正式或理性的表达方式。"利益表达的实质从利益群体自身来说，就是要把自己的利益要求通过正当合法的途径向全社会、向公共利益的代表——政府反映出来；从政府来说，就是要充分吸纳制定社会公共政策的尽可能完备的信息，只有建立在充分的信息基础上，社会公共政策的制定才不会出现偏差和失衡。"① 因此，利益诉求表达机制应当包含两方面的内容：一是利益主体（个人或群体、组织）的诉求表达的途径；二是利益客体（政府等相关部门）诉求表达的机制。② 由此可见，利益表达实质上是主体与客体之间利益诉求信息的双向传递，公众与政府之间通过双向互动实现公众利益诉求的理性表达。

为推动利益表达制度化，应从利益诉求的两个主体着手。第一，从民众的角度来看，民众应适度组织化，相较于分散的利益诉求，经过凝聚和提炼的利益诉求更能接近政府决策的层次，促使政府在决策层面上进行回应和处理。而利益诉求的凝聚和提炼必须以一定程度的组织化群体作为载体，应发展和强化工会、居民自治组织的相关职能，为民众集体表达、沟通和协商提供组织基础，既有利于向政府部门清晰表达诉求，又能兼顾弱势群体的利益诉求，有效避免各个利益主体间的诉求产生落差。第二，从政府的角度来看，应拓宽制度内公民利益表达渠道，扩大民众利益诉求的表达空间，保障民众的权益。首先，规范信访制度，在丰富信访形式的基础上，明确信访作为制度化利益表达渠道的职责，规定信访制度接受民众利益诉求的界限，规范信访工作程序，缓解信访容量超载和信访受理事项界限模糊问题。其次，通过民意调查、信息公开、听证会、协商谈判等具体制度，拓宽社情民意表达渠道；完善党政领导干部和党代表、人大代表、政协委员联系群众制度，发挥人大、政协、工会、大众媒体、网络等方式的利益表达功能，增加民众的利益表达进入决策系统的渠道和机会。再次，对于没有逾越法律和侵害他人正当权益的诉求，基层政府应给予足够的包容和理解，将民众的正当利益诉求纳入政府的决策议题；对于非制度化的利益表达行为，基层政府应采取强制措施，给予必要的惩罚，引导民众选择制度内利益表达渠道。

---

① 方同义：《多元利益群体的利益表达与和谐社会建设》，《浙江社会科学》2006 年第 6 期。

② 兰措卓玛：《利益诉求表达的法治化思考》，《中共银川市委党校学报》2013 年第 1 期。

　　第二，利益协调制度化。利益协调是在明确利益诉求的基础上，矛盾相关主体依据法律规定的程序和方式进行协商对话，对矛盾双方的利益观念、利益行为和利益关系进行有意识的调整的过程。社会发展不断产生的新问题和新要求，要求利益协调机制不断调适、更新，吸纳不断出现的新的利益冲突，通过持续优化的协调方式和途径，以利益协调制度化实现各种利益关系的动态平衡。具体来看，需要通过整合政府部门，调整政府职能，构建以社会保障制度为基础的利益补偿机制，发展多样化的利益协调方式等途径实现利益协调制度化。第一，实现政府部门社会冲突治理职能分化。社会冲突治理职能分化是指政治、行政、司法，在社会冲突治理格局中要职责清晰，权责对等，各司其职。信访机构要回归执政党联系人民群众，搜集民众意见、建议和诉求的政治功能，使信访制度重回调整国家与社会之间关系的这一枢纽位置，建立信访、人大、司法等有效对接和回应机制，使信访成为民众诉求表达和决策参与的重要载体。司法要回归到裁决社会冲突和利益纷争的仲裁者角色，通过强化司法的公信力和权威性，发挥以司法为核心的利益协调功能。行政要走出行政动员，所有部门参与利益冲突化解的误区和困境，以行政调解和社会调解职业化为目标，通过完善行政诉讼、行政调解机制，使行政体系回归到各司其职的科层化治理状态。第二，政府部门之间应形成合作机制。针对不同的利益纠纷事件，联动涉及的各政府部门，整合政府部门的行政资源、社会资源以及民众的利益诉求，提高利益协调的时效性。第三，发展多样化的利益协调方式。政府部门引导和规范社会组织、民间团体、职业协会、个人等参与利益矛盾冲突调解，形成司法调解、行政调解、民间调解、第三方调解等多样化的利益协调方式，各协调主体表达不同利益方的诉求，并对政府的利益协调行为进行监督和约束。

三　着力社会冲突治理法治化建设

　　党的十九大指出，"要提高社会治理法治化水平，加强预防和化解社会矛盾机制建设，正确处理人民内部矛盾"，法治化成为化解社会矛盾纠纷的关键。现代社会冲突理论将法治社会的建立作为化解社会矛盾的根本策略，主张以法律制度作为平台，为消除社会矛盾冲突创造条件。法治是解决社会纠纷最权威的方式，应通过法治化建设推动预防和化解社会矛盾机制建设，增强法律制度化解风险、容纳社会矛盾和冲突的能力。所谓法治化建设是指通过建立和完善解决社会矛盾和冲突的法治机制，培育政府和公众的法治思维，运用法治方式化解矛盾纠纷，使法治成为解决社会矛盾和社会冲突的长效的制度化手段。具体来看，政府应从顶层设计的角度完善法律规范，培育全社会的法治思维，推动矛盾纠纷化解过程中法治方式的运用。

第一，完善法治化建设的顶层架构。为实现基层社会矛盾冲突治理方式的根本转变，为法治方式提供行动指南，需要政府构建完善的法律规范。要制定全国统一的信访法律制度，确立统一的信访工作行为规范；要从法律层面界定"非正常上访"和"违法上访"的行为界限，为公安机关处理非法上访提供行为规范；出台应对缠访、闹访、谋利型上访的法规，用以规范信访人的上访行为，为公安机关及司法机关依法处理上访过程中的违法犯罪行为提供依据；出台有关信访工作、矛盾纠纷化解工作、民众利益表达和维护合法权益程序的法规，明确各事项的受理、处理、终结程序；完善诉访分离、依法终结制度，规定违法行为惩处措施，引导社会冲突治理中政府与民众行为进入法治化轨道；建以司法权为核心的权利救济制度，维护司法的终局裁判权威，探索司法审判与执行相分离的制度规范。

第二，强化政府和民众的法治思维。按照主体不同来分，法治思维分为政府的法治思维和社会公众的法治思维两种。强化政府的法治思维需要持续开展法治宣传教育，引导县域政府官员学习理解法律精神和法律逻辑，形成运用法律指导行动的思维模式；培养具有极强的法律专业素养的司法系统工作人员和律师，提高司法公信力；公开法治实践效果，将法治实践蓝本作为政府各部门的学习典范，增强政府和社会公众对法治的信心和信仰；强化法律监督，督促政府工作人员依法行政，为法治思维的形成提供保障。社会公众法治思维的培养需要有效运用媒体的话语权优势，将法治精神传播到社会的各个领域；县域政府协同法律工作者、专业协会、社区组织等，深入社区宣传，将法治宣传常态化，在全社会形成法治氛围；要着力于公开法治实践过程，通过公开立法过程，开放听证会、公开司法审判过程等，以现实案例的方式普及法治思维；要拓展和丰富法治宣传的载体，扩大法治思维培育的受众。

　　第三，推动法治方式成为矛盾纠纷化解的主要方式。选择相应的法治方式化解社会矛盾和冲突，是实现政府与民众良性互动的根本之策。① 一方面要引导县域政府采用合法的、理性的手段维护社会稳定。县域政府应依据法律法规对当事人的行为进行判定，并明确和保护其权利义务及责任，不因矛盾纠纷事件当事人的身份、事件发生的时间、事件的处境采取不公平、不当措施；规范信访工作职责和信访事项受理办理，对各环节建章立制并遵照执行，部门上下级之间协调统一，对于不予受理的事项，不再层层下压、过分依赖行政权威督促基层政府受理；严格依照法律规定推进依法终结、诉访分离制度的实施，依法对"违法上访"和"越级上访"进行惩处；将矛盾纠纷事项分类，对于合理合法的诉求，依法解决到位，对于无理诉求，不得运用行政资源违法越线予以满足；推动司法部门、信访部门和职能部门间合作，将法律贯穿于矛盾纠纷化解全过程；引导专业化的法律工作者和司法部门参与矛盾纠纷化解和信访案件办理工作，为县域政府工作人员提供专业化的法律咨询和指导，推动政府社会矛盾和冲突化解方式的法治化进程。另一方面要引导社会公众以法律为工具，通过法律渠道维护自身的合法权益。社会公众这一维权行为的塑造需要政府、社会、自身多方力量合作。首先政府应组建律师服务团队，在信访部门设立法律援助平台，由法律工作者引导社会公众依法维护权益；司法部门应提高办事效率，公平公正处理矛盾纠纷案件，强化公众对法治方式的信任；在社区设"法律顾问"，推动法律服务进社区，为公众使用法律手段提供便利。其次，社会组织、媒体等应宣传和普及法治方式的种类、程序和效果，为民众的依法维权提供行动指南；律师协会积极主动参与社会调解和民间调解，确保社会公众持续采用法治方式解决纠纷。最后，社会公众应自觉遵守法律，敬畏法律，表达和维护合法的权益；积极有效运用司法救助、诉讼、专业律师等法律资源，合理合法的维护权益。

四　推动社会冲突治理社会化、专业化建设

　　在县域政府社会稳定压力大，无力独自包揽相关全部事务的背景下，

---

　　① 邢亮：《维权与维稳的冲突与化解——基于法治思维与法治方式的考察》，《福建行政学院学报》2014 年第 4 期。

要培育发展第三方力量，拓展体制外资源，实行政府和体制外社会力量在社会矛盾和纠纷化解中的"深度合作"，以社会化建设推动社会冲突治理的制度化。所谓社会冲突治理社会化建设，是指通过对第三方仲裁组织以及社会性纠纷协调组织的不断培育，搭建多方参与调解的平台，形成化解社会矛盾和社会冲突的社会性机制，探索建立市场经济条件下地方政府和社会良性互动关系。具体来看，要通过搭建多样化的合作调解平台，强化民间调解的作用，鼓励第三方介入纠纷化解，发挥群团组织的社会职能等方式稳步推进。

第一，搭建多样化的合作调解平台。政府应吸纳和整合体制外资源，通过成立调解中心、调解小组、群众工作室、协商理事会，利用互联网技术开发在线调解系统等，主导搭建由党委、政府、综治、法院、业务部门、居民、村（居）委会、社会组织等多元主体参与的调解平台，为社会力量参与矛盾纠纷化解提供载体；设立并组织多种社会力量参与"一站式"诉讼服务中心、巡回法庭、调解员便民联系点、联调工作站等，扩大矛盾纠纷化解的覆盖面，整合资源，发挥各自的优势，快速有效的解决矛盾纠纷。

第二，大力发展民间调解。发展专职调解员和兼职调解员，建立调解员数据库，推动在村（居）委会一级建立调解室，由调解员与社区或村里的乡贤能人共同进行调解，提高矛盾纠纷化解的有效性。同时，鼓励建立专业化的民间调解室，如物业纠纷调解室、家庭纠纷调解室等，由具有专业化背景的专兼职调解员参与调解，将人民调解与行业调解、行政调解有效结合，强化调解结果的可信度。对于农村的矛盾纠纷事件，应重视村委会、农村宗族、乡贤等组织和人员的威望影响，以村级调解室为载体，鼓励村集体内部多方人员共同参与调解矛盾纠纷，将村民间的矛盾冲突化解在当地。建立司法调解与民间调解的联动机制，县级司法部门调解队伍定期在社区或农村巡回调解，将民间调解纳入法治化范畴，提高民间调解结果的法律效力。

第三，积极鼓励第三方机构介入矛盾纠纷化解。县域政府应转变治理观念，以包容开放的态度看待第三方机构的调解作用，积极培育本土第三方组织，鼓励各行业成立专业的组织或协会，如医调委，劳动争议委员会等，推动各个行业化解矛盾纠纷的专业化，改变当前县域政府直接面对各种激烈冲突的局面，提高矛盾纠纷化解率。同时，积极购买引入外来优质社会组织参与矛盾纠纷化解，带动本地社会组织参与纠纷化解，并创新矛盾纠纷化解方式；协调各方搭建律师协会参与纠纷化解的平台，通过购买法律社会组织的专业化服务，建立法律工作者参与社会矛盾冲突治理的长效机制，运用律师团体的专业法律知识规范民众的信访行为，提高矛盾纠纷化解的说服力。建立或吸纳引入社工队伍，发挥社工机构了解民众需求、链接多方资源、沟通协调的优势，积极介入信访群体或矛盾纠纷案例，与政府、基层自治组织等合作化解矛盾冲突。

第四，充分发挥群团组织的社会职能。群团组织是群众权利和利益的维护者，具有整合和表达群众利益诉求的功能。群团组织应改革创新，增强活力，发挥桥梁纽带、引领聚合及平台作用，在不同领域、不同群体中积极开展群众权益维护、矛盾纠纷调解、宣传教育引导等方面工作。如团组织要在维护青少年合法权益、特别是未成年人权益保护方面发挥作用。妇联要健全婚姻家庭纠纷调解机制等，强化维护妇女合法权益的职能。同时，要推动群团组织将先进的社会工作理念和方法与群众工作理念相结合，更好地发挥群团组织的社会职能。

第三节　推进模糊性治理转型的政策建议

基于县域社会冲突制度化治理的推进路径，宜从规范地方政府行为、推进信访制度进一步改革、完善利益表达和协商制度、推进第三方参与以及强化基层党建引领五个方面着力。

首先，规范地方政府社会冲突治理行为。要转变县域政府社会冲突治理行为的模糊性，就要从责任清单制度和考核机制两方面着手。

一要建立完善县域政府社会治理责任清单制度。要尽快出台责任清单制度的相关文件，明确县域政府社会冲突治理责任清单的内容，如责任类型、问责对象、问责形式、责任追究措施、法律依据等，划定政府社会冲突治理的权力边界。制定社会冲突治理责任负面清单，依据解决矛盾纠纷和社会冲突事前、事中和事后各个程序，明确各个阶段地方政府不当的行为责任。建立责任追究和备案制度，严格落实责任清单制度。二要改革社会稳定考核机制。应改变当前单向度的社会稳定考核机制，将民众、上级政府、参与矛盾纠纷化解的人大、政协及政府职能部门对社会稳定工作的评价等都纳入绩效考核，建立立体化的信访稳定考核制度。此外，要减少对基层工作人员的压力性考核，推动激励型绩效考核机制建设。

其次，推进信访制度改革。信访作为我国特有的政治制度，发挥了重要的调解和表达利益诉求的功能，但也产生了民众"信访不信法"、高成本运行等问题。当前推进信访制度改革需要加强顶层规划设计，实施分类治理；强化信访收集民意的功能，重构信访功能；推动信访法治化建设。

一是缩减信访职能范围。强化信访收集民意的功能，使信访成为民众向公共部门反映意见建议的主要渠道，发挥其社会职能。应出台具体的政策严格限定信访接受民众诉求案件的范围，规定信访部门仅受理民众与政府部门之间的矛盾纠纷，信访部门进行沟通协调，最终由涉事职能部门进行解决，对于涉法涉诉的案件，坚决交由司法部门受理，落实诉访分离制度。二是加强顶层规划设计，提高信访工作有效性。制定全国统一的法律条文详细规定不予受理事项类型范围，明确信访案件的分类标准，区分民众与政府的纠纷、民事纠纷、涉法涉诉纠纷案件，信访部门依据标准受理规定的案件，提高案件化解的效率和质量；统一出台较为完备的信访工作流程规范性制度，对不同形式的信访中接访、登记、受理、转送、交办、督办等各阶段的程序进行规范，提高纠纷解决的实效。三是实行部门协调联动制度。建立信访部门与司法部门之间的联动机制，将信访部门解决案件的意见文书递交司法部门备案，赋予信访部门回复意见以法律权威，使信访当事人和职能部门切实执行信访部门处理意见。在省级层面建立无理信访终结库，严格依照法律将无理信访人员和无理信访事项列入无理信访终结库，各县（市）区信访部门对列入无理信访库的信访事项一律不予受理，并免于上级部门的追责。

第三，完善利益表达和协商制度。健全畅通的利益表达机制可以有效协调不同利益群体之间的利益关系，促进利益矛盾的有效化解，拉近党和政府与人民群众之间的关系。具体来看，完善当前的利益表达和协商制度需要从加强政府回应能力建设，探索建立诉求表达和多元主体协商平台和机制等方面着手。

一是要疏通体制内诉求表达渠道。优化民生热线、绿色邮政、视频接访、信访代理等传统信访渠道，构筑网上信访新平台，搭建起群众反映诉求的"信、访、网、电"立体化信访渠道；对攸关群众切身利益的事项实行信息公开制度、听证会制度、民意调查制度等，及时了解民众诉求，缩短表达和回应链条，减少民众表达利益诉求的成本。二是搭建利益协商平台。通过在街道、社区、村等建立民主恳谈会、议事会等制度，在县、镇（街道）、乡、社区（村）建立四级或三级协商对话平台，将政府、企事业单位、社会组织、人大代表、政协成员、律师、民众代表等共同作为参与人员，在平台上表达各自的利益要求，共同进行协商沟通，在多方协商对话过程中解决矛盾纠纷。三是推动体制内和体制外诉求表达渠道有效衔接。充分发挥电视、广播、报刊、互联网等大众媒体以及社会组织民意搜集和表达作用，政府与大众媒体和社会组织建立常态化、制度化的联系，如定期召开讨论会，技术操作上实现民意直接传递等，及时获得民众最新的利益诉求。

第四，着力推进第三方参与。要引导和规范社会力量参与到矛盾纠纷和冲突化解中，要从培育并推动专业组织介入纠纷化解，以及社会调解和法律权威有机结合等方面着力。

一是鼓励和引导成立专业化解矛盾纠纷的社会组织。一方面可以鼓励已经发展成熟的社会组织发展调解矛盾纠纷的业务，积极参与调解家庭、邻里、赔偿等传统民事纠纷外，适度介入轻微刑事案件、征地拆迁、环境污染、劳资工伤、物业管理、集资纠纷、下岗分流、催讨欠薪以及涉法上访等社会热点、难点纠纷的调解，在政策和经费上给予支持，并提供专业人员指导新业务培训；另一方面引导街道、社区（村）内的民众成立专门调解纠纷的社会组织，特别是鼓励具有专业知识背景，如律师、调解员、其他具有法律知识背景的民众等成立组织，简化这类组织申报手续，给予政策和经费支持。二是规范社会组织参与矛盾纠纷化解的程序。要出台全国统一的法律法规，对社会组织的参与行为和参与程序进行规范，对社会组织受理和解决纠纷各个阶段的步骤、实施标准、报备部门和材料等进行规定。同时，还要有相关的政策文件明确规定社会组织不能参与的领域，如法院、公安机关或其他行政部门正在处理或者已经解决的或法律、法规规定只能由其他专门机关管辖处理或者禁止采用社会组织调解方式的。三是提升社会组织调解纠纷协议的法律效力。以法律条文的形式将社会组织的调解纳入具有法律效力的调解方式，将社会组织的调解协议书提交司法部门或法院备案，请求法院出具调解书，规定调解书与判决书具有同等法律效力，增强社会组织调解协议书的执行力。四是加强对社会组织调解矛盾纠纷的指导和培训。县、区、街道的司法、法院、政府信访部门等应组织专门的工作小组，定期对具有调解矛盾纠纷业务的社会组织和民间调解组织进行指导、培训和监督，提高其业务人员的专业性和调解程序的规范化。

第五，强化基层党建引领。基层党组织和党员处于党联系群众的最前端，要进一步发挥基层党组织的引领、动员和整合功能，以党建创新推动基层社会治理创新。要从党组织建设、党员作用发挥以及建立激励制度着手实施党建引领。一是加强基层党组织建设。积极开展党建进社区进村的活动，组织社区或村集体内部党员学习新思想，加强基层党员的思想教育和党性修养；推行党员干部民情走访制度，要求党员干部主动深入群众，搜集信息、排查矛盾，制定解决方案，及时了解和掌握存在的问题。二是建立党员调解矛盾纠纷的激励制度。社区居委会或村委会定期对党员进行考核评比，将矛盾纠纷受理案件数量、结案率等纳入考核指标体系，在辖区内部和外部分别进行评比，选出优秀党员，提高基层党员参与化解矛盾纠纷的积极性。三是提升党组织以及党员的社会冲突治理能力。在社区居委会或村集体建立辖区党员数据库，组织专业人员对党员进行培训，使党员掌握矛盾调解技巧，并建立党员和纠纷当事人结对制度，有针对性的参与矛盾化解全过程；在社区居委会或村委会搭建调解平台，如党员调解室，由党员志愿者轮流值班，随时解决矛盾纠纷。

参考文献

一 档案

[1]《A 年鉴》，2016 年，A 市地方史志编纂委员会。

[2]《A 市人民代表大会志（1949——2011)》，2011 年，A 市。

[3]《A 市志》，2012 年，A 市地方史志编纂委员会。

[4]《A 统计年鉴》，2017 年，A 市统计局。

[5]《B 年鉴（2016)》，2016 年，B 地方史志编纂委员会。

[6]《B 市 LJ 镇 M 村志》，2016 年，B 市 LJ 镇 M 村。

[7]《B 市人民政府市长——H 工作大事记》，2014 年，中共 B 市委史志办公室。

[8]《B 市乡镇图志》，2016 年，中共 B 市委史志办公室。

[9]《B 统计年鉴》，2011 年，B 市统计局。

[10]《C 年鉴》，2014 年，C 市人民政府。

[11]《C 统计年鉴》，2016 年，C 市统计局。

[12]《H 村志》，2016 年，A 市 LR 镇 H 村委会。

[13]《W 村志——H 省 B 市 ZF 镇》，2015 年，H 省 B 市 ZF 镇 W 村。

[14]《ZF 村村志》，2017 年，H 省 A 市 ZF 村。

[15]《中共 B 市委书记——W 工作大事记》，2014 年，中共 B 市委史志办公室。

二 著作类

[1]［德］阿特斯兰德：《经验性社会研究方法》，李路路、林克雷

译，中央文献出版社 1995 年版。

［2］〔英〕安东尼·吉登斯：《民族—国家与暴力》，生活·读书·新知三联书店 1998 年版。

［3］〔英〕安东尼·吉登斯：《社会的构成》，生活·读书·新知三联书店 1998 年版。

［4］〔美〕奥尔森：《权力与繁荣》，苏长、嵇飞译，上海人民出版社 2005 年版。

［5］〔美〕巴林顿·摩尔：《民主和专制的社会起源》，拓夫等译，华夏出版社 1987 年版。

［6］暴景升：《当代中国县政改革研究》，天津人民出版社 2007 年版。

［7］〔美〕本迪克斯：《马克斯韦伯思想肖像》，刘北成译，上海人民出版社 2002 年版。

［8］〔美〕彼得·布劳：《社会生活中的交换与权力》，李国武译，华夏出版社 1988 年版。

［9］〔美〕波林·罗斯诺：《后现代主义与社会科学》，张国清译，上海译文出版社 1998 年版。

［10］〔法〕布迪厄、华康德：《实践感》，蒋梓骅译，译林出版社 2003 年版。

［11］〔法〕布迪厄、华康德：《实践与反思》，李猛、李康译，中央编译出版社 1996 年版。

［12］〔法〕布尔迪厄：《文化资本与社会炼金术》，包亚明译，上海人民出版社 1997 年版。

［13］曹明贵：《农村人力资源开发与人力资本流动研究》，经济科学出版社 2006 年版。

［14］〔美〕查尔斯·蒂利，西德尼·塔罗：《抗争政治》，李义中译，译林出版社 2010 年版。

［15］〔英〕戴维·毕瑟姆：《官僚制》，韩志明，张毅译，吉林人民出版社 2005 年版，

［16］〔英〕戴维·米勒、韦农·波格丹诺主编：《布莱克威尔政治学百科全书》，邓正来等译，中国政法大学出版社 2002 年版。

［17］［美］丹尼斯 C. 缪勒：《公共选择理论》，杨春学等译，中国社会科学出版社 1999 年版。

［18］［美］道格拉斯·C 诺斯：《制度、制度变迁与经济绩效》，上海三联书店、上海人民出版社 1994 年版。

［19］［美］道格·麦克亚当，西德尼·塔罗，查尔斯·蒂利：《斗争的动力》，屈平、李义中译，译林出版社 2006 年版。

［20］《邓小平文选》，第二卷，人民出版社 1994 年版。

［21］《邓小平文选》，第三卷，人民出版社 1993 年版。

［22］邓正来、［英］J·C. 亚历山大编：《国家与市民社会》，中央编译出版社 2002 年版。

［23］邓正来主编：《布莱克维尔政治学百科全书》，中国政法大学出版社 1992 年版。

［24］董海军：《塘镇：乡镇社会的利益博弈与协调》，社会科学文献出版社 2008 年版。

［25］［美］杜赞奇：《文化、权力与国家》，王福明译，江苏人民出版社 1994 年版。

［26］杜小真编：《福柯集》，上海远东出版社 2003 年版。

［27］［美］E. 希尔斯：《论传统》，傅铿、吕乐译，上海人民出版社 1991 年版。

［28］樊红敏：《县域政治：权力实践与日常秩序——河南省南河市的体验观察与阐释》，中国社会科学出版社 2008 年版。

［29］樊红敏：《转型中县域治理：结构、行为与变革》，中国社会科学出版社 2013 年版。

［30］方江山：《非制度政治参与——以转型时期中国农民为对象分析》，北京：人民出版社 1982 年版。

［31］费孝通：《美国与美国人》，生活·读书·新知三联书店 1986 年版。

［32］费孝通：《乡土中国生育制度》北京大学出版社 1998 年版。

［33］冯军旗：《中县干部》，北京大学博士论文，2011 年。

［34］［法］福柯著：《治理术》，李猛译，载于《现代性基本读本》（下），赵晓力译，河南大学出版社 2005 年版。

［35］［日］高见泽磨：《现代中国的纠纷与法》，何勤华译，法律出版社 2003 年版。

［36］［美］格尔兹：《尼加拉：十九世纪巴厘剧场国家》，赵丙详译，上海人民出版社 1999 年版。

［37］［美］格尔兹：《文化的解释》，纳日碧力戈等译，社会科学文献出版社 2000 年版。

［38］郭于华：《仪式与社会变迁》，社会科学文献出版社 2000 年版。

［39］郭忠华主编：《公民身份与社会阶级》，江苏人民出版社 2007 年版。

［40］［英］哈耶克：《自由秩序原理》，邓正来译，生活·读书·新知三联书店 1997 年版。

［41］何显明：《市场化进程中的地方政府行为逻辑》，人民出版社 2009 年版。

［42］贺东航：《地方社会、政府与经济发展》，中国社会科学出版社 2011 年版。

［43］［美］亨廷顿：《变化社会的政治秩序》，生活·读书·新知三联出版社 1989 年版。

［44］胡福明主编：《政治学词典》，浙江教育出版社 1989 年版。

［45］胡伟：《制度变迁中的县级政府行为》，中国社会科学出版社 2009 年版。

［46］华尔德：《共产党社会的新传统主义》，龚小夏译，牛津大学出版社 1996 年版。

［47］黄光国：《面子：中国人的权力游戏》，中国人民大学出版社 2004 年版。

［48］黄小勇：《现代化进程中的官僚制》，黑龙江人民出版社 2003 年版。

［49］黄宗智：《长江三角洲小农家庭与乡村发展》，中华书局 2000 年版。

［50］黄宗智：《华北的小家经济与社会变迁》，中华书局 2000 年版。

［51］［美］吉尔兹：《地方性知识》，王海龙等译，社会科学文献出版社 2000 年版。

［52］金耀基：《金耀基自选集》，上海教育出版社 2002 年版。

［53］金耀基：《中国政治与文化》，牛津大学出版社 1997 年版。

［54］瞿同祖：《清代地方政府》，法律出版社 2003 年版。

［55］［美］克利福德·吉尔兹：《地方性知识》，王海龙、张家瑄译，中央编译出版社 2004 年版。

［56］孔飞力：《叫魂——1768 年中国妖术大恐慌》，上海三联书店 1999 年版。

［57］李侃如：《治理中国：从革命到改革》，胡国成、赵梅译，中国社会科学出版社 2010 年版。

［58］李连江、欧博文：《中国农民的依法抗争》，太平洋世纪研究所 1997 年版。

［59］李强：《自由主义》，中国社会科学出版社 1998 年版。

［60］梁漱溟：《中国文化要义》，学林出版社 1987 年版。

［61］林南：《社会资本》，上海人民出版社 2005 年版。

［62］林耀华：《金翼：中国家族制度的社会学研究》，生活·读书·新知三联书店 1989 年版。

［63］林毓生：《中国传统的创造性转化》，三联书店 1988 年版。

［64］刘守英等：《城市化、土地制度与经济可持续发展：以土地为依托的城市化到底能持续多久?》，世界银行研究报告 2005 年版。

［65］刘小枫：《现代性社会理论绪论》，上海三联书店 1998 年版。

［66］刘子富：《新群体事件观——贵州瓮安“6·28”事件的启示》，新华出版社 2009 年版。

［67］卢现祥主编：《新制度经济学》，武汉大学出版社 2007 年版。

［68］［美］罗纳德·H. 科斯：《财产权利与制度变迁——产权学派与新制度学派译文集》，上海人民出版社 1994 年版。

［69］［德］马克斯·韦伯：《经济与社会》上卷，林荣远译，商务印书馆 1997 年版。

［70］［德］马克斯·韦伯：《儒教与道教》，王容芬译，商务印书馆 1995 年版。

［71］［德］马克斯·韦伯：《韦伯作品集Ⅱ：经济与历史支配的类型》，康乐、简惠美译，广西师范大学出版社 2004 年版。

［72］［德］马克斯·韦伯：《韦伯作品集Ⅶ：社会学的基本概念》，顾忠华译，广西师范大学出版社 2004 年版。

［73］［德］马克斯·韦伯：《支配社会学》，康乐等译，广西师范大学出版社 2004 年版。

［74］［英］迈克儿·曼著：《社会权力的来源》第一卷，刘北成等译，上海人民出版社 2002 年版。

［75］［法］米歇尔·福柯：《规训与惩罚》，生活·读书·新知三联书店 1999 年版。

［76］［法］米歇尔·福柯：《知识考古学》，谢强、马月译，生活·读书·新知三联书店 2003 年版。

［77］慕毅飞、陈奕敏：《民主恳谈：温岭人的创造》，中央编译出版社 2005 年版。

［78］［英］尼格尔·多德：《社会理论与现代化》，陶传进译，社会科学文献出版社 2000 年版。

［79］［英］诺斯科特·帕金森：《官场病》，陈休证译，生活·读书·新知三联书店 1982 年版。

［80］［美］欧文·戈夫曼：《日常生活中的自我呈现》，黄爱华、冯钢译，浙江人民出版社 1989 年版。

［81］欧阳静：《策略主义——桔镇运作的逻辑》，中国政法大学出版社 2011 年版。

［82］强世功：《法制与治理——国家转型中的法律》，中国政法大学出版社 2003 年版。

［83］［美］乔纳森·特纳：《社会理论的结构》上、下卷，邱泽奇等译，华夏出版社 2001 年版。

［84］［英］乔纳森·波特、玛格丽特·韦斯雷尔：《话语和社会心理学》，中国人民大学出版社 2006 年版。

［85］［美］R·麦克法夸尔、费正清：《剑桥中华人民共和国史：革命的中国的兴起——1949—1965 年》，谢亮生等译，中国社会科学出版社 1998 年版。

［86］荣敬本等：《从压力型体制向民主合作体制的转变——县乡两级政治体制改革》，中央编译出版社 1998 年版。

［87］沈大伟：《中国共产党：收缩与调试》，中央编译出版社 2011年版。

［88］宋维强：《社会转型期中国农民群体性事件研究》，华中师范大学出版社 2009 年版。

［89］苏力：《送法下乡——中国基层司法制度研究》，中国政法大学出版社 2000 年版。

［90］苏力：《制度是如何形成的》，中山大学出版社 1999 年版。

［91］苏曦凌：《委托—代理理论视角下的地方政府虚假治理行为》，内蒙古社会科学 2006 年版。

［92］孙中山：《建国方略》，华夏出版社 2002 年版。

［93］［德］T. 帕森斯：《社会行动的结构》，张明德等译，译林出版社 2003 年版。

［94］［美］特里·L. 库珀：《行政伦理学》，张秀琴译，中国人民大学出版社 2010 年版。

［95］［德］托马斯海贝勒、舒耕德、杨雪冬编：《“主动的”地方政治：作为战略群体的县乡干部》，中央编译出版社 2013 年版。

［96］［法］托克维尔：《论美国的民主》（上），董果良译，商务印书馆 1997 年版。

［97］汪民安、陈永固、张云鹏著：《现代性基本读本》（上、下），河南大学出版社 2005 年版。

［98］王铭铭、王斯福主编：《乡土社会的秩序、公正与权威》中国政法大学出版社 1997 年版。

［99］王先明：《近代绅士》，天津人民出版社 1997 年版。

［100］魏光奇：《官治与自治——20 世纪上半期的中国县制》，商务印书馆 2004 年版。

［101］［美］沃尔特·鲍威尔、保罗·迪马吉奥主编：《组织分析的新制度主义》，姚伟译，上海人民出版社 2008 年版。

［102］吴晗、费孝通等著：《皇权与绅权》，天津人民出版社 1988年版。

［103］吴思：《潜规则：中国历史中的真实游戏》，云南人民出版社 2001 年版。

［104］吴思：《血酬定律：中国历史中的生存游戏》，中国工人出版社 2003 年版。

［105］吴毅：《小镇喧嚣》，生活·读书·新知三联书店 2007 年版。

［106］［美］西德尼·塔罗著：《运动中的力量——社会运动与斗争政治》，吴庆宏译，译林出版社 2005 年版。

［107］夏勇：《走向权利时代——中国公民权利发展研究》，中国政法大学出版社 1999 年版。

［108］萧公权：《中国政治思想史》，辽宁教育出版社 1998 年版。

［109］谢立中、阮新邦：《现代性、后现代性社会理论：诠释与评论》，北京大学出版社 2004 年版。

［110］徐勇：《非均衡的中国政治：城市与乡村比较》，中国广播电视出版社 1992 年版。

［111］徐勇：《乡村治理与中国政治》，中国社会科学出版社 2003 年版。

［112］徐勇：《徐勇自选集》，华中理工大学出版社 1999 年版。

［113］杨国枢：《中国人的心理》，江苏教育出版社 2006 年版。

［114］杨念群：《中层理论——东西方思想会能下的中国史研究》，江西教育出版社 2001 年版。

［115］杨善华主编：《当代西方社会学理论》，北京大学出版社 1999 年版。

［116］杨雪冬：《市场发育、社会生长与公共权力构建——以县为微观分析单位》，河南人民出版社 2002 年版。

［117］应星：《大河移民上访的故事》，生活·读书·新知三联书店 2001 年版。

［118］应星：《"气"与抗争政治》，社会科学文献出版社 2011 年版。

［119］于建嵘：《当前压力维稳的困境与出路——再论中国社会的刚性稳定》，人民出版社 2012 年版。

［120］于建嵘：《抗争性政治：中国政治社会学基本问题》，人民出版社 2010 年版。

［121］于建嵘：《岳村政治》，商务印书馆 2001 年版。

［122］翟学伟：《人情、面子与权力的再生产》，北京大学出版

2005 年版

［123］翟学伟：《中国人行动的逻辑》，社会科学文献出版社 2001 年版。

［124］［美］詹姆斯·C. 斯科特：《农民的道义经济学：东南亚的反叛与生存》，程立显、刘建等译，译林出版社 2001 年版。

［125］［美］詹姆斯·汤森、布兰特利·沃马克：《中国政治》，董方、顾速译，江苏人民出版社 2005 年版。

［126］张静：《基层政权——乡村制度诸问题》，浙江人民出版社 2000 年版。

［127］张静：《现代公共规则与乡村社会》，上海书店出版社 2006 年版。

［128］张静主编：《国家与社会》，浙江人民出版社 1998 年版。

［129］张意：《文化与符号权力》，中国社会科学出版社 2005 年版。

［130］张仲礼：《中国绅士——关于其在 19 世纪中国社会中作用的研究》，上海社会科学院出版社 1991 年版。

［131］赵鼎新：《社会与政治运动讲义》，社会科学文献出版社 2006 年版。

［132］赵树凯：《乡镇治理与政府制度化》，商务印书馆 2010 年版。

［133］郑永扣主编：《河南社会治理发展报告（2017）》，社会科学文献出版社 2017 年版。

［134］郑永年：《保卫社会》，浙江人民出版社 2011 年版。

［135］中共中央文献研究室编：《毛泽东农村调查文集》，人民出版社 1982 年版。

［136］周黎安：《转型中的地方政府：官员激励与治理》，格致出版社 2008 年版。

［137］周庆智：《中国县级行政结构及其运行——对 W 县的社会学考察》，贵州人民出版社 2004 年版。

［138］周雪光：《组织社会学十讲》，社会科学文献出版社 2003 年版。

［139］朱国华：《权力的文化逻辑》，上海三联书店 2004 年版。

［140］［美］朱迪斯·戈尔茨坦、罗伯特·基欧汉编：《观念与外交

政策：信念、制度与政治变迁》，刘东国、于军译，北京大学出版社 2005年版。

[141] 邹谠：《二十世纪中国政治——从宏观历史和微观行动的角度看》，牛津大学出版社 1994 年版。

三 文章类

[1] 曹正汉、史晋川：《中国地方政府应对市场化改革的策略：抓住经济发展的主动权》，《社会学研究》2009 年第 4 期。

[2] 曹正汉：《中国上下分治的治理体制及其稳定机制》，《社会学研究》2011 年第 1 期。

[3] 陈柳钦：《产业集群发展中地方政府的角色》，《甘肃行政学院学报》2009 年第 1 期。

[4] 陈明：《选择性抗争：农民维权的一个解释性框架——基于皖北 X 县 Y 镇三位农民维权过程的比较分析》，《中国农村研究》2014 年第 2 期。

[5] 程熙：《"运动式治理"日常化的困境——以 L 县基层纠纷化解活动为例》，《社会主义研究》2013 年第 4 期。

[6] 储建国、贺东航：《第二期现代化与县政发展》，http://www.chinaelections.org/newsinfo.asp。

[7] 董海军：《"作为武器的弱者身份"：农民维权抗争的底层政治》，《社会》2008 年第 4 期。

[8] 董敬畏：《"底线型上访"——转型期涉法涉诉访的一种分析进路》，《中共杭州市委党校学报》2011 年第 6 期。

[9] 樊红敏：《城镇化进程中的社会风险》，《人民论坛》2011 年 5月中。

[10] 樊红敏：《传统中国政治结构与现代国家转型——韦伯的制度主义分析》，《求索》2006 年第 1 期。

[11] 樊红敏：《村民自治的发展路径与走向——河南省中牟县白沙镇村治经验及其启示》，《河南大学学报》2012 年第 1 期。

[12] 樊红敏：《基层民主建设的基本特征与发展走向》，《东南学

术》2010 年第 5 期。

[13] 樊红敏：《论现代国家的理想型——以权力运作为视角》，《东南学术》2006 年第 4 期。

[14] 樊红敏：《日常政治分析：县政研究的新进路》，《社会主义研究》2008 年第 4 期。

[15] 樊红敏：《县域政权建设：双重任务及实现路径》领导科学2010 年第 8 期。

[16] 樊红敏：《县域政治运作形态学分析——河南省 H 市日常权力实践观察》，《东南学术》2008 年第 1 期。

[17] 樊红敏：《县政改革：中国改革下一步的关键点》，《中国行政管理》2011 年第 1 期。

[18] 樊红敏：《新形势下中国基层治理与农村社会发展与变革》，《领导科学》2010 年第 23 期。

[19] 樊红敏：《以政治建设破解新农村建设的困局》，《学习与探索》2011 年第 5 期。

[20] 冯仕政：《中国国家运动的形成与变异——基于政体的整体性解释》，《开放时代》2011 年第 1 期。

[21] 福柯著：《无名者的生活》，李猛译，《国外社会学》2001 年第4 期。

[22] 郭于华：《弱者的武器与隐藏的文本，研究农民反抗的底层视角》，《读书》2002 年第 7 期。

[23] 韩博天：《中国异乎常规的政策制定过程：不确定情况下的反复试验》，《开放时代》2009 年第 7 期。

[24] 何显明：《市场化进程中的地方政府角色及其行为逻辑》，《浙江大学学报》（人文社会科学版）2007 年第 11 期。

[25] 贺东航：《当前中国政治学研究的困境与新视野》，《探索》2005 年第 1 期。

[26] 贺东航：《地方政治精英与制度创新》，《内蒙古大学学报（人文社会科学版）》，2006 年第 4 期。

[27] 黄顺康、夏俊毅：《"维稳"的机制设计思考》，《甘肃社会科学》2011 年第 3 期。

［28］黄宗智：《认识中国——走向从实践出发的社会科学》,《中国社会科学》2005 年第 1 期。

［29］黄宗智：《中国革命中的农村阶级斗争——从土改到"文革"时期的表达性现实与客观性现实》,载于《中国乡村研究》,第二辑,商务印书馆,2003 年版。

［30］蒋芳：《政治影响力及其社会来源》,《重庆科技学院学报》2007 年第 3 期。

［31］蒋俊杰：《跨界治理视角下社会冲突的形成机理与对策研究》,《政治学研究》2015 年第 3 期。

［32］焦长权：《政权"悬浮"与市场"困局"：一种农民上访行为的解释框架——基于鄂中 G 镇农民农田水利上访行为的分析》,《开放时代》2010 年第 6 期。

［33］金太军、赵金锋：《基层政府"维稳怪圈"现状、成因与对策》,《政治学研究》2012 年第 4 期。

［34］金耀基：《关系和网络的建构：一个社会学的诠释》,载于《金耀基自选集》,上海教育出版社,2002 年版。

［35］康晓光：《经济增长、社会公正、民主法治与合法性基础——1978 年以来的变化与今后的选择》,《战略与管理》1999 年第 4 期。

［36］康晓光：《未来 3—5 年中国大陆政治稳定性分析》,《战略与管理》2002 年第 3 期。

［37］康晓光：《再论"行政吸纳政治"——90 年代中国大陆政治发展与政治稳定研究》,《二十一世纪》2002 年第 5 期。

［38］赖诗攀：《中国科层组织如何完成任务：一个研究述评》,《甘肃行政学院学报》2015 年第 2 期。

［39］郎友兴：《民主治理的塑造：政治精英与中国乡村民主》,《浙江学刊》2002 年第 2 期。

［40］郎友兴：《中国式的公民会议：浙江温岭民主恳谈会的过程和功能》,《公共行政论》2009 年第 4 期。

［41］黎相宜：《精英型与草根型框架借用比较失地农民与知识精英的集体抗争》,《社会》2009 年第 6 期。

［42］李国强：《地方政府维稳绩效的前期考核——以 T 县"矛盾纠

纷排查调处"机制为例》，《经济社会体制比较》2012 年第 1 期。

　　[43] 李静君、张永宏：《制造同意：基层政府怎样吸纳民众的抗争》，《开放时代》2012 年第 7 期。

　　[44] 李里峰：《运动式治理：一项关于土改的政治学分析》，《福建论坛》2010 年第 4 期。

　　[45] 李强彬、岙娜：《维权与维稳：何以错位如何归位》，《理论探讨》2017 年第 1 期。

　　[46] 李强：《传统中国社会政治与现代资本主义——韦伯的制度主义解释》，《社会学研究》1998 年第 3 期。

　　[47] 李强：《国家能力与国家权力的悖论》，《中国书评》1998 年第 2 期。

　　[48] 李强：《后全能体制下现代国家的构建》，人大复印资料，《政治学》2002 年第 2 期。

　　[49] 李人庆：《依法治村如何可能——浙江宁海小微权力清单改革的案例研究》，《中国发展观察》2014 年第 12 期。

　　[50] 李婷婷：《"兜底"的调解者——转型期中国冲突管理的迷局与逻辑》，《社会主义研究》2012 年第 2 期。

　　[51] 李永刚：《多重比大小：地方官员的隐蔽治理逻辑》，《经济社会体制比较》2009 年第 2 期。

　　[52] 林尚立：《在有效性中累积合法性——中国政治发展的路径选择》，《复旦学报（社会科学版）》2009 年第 2 期。

　　[53] 刘君德：《论"强县扩权"与政区体制改革》，《杭州师范学院学报》2006 年第 6 期。

　　[54] 刘明辉：《多中心协同的治理创新——以邵武"民生 110"为例》，《中国领导科学研究年度报告》2015 年。

　　[55] 刘士欣：《基层政府公信力与应对群体性事件的路径思考》，《光明日报》2015 年 9 月 20 日。

　　[56] 刘述良：《中国"包容性治理"顶层政治制度设计——制度群的视角》，《学海》2013 年第 1 期。

　　[57] 刘义强、陈明：《中国县政的断裂与政治科层化风险分析》，《领导科学》2010 年第 26 期。

［58］刘义强：《从基层民主到地方民主：县域政治生态重构》,《探索》2008 年第 5 期。

［59］刘正强：《扩展型信访：对中国信访僵局的一个基础性解释》,《思想战线》2015 年第 4 期。

［60］刘正强：《信访的"容量"分析—理解中国信访治理及其限度的一种思路》,《开放时代》2014 年第 1 期。

［61］刘正强：《重建信访政治—超越国家"访"务困境的一种思路》,《开放时代》2015 年第 1 期。

［62］马长山：《我国维稳策略的反思与重构——以法治思维和法治方式为视角》,《北京联合大学学报（人文社会科学版）》2013 年第 3 期。

［63］马骏：《实现政治问责的三条道路》,《中国社会科学》2010 年第 5 期。

［64］马骏：《实现政治问责的三条道路》,《中国社会科学》,2010 年第 5 期。

［65］马奇、奥尔森：《新制度主义：政治生活中的组织因素》,殿敏译,《美国政治科学评论》1984 年第 3 期。

［66］马原：《基层维稳实践中的"规范化"形态与非正式治理》,《公共行政评论》2014 年第 6 期。

［67］马跃：《宏观工作体制和乡镇应对策略——对"上面千条线、下面一根针"的解读》,《经济社会体制比较》2011 年第 2 期。

［68］梅立润：《中国式维稳的变革》,《党政干部学刊》2016 年第 7 期。

［69］倪星、原超：《地方政府的运动式治理是如何走向"常规化"的？——基于 S 市市监局"清无"专项行动的分析》,《公共行政评论》2014 年第 2 期。

［70］聂军、柳建文：《基层政府维稳行为分析：政府属性的视角》,《社会主义研究》2013 年第 6 期。

［71］欧阳静：《基层治理中的策略主义》,《地方治理研究》2016 年第 3 期。

［72］欧阳静：《"维控型"政权多重结构中的乡镇政权特性》,《社会》2011 年第 3 期。

［73］欧阳静：《压力型体制与乡镇的策略主义逻辑》，《经济社会体制比较》2011 年第 3 期。

［74］裴宜理：《中国人的"权利"概念》，《国外理论动态》2008 年第 2 期。

［75］祁冬涛：《政治参与视角下的集体上访和村民自治—对当代中国农村政治参与和制度性变迁的个案研究》，载吴毅主编《乡村中国评论》第 2 辑，济南：山东人民出版社 2007 年版。

［76］钱海梅：《论社会转型期的责任行政》，《上海大学学报》2003 年第 2 期。

［77］清华大学社会学系社会发展研究课题组：《以利益表达制度化实现社会长治久安》，《清华大学社会发展论坛》2010 年第 4 期。

［78］丘海雄、徐建牛：《市场转型过程中地方政府角色研究述评》，《社会学研究》2004 年第 4 期。

［79］饶静、叶敬忠、谭思：《"要挟型上访"——底层政治逻辑下的农民上访分析框架》，《中国农村观察》2011 年第 3 期。

［80］任婧：《D 市社区网格化管理研究》，《D 大学》2013 年第 5 期。

［81］任中平：《维持地方新政可持续性的政治考量》，《领导科学》2011 年第 27 期。

［82］容志、陈奇星：《"稳定政治"：中国维稳困境的政治学思考》，《政治学研究》2011 年第 5 期。

［83］申端锋：《乡村治权与分类治理：农民上访研究的范式转换》，《开放时代》2010 年第 6 期。

［84］申恒胜：《基层政治改革的风险与启示——对四川省罗江县人大代表专职化改革的观察》《领导科学》2010 年第 32 期。

［85］申恒胜、王玲：《县域社会中的国家遭遇》，江苏大学学报（社会科学版）2010 年第 2 期。

［86］施新州：《县级党委的功能及其优化路径分析》《领导科学》，2010 年 11 月中。

［87］石发勇：《关系网络与当代中国基层社会运动：以一个街区环保运动个案为例》，《学海》2005 年第 3 期。

［88］时和兴：《走出地方冲突治理的误区》，《北京行政学院学报》2012 年第 4 期。

［89］舒刚：《从政治稳定到政治安全——转型期中国维稳战略的创新性转换》，《华中师范大学学报（人文社会科学版）》2013 年第 3 期。

［90］苏曦凌《委托—代理理论视角下的地方政府虚假治理行为》，《内蒙古社会科学》2006 年第 1 期。

［91］孙立平、郭于华：《“软硬兼施”：正式权力非正式运作的过程分析》，《清华社会学评论》，鹭江人民出版社 2000 年版。

［92］孙立平：《“过程—事件分析”与当代中国国家—农民关系的实践形态》，《清华社会学评论特辑》，鹭江出版社 2000 年版。

［93］孙立平：《软硬兼施：正式权力非正式运作的过程分析——华北 B 镇订购粮收购的个案研究》，《清华社会学评论》，鹭江出版社 2000 年版。

［94］孙立平、沈原等：《以利益表达制度化实现长治久安》，《学习月刊》2010 年第 23 期。

［95］孙立平、王汉生等：《作为制度运作和制度变迁方式的变通》，《中国社会科学季刊》1997 年冬季号。

［96］唐皇凤：《常态社会与运动式治理：中国社会治安治理中的“严打”政策研究》，《开放时代》2007 年第 3 期。

［97］唐皇凤：《“中国式”维稳：困境与超越》，《武汉大学学报（哲学社会科学版）》2012 年第 5 期。

［98］唐皇凤：《组织化调控：社会转型的中国经验》，《江汉论坛》2012 年第 1 期。

［99］陶鹏，童星：《邻避型群体性事件及其治理》，《南京社会科学》2010 年第 8 期。

［100］田润宇：《当代中国地方政府行为的激励结构解析》，《福建行政学院学报》2010 年第 3 期。

［101］田先红：《从维权到谋利——农民上访行为逻辑变迁的一个解释框架》，《开放时代》2010 年第 6 期。

［102］田先红：《当前农村谋利型上访凸显的原因及对策分析》，《华中科技大学学报》2010 年第 6 期。

[103] 田先红：《基层信访治理中的"包保责任制"：实践逻辑与现实困境》，《社会》2012 第 4 期。

[104] 托马斯·海贝勒、舒耕德：《作为战略性群体的县乡干部——透视中国地方政府战略能动性的一种新方法（上）》，《经济社会体制比较》2013 年第 1 期。

[105] 王德福：《政策激励型表达：当前农村群体性事件发生机制的一个分析框架》，《探索》2011 年第 5 期。

[106] 王丁：《以"互联网＋"打通群众工作"最后一公里"》，《重庆日报》2015 年 11 月 2 日。

[107] 王凤翔、陈柳钦：《地方政府为本地竞争性企业提供财政补贴的理性思考》，《经济研究参考》2006 年第 33 期。

[108] 王汉生、王一鸽：《目标管理责任制：农村基层政权的实践逻辑》，《社会学研究》2009 年第 2 期。

[109] 王洪伟等：《当代中国底层社会"以身抗争"的效度和限度分析：一个"艾滋村民"抗争维权的启示》，《社会》2010 年第 2 期。

[110] 王健、鲍静等：《"复合行政"的提出———解决当代中国区域经济一体化与行政区冲突的新思路》，《中国行政管理》2004 年第 3 期。

[111] 王玲：《灾害危机下基层政府与农民关系的重塑》，《领导科学》2010 年第 32 期。

[112] 王松柏：《维权与维稳的现状、关系及有效实现》，《探求》2016 年第 1 期。

[113] 王勇：《城市化进程中失地农民的利益表达》，《华中师范大学》2007 年第 4 期。

[114] 王振亚，王海峰：《利益视角下的乡镇政府行为逻辑分析——以甘肃 A 镇小城镇建设为例》，《西北大学学报（哲学社会科学版)》2011 年第 5 期。

[115] 韦长伟，贾晓光：《社会冲突解决中的"花钱买稳定"策略研究》，《吉首大学学报》（社会科学版）2015 年第 9 期。

[116] 魏治勋、白利寅：《从"维稳政治"到"法治中国"》，《新视野》2014 年第 4 期。

[117] 吴长青：《从"策略"到"伦理"：对"依法抗争"的批评性

讨论》,《社会》2010 年第 2 期。

[118] 吴国光:《构造"民主工程学":再论"县政中国"》,《当代中国研究》2007 年第 1 期。

[119] 吴国光:《"县政中国"——从分权到民主化的改革》,《当代中国研究》2004 年第 1 期。

[120] 吴毅:《"权力——利益"的结构之网与农民群体性利益表达的困境》,《社会学研究》2007 年第 5 期。

[121] 项赠、郭文亮:《从"权力维稳"到"权利维稳"的必然选择——基于价值理性与工具理性的视角》,《求实》2013 年第 7 期。

[122] 肖唐镖:《当代中国的"维稳政治":沿革与特点——以抗争政治中的政府回应为视角》,《学海》2015 年第 1 期。

[123] 谢家银、陈发桂:《诉访分离:涉诉信访依法终结的理念基础与行动策略》,《中共天津市委党校学报》2014 年第 6 期。

[124] 谢志岿、曹景钧:《低制度化治理与非正式制度》,《国外社会科学》2014 年第 2 期。

[125] 邢亮:《维权与维稳的冲突与化解——基于法治思维与法治方式的考察》,《福建行政学院学报》2014 年第 4 期。

[126] 徐隽:《让涉诉上访户"弃访转法"》,《人民日报》2016 年 11 月 30 日。

[127] 徐敏宁:《纵向政府组织博弈视角下的公共政策执行失灵探究》,《四川行政学院学报》2009 年第 6 期。

[128] 徐倩:《包容性治理:社会治理的新思路》,《江苏社会科学》2015 年第 4 期。

[129] 徐昕:《为权利而自杀:转型中国农民工的"以死抗争"》,《乡村中国评论》2008 年第 2 期。

[130] 徐勇:《当前中国农村研究方法论问题的反思》,《河北学刊》2006 年第 2 期。

[131] 徐勇:《"关系权":关系与权力的双重视角》,《探索与争鸣》2017 年第 7 期。

[132] 徐勇:《国家化与地方性背景下的双向型县域治理改革》,《探索与争鸣》2009 年第 11 期。

[133] 徐勇：《"回归国家"与现代国家的建构》，《东南学术》2006年第4期。

[134] 徐勇：《"接点政治"：农村群体性事件的县域分析——一个分析框架及以若干个案为例》，《华中师范大学学报》2009年第6期。

[135] 徐勇：《农民理性的扩张："中国奇迹"的创造主体分析》，《中国社会科学》2010年第1期。

[136] 徐勇：《强村、精乡、简县：乡村治理结构改革的走向》《战略与管理》2003年第4期。

[137] 徐勇：《县政、乡派、村治：乡村治理的结构性转换》、《江苏社会科学》2002年第5期。

[138] 徐增阳：《农民工非制度化维权倾向的影响因素研究》，《科技与社会》2015年第1期。

[139] 许尧：《维权与维稳的内在逻辑及相互促进机制》，《甘肃行政学院学报》2017年第3期。

[140] 薛艳雯：《孔子故里的农村版"小法庭"调解纠纷400余起》，《中国劳动保障报》2014年第11期。

[141] 阎云翔：《差序格局与中国文化的等级观》，《社会学研究》2004年第6期。

[142] 杨冬雪：《压力型体制：一个概念的简明史》，《社会科学》2012年第11期。

[143] 杨华，《"政府兜底"：当前农村社会冲突管理中的现象与逻辑》，《公共管理学报》2014年第4期。

[144] 杨鸣杰：《社会管理中地方责任政府建设》，《人民论坛》2015年第7期。

[145] 杨瑞龙：《我国制度变迁方式转换的三阶段论——兼论地方政府的制度创新行为》，《经济研究》1998年第1期。

[146] 杨善华、苏红：《从"代理型政权经营者"到"谋利型政权经营者"——向市场经济转型背景下的乡镇政权》，《社会学研究》2002年第1期。

[147] 杨宜勇：《运动式维稳是不可取的》，《人民论坛》2010年第19期。

［148］杨志玲、杨梦梦、史世奎：《论我国当前"压力维稳"体制：问题与制度化转型》，《学术探索》2015 年第 9 期。

［149］杨中芳：《传统文化与社会科学结合之实例：中庸的社会心理学研究》，《中国人民大学学报》2009 年第 3 期。

［150］杨中芳、林升栋：《中庸实践思维体系构想的建构效度研究》，《社会学研究》2012 年第 4 期。

［151］尹利民：《"包容性治理"何以可能——对中国基层信访治理形态嬗变的分析》，《学习论坛》2017 年第 1 期。

［152］尹利民：《策略性均衡：维权抗争中的国家与民众关系——一个解释框架及政治基础》，《华中科技大学学报（社会科学版）》2010 年第 5 期。

［153］尹利民：《民众维权表达的政府处置：在原则性与策略性之间》，《学习论坛》2011 第 12 期。

［154］尹利民：《逆科层化：软约束条件下基层政府的信访治理与组织运作——基于基层政府行为的组织学分析》，《学习与实践》2014 年第 5 期。

［155］应星：《草根动员与农民群体利益的表达机制——四个个案的比较研究》，《社会学研究》2007 年第 2 期。

［156］应星：《"气场"与群体性事件的发生机制》，《社会学研究》2009 年第 6 期。

［157］应星：《"气"与中国乡土本色的社会行动》，《社会学研究》2007 年第 6 期。

［158］于建嵘：《从刚性稳定到韧性稳定：关于中国社会秩序的一个分析框架》，《学习与探索》2009 年第 5 期。

［159］于建嵘：《当前农民维权活动的一个解释框架》，《社会学研究》2004 年第 2 期。

［160］于建嵘：《当前我国群体性事件的主要类型及其基本特征》，《中国政法大学学报》2009 年第 6 期。

［161］于建嵘：《当前压力维稳的困境与出路—再论中国社会的刚性稳定》，《探索与争鸣》2012 年第 9 期。

［162］于建嵘：《集体行动的原动力机制研究——基于 H 县农民维权

抗争的考察》，《学海》2006 年第 2 期。

[163] 于建嵘、李连江：《政治发展下一步：县政改革》，《领导者》2007 年第 18 期。

[164] 于建嵘：《利益、权威和秩序：对村民对抗基层政府的群体性事件的分析》，《中国农村观察》2000 年第 4 期。

[165] 于建嵘：《农民有组织抗争及其政治风险：湖南省 H 县调查》，《战略与管理》2003 第 3 期。

[166] 于建嵘：《维权就是维稳》，《人民论坛》2012 年第 1 期。

[167] 于建嵘：《县政改革的目标和路线图》，《东南学术》2010 年第 1 期。

[168] 于建嵘：《县政改革中的人大代表职业化》，《江苏行政学院学报》2010 年第 5 期。

[169] 于建嵘：《县政运作的权力悖论及其改革探索》，《探索与争鸣》2011 年第 7 期。

[170] 余敏江：《从反应性政治到能动性政治——地方政府维稳模式的逻辑演进》，《苏州大学学报（哲学社会科学版）》2014 年第 4 期。

[171] 俞可平：《动态稳定与和谐社会》，《中国特色社会主义研究》2006 年第 3 期。

[172] 俞可平：《改开放 30 年政府创新的若干经验教训》，《国家行政学院学报》2008 年第 3 期。

[173] 郁建兴、黄飚：《地方政府在社会抗争事件中的"摆平"策略》，《政治学研究》2016 年第 2 期。

[174] 郁建兴、徐越倩：《从发展型政府到公共服务型政府——以浙江省为个案》，《马克思主义与现实》2004 年第 5 期。

[175] 原超、李妮：《地方领导小组的运作逻辑及对政府治理的影响——基于组织激励视角的分析》，《公共管理学报》2017 年第 1 期。

[176] 苑丰：《近 30 年中国县政研究综述》，《东南学术》2008 年第 1 期。

[177] 苑丰、刘武芳：《20 世纪中国县政演变的逻辑》，《江苏大学学报（社会科学版）》2010 年第 2 期。

[178] 张爱军：《群体性事件概念之名实辨析》，《社会科学论坛》

2010 第 13 期。

[179] 张成福：《责任政府论》，《中国人民大学学报》2000 年第
2 期。

[180] 张德胜、金耀基、陈海文等：《论中庸理性：工具理性、价值
理性和沟通理性之外》，《社会学研究》2001 年第 2 期。

[181] 张荆红：《"维权"与"维稳"的高成本困局——对中国维稳
现状的审视与建议》，《理论与改革》2011 年第 3 期。

[182] 张康之：《公共行政中的责任与信念》，《中国人民大学学报》
2001 年第 3 期。

[183] 张立：《公民维权与政府维稳的关系》，《辽宁行政学院学报》
2011 年第 12 期。

[184] 张树旺、李伟、王郅强：《论中国情境下基层社会多元协同治
理的实现路径——基于广东佛山市三水区白坭案例的研究》，《公共管理
学报》2016 年第 2 期。

[185] 张贤明：《政治责任与法律责任的比较分析》，《政治学研究》
2000 年第 1 期。

[186] 张杨：《社会运动的研究——国家与社会关系》，《学海》2007
年第 5 期。

[187] 张永宏、李静君：《制造同意：基层政府怎样吸纳民众的抗
争》，《开放时代》2012 年第 7 期。

[188] 张玉磊、刘晓苏：《基层维稳中的误区与矫正策略》，《理论探
索》2011 年第 2 期。

[189] 赵科天：《论"维稳"与"维权"的辩证协调》，《理论探索》
2013 年第 1 期。

[190] 赵蕾，《政治责任：制度逻辑与实现路径初探》，《经济研究导
刊》2013 年第 8 期。

[191] 赵树凯：《社区冲突和新型权力关系——关于 196 封农民来
信的初步分析》，《中国农村观察》1999 年第 2 期。

[192] 赵树凯：《乡村治理：组织和冲突》，《战略与管理》2003 年
第 6 期。

[193] 折晓叶：《县域政府治理模式的新变化》，《中国社会科学》

2014 年第 1 期。

　　［194］郑广怀：《劳工权益与安抚型国家——以珠江三角洲农民工为例》，《开放时代》2010 年第 5 期。

　　［195］郑永年：《地方民主、国家建设与中国政治发展模式：对中国政治民主化的现实估计》，《当代中国研究》1997 年第 2 期。

　　［196］郑永年：《中国政治改革从县政开始》，《南风窗》2009 年 6 月 15 日。

　　［197］钟伟军：《地方政府在社会管理中的"不出事"逻辑：一个分析框架》，《浙江社会科学》2011 年第 9 期。

　　［198］周飞舟：《从汲取型政权到"悬浮型"政权》，《社会学研究》2002 年第 1 期。

　　［199］周飞舟：《生财有道：土地开发和转让中的政府和农民》，《社会学研究》2007 年第 1 期。

　　［200］周黎安：《行政发包制》，《社会》2014 年第 6 期。

　　［201］周黎安：《中国地方官员的晋升竞锦标赛模式研究》，《经济研究》2007 年第 7 期。

　　［202］周孟珂：《"维稳"呈现法治化走向》，《中国社会科学报》2016 年第 6 期。

　　［203］周天楠：《推进政府治理能力现代化的关键》，《学习时报》2013 年第 12 期。

　　［204］周望、魏淑君：《法治、维权与维稳》，《甘肃理论学刊》2014 年第 6 期。

　　［205］周雪光：《基层政府间的"共谋"现象——一个政府行为的制度逻辑》，《开放时代》2009 年第 12 期。

　　［206］周雪光、练红：《政府内部上下级部门间谈判的一个分析模型——以环境政策实施为例》，《中国社会科学》2011 年第 5 期。

　　［207］周雪光：《"逆向软预算约束"：一个政府行为的组织分析》，《中国社会科学》2005 年第 2 期。

　　［208］周雪光：《运动型治理机制：中国国家治理的制度逻辑再思考》，《开放时代》2012 年第 9 期。

　　［209］朱德米：《构建维权与维稳统一的制度通道》，《复旦学报

（社会科学版）》2014 年第 1 期。

    ［210］朱海忠：《西方"政治机会结构"理论述评》，《国外社会科学》2011 年第 6 期。

    ［211］朱红琼：《多任务委托代理下的地方政府行为研究——兼论君主制下激励机制的运行》，《江苏社会科学》2008 年第 1 期。

    ［212］朱振辉：《社会治理创新中的维权与维稳研究》，《中共云南省委党校学报》2015 年第 2 期。

    ［213］庄文嘉《在政治与行政之间：我国基层劳动监察运作中的选择性政策执行——对某地级市劳动部门的个案研究》，《广东行政学院学报》2010 年第 4 期。

    ［214］邹满玲：《走出维稳悖论：亲民、和谐、理性维稳的回归——从"打错门"事件谈起》，《行政与法》2011 年第 1 期。

四　外文文献

    ［1］Albert Keidel, "China's Social Unrest: The Story Behind the Stories", Policy Brief by Camcgie Endowment for International Pease, 2006 (48).

    ［2］Althusser Louis, "Ideology and Ideological State Apparatuses", Mapping Ideology, 1994.

    ［3］Andrew Mertha, "Fragmented Authoritarianism 2.0: Political Pluralization in the Chinese Policy Process", The China Quarterly, 2009.

    ［4］Benedict J. Tria Kerkvliet, "The Power Of Everyday Politics : How Vietnamese Peasants Transformed National Policy", Journal of Agrarian Change, 2006, pp. 448 – 449.

    ［5］Bourdieu, P, Language and Symbolic Power, (ed), Tompson J. B. Cambridge: Polity Press, 1991.

    ［6］Cai Yongshun, "Power Structure and Regime Resilience: Contentious Politics in China", British Journal of Political Science, 2008, (3), pp. 411 – 432.

    ［7］Cai Yongshun, "State And Agents in China: Displining Government

Officials", Stanford University Press, 2015.

[8] Daron Acemoglu and James A Robinson, "Why Nations Fail: The Origins of Power Prosperity, and Poverty", Journal of Women's Health, 2012.

[9] David Kertzer, Ritual, Politics, and Power, London: Yale University Press, 1988, p. 235.

[10] David. S Meyer and Sidney Tarrow, "A Movement Society: Contentious Politics for a New Century", Washington: Rowman and Littlefield Publishers, 1998, p. 21.

[11] Doowon suh, "Institutionalization Social Movements: The Dual Strategy of the Korean Women's Movement", The Sociological Quarterly, 2011, pp. 442 – 471.

[12] Farrell and Hendy, The consequences of the internet for politics, Annual Review of Political Science, 2012.

[13] Gabriella Montinola, Ying yi Qian and Barry R. Weingast, Federalism, Chinese Style: the political basis for economic success in China. , Britain: CambridgeUniversityPress, 1995, pp. 50 – 81.

[14] Goffman, Erving. Frame Analysis, Boston: Northeastern University Press, 1986, p. 10.

[15] Gross and Neil, "A Pragmatist Theory of Social Mechanisms", American Sociological Review, 74 (3), 2009 (3), pp. 358 – 379.

[16] Huang, Philip C. C "Civil Justice in China: Representation and Practice in the Qing" Stanford University Press, 1996. p. xiv, 271.

[17] Jae Ho Chung, "Managing Political Crises in China: The Cases of Collective Protests" in Jae Ho Chung (ed.), China's Crisis Management , London : Rout ledge, 2011, pp. 25 – 42

[18] Jamees G. March and Johan P. O Lsen, "The Institution all dynamics of International Political Orders", in Peter J. Katzenstein (ed.), Exploration and Contestant in the Study of World Politics, Massachuset GS: The MIT Press, 1999, p. 308.

[19] J. Bruce and Jacobe, "A Preliminary Model of Particularistic Ties in Chinese Political Alliance: Kang – ching and Kuan – hsi in a Rural Taiwanese

Township", China Quarterly, June 1979, pp. 237 – 273

[20] Jean C. Oi, The Role of the Local State in China's Transitional E-conomy, The China Quarterly, No. 144, 1995 , pp. 1132 – 1149.

[21] Jin, H. , Y. Qian and, Barry R. Weingast, "Regional Decentrali-zation and Fiscal Incentives: Federalism, Chinese Style", Journal of Public E-conomics, Vol. 89, 2005, pp. 1719 – 1742.

[22] Joswph W. Esherick and Marry Rankin, Chinese Local Elites and Patterns of Dominance, Cambridge University Press, 1991, pp. 130 – 132.

[23] Kevin J. OʼBrien and Lianjiang Li, "Selective Policy Implementation in Rural China", Comparative Politics, Vol 31, No. 2. (Jan, 1999), pp. 167 – 186.

[24] Lianjiang Li and Kevin J. Oʼ brien, "Protest Leadership in Rural China", The China Quarterly, 2008, pp. 1 – 23.

[25] MarshallT. H and Tom Bottomore, Citizenship and Social Class, London: Pluto – press, 1992, p. 102.

[26] Michel de Certeau, The Practice of Everyday Life, California: U-niversity of California Press, 1988, p. 35.

[27] N Luhmann, The Differentiation of Society, New York: Columbi-aUniversity Press, 1982. p. 483.

[28] North, Douglass C, Wallis, John Joseph, Weingast, Barry R, "Vi-olence and Social Order: A Conceptual Framework for Interpreting Recorded Human History", Journal of Women's Health, 2009.

[29] Otto Gierke, Theories of the Middle Age, Cambridge: Cambridge U-niversity Press, 1996, p. 87.

[30] Patricia H. Thornton, William Occasion and Michael Lounsbury, The Institutional Logics Perspective—A New Approach to Culture, Structure, Oxford: Oxford University Press, 2012, p. 2.

[31] Polletta and Francesca, Freedom Is an Endless Meeting: Democracy in American Social Movement, Chicago: University of Chicago Press, 2002.

[32] PyeL, The Spirits of Chinese Politics, Massachusetts: Harvard Uni-versity, 1992.

［33］ Robert K. Merton, Social Theory and Social Structure, New York: The Free Press, 1957.

［34］ Rosental, Naomi, Meryl Fingrutd, Michele Ethier, Roberta Karant, and David MacD – onald, "Social Movements and Network Analysis: A Case of Nineteenth Century Woman's Reform in New York State", American Journal of sociology, Vol. 90.

［35］ Scott andJames C, Domination and the Arts of Resistance: Hidden Transcripts, New Haven: Yale University Press, 1990.

［36］ Scott, James C, "Patron – client politics and political change in Southeast Asia." Journal of American Political Science Review, Vol. 66, No. 1, 1972.

［37］ Scott, James C, Weapons of the Weak: Everyday Forms of Peasant Resistance, New Heaven and London: Yale University Press, 1985.

［38］ Sebastian Heilmann, Elizabeth J. Perry (eds.), Mao´s Invisible Hand: The Political Foundations of Adaptive Governance in China, Cambridge, MA: Harvard University Asian Center, 2011.

［39］ sharon kettering, Patrons, Brokers and Clients in Seventeenth Century France, New York: Oxford University Press. 1986.

［40］ Shils, Edward, The Constitution of Society, Chicago: University of Chicago Press, 1982.

［41］ Shirk. S, Competitive Comrades: Career Incentives and Student Strategies in China, Cambridge: UniversityofCaliforniaPress, 1980.

［42］ Thomas Lum, "Social Unrest in China", CRS Report for Congress, May 8, 2006.

［43］ Tilly, Charles, From Mobilization to Revolution, Massachusetts: Addison—Wesley Publishing Company, 1978, p. 52.

［44］ Tilly, Charles, The formation of National States in Western Europe, ed, Princeton: Princeton University Press, 1975, p. 711.

［45］ VivienneShue, The Reach of the State, Stanford: Stanford University Press, 1988.

［46］ Vogel, Ezra. F, "From Friendship to comradeship", China Quarterly, p. 44 – 60, No. 21, 1965.

[47] Y. Qian, Gabriella Montinola, Barry Weingast, "Federalism, Chinese Style: The Political Basis for Economic Success in China", World Politics, Vol. 48, No. 1, October 1995.

[48] YuhuaWang, Carl Minzne, "The Rise of the Chinese Security State", The China Quarterly, pp. 339 – 359, No. 22, May 2015.

附　　录

一　案例

A1：B 市 T 乡村民顾 * 土地租赁纠纷案

2006 年，B 市 T 乡村民顾 * 举家迁至 S 市，并承包 S 市康 * 农场耕地 94 亩，每亩转让费 2300 元，共计 21.62 万元，先期支付 15.62 万元，剩余 6 万元待土地收益后支付。2014 年 6 月间，康 * 称余款支付日期已到，要求限期付清，在顾 * 筹款期间康 * 率人将顾 * 一家从租住地撵走，并强行收回土地，造成顾 * 轻伤。此后顾 * 起诉至当地法院，但由于康 * 、顾 * 私下转让土地属违法行为，2 人纠纷未能在法院得到妥善解决。在之后数年中，顾 * 成为"上访专业户"，多次赴京上访。按照"属地责任"原则，S 市当地政府应为信访事项的主要负责人，但是由于顾 * 户籍尚在 T 乡，故 T 乡政府多次被上级通知赴京领人，并履行稳控在当地的责任，T 乡政府因此不堪其扰，至 2016 年 9 月，该案件仍在化解过程中。

A2：C 市 S 村王 * 交通纠纷案

2014 年 C 市 S 村村民王 * 死于一起普通交通事故，而王 * 的亲属不满意依法依规得到的赔偿，要求赔偿更多，遂将王 * 的尸体抬到出事路段阻碍交通，后又抬到县政府大门口摆灵堂大哭大闹。最后，县政法委不得不出面协调，进行兜底赔偿以化解冲突，王 * 的亲属得到了 30 万元赔偿款：保险公司和肇事方共赔偿 28 万元，肇事方所在地镇政府赔偿 1 万元，王 * 所在地镇政府赔偿 1 万元。

A3：A 市王 * * 因经济纠纷多年上访上访案例

信访人基本情况：王 * * ，女，82 岁，农民；反映问题：信访人反映的是 A 市杨 * * 办省钢琴艺术学校 A 分校因缺资金，向王 * * 借款购买教学用具，后杨＊＊因办学亏损，2002 年离开 A 市后杳无音讯，导致信访人无法讨要借款，要求政府出面向杨＊＊追讨借款的问题。稳控责任单位：市第一人民医院。稳控措施：鉴于信访人年纪大，身体 不好，家庭生活困难，市第一人民医院对信访人给予王＊＊贰万元的信访救助，救助后的剩余借款直到与借款人杨＊＊见面后再讨要。处理结果：经医院多次与信访人沟通，最后王＊＊同意就与杨＊＊之间的借款纠纷，经信访救助后愿停访息诉。信访人目前同意处理意见，王＊＊明确表示接受救助后彻底停访息诉。

A4：A 市李＊＊邻里纠纷上访案

个人情况：李＊＊，女，49，农民；反映问题：信访人反映的是信访人本人与邻居王＊＊宅基地纠纷等问题。李＊＊与王＊＊家系前后排邻居关系，因前后宅基地出水问题产生纠纷并发生肢体冲突，王＊＊受伤后被送往医院住院治疗 2 天，共花费医疗费 1344 元，李＊＊拒不支付王＊＊医疗费用被诉至法院。法院依法判决李＊＊赔偿王＊＊医疗费、误工费、护理费、住院伙食补助费等共计 1544 元。自此，双方积下矛盾。稳控责任单位：乡镇政府；稳控措施：该案件属诉求时间长，长期积累久拖未决的特殊疑难信访个案，经镇党委集体研究决定，特申请"特殊疑难信访问题专项资金"4 万元予以救助解决。处理结果：信访人同意处理意见，表示愿就此事拿到救助金后停访息诉。

A5：A 市 MX 镇李＊因与他人经济纠纷多年上访

个人情况：李＊，女，44，农民；反映问题：信访人反映李＊与李＊＊之间关于购买皂角树苗的经济纠纷问题。事情发生后，MX 镇党委政府积极调查询问事情的来龙去脉，多次出面帮忙协调。因只有口头承诺，无具体合同，故多次协调未果。在协调过程中了解到李＊的丈夫去年已去世，家中重要劳动力已缺失，且家中小女儿尚且年幼，生活实属困难，该镇政府拟决定救助李＊2 万元。稳控责任单位：乡镇政府；稳控措施：对信访人的稳控措施是镇政府给予其 2 万元的信访救助。处理结果：信访人同意处理意见，明确表示得到信访救助款后停访息诉。

A6：A 市朱＊＊因邻里纠纷多次上访

个人情况：朱＊＊，男，农民；反映问题：该信访积案发生在 2015 年，信访人反映原村干部罗＊＊用挖掘机挖断宅基出路一事，要求解决。

信访人朱＊＊房屋已经建成的事实，朱＊＊要求罗＊＊予以补偿合情合理。稳控责任单位：乡镇政府；稳控措施：该案件属于法度政策之外，情理之中，长期积累，久拖未决的信访个案，经镇政府对朱＊＊家庭经济状况调查，其家庭确实困难，经镇党委集体研究决定，特申请"特殊疑难信访问题专项资金"2万元予以救助解决。处理结果：信访人同意处理意见，明确表示接受政府救助后彻底停访息诉。

A7：A市张＊＊因出租土地纠纷而多次上访

个人情况：张＊＊，男，55，农民；反映问题：该信访积案发生在2015年，信访人反映本组村民张＊＊租其土地私自改变土地性质建房，要求其拆除所建房子等问题。稳控责任单位：乡镇政府；稳控措施：张＊＊案件属于法度政策之外情理之中，因长期上访造成生活困难的信访个案，考虑到实际情况，为彻底化解该案件，经镇党委集体研究决定，特申请"特殊疑难信访问题专项资金"4万元予以救助解决。处理结果：信访人同意处理意见，明确表示接受政府救助后彻底停访息诉。

A8：A市M镇娄＊＊因遗产纠纷长期上访

个人情况：娄＊＊，男，56，农民；反映问题：该信访案件发生在2006年，信访人反映娄＊＊叔父抢娄＊＊房子遗产一事。娄＊＊案件因诉求时间长，解决问题的客观依据缺失，M镇已穷尽一切努力，无法依法处理。该案件属于法度政策之外，情理之中，因信访人长期信访造成社会困扰的信访个案。稳控责任单位：乡镇政府；稳控措施：经对其家庭经济来源等基本情况了解，其家庭经济确实困难。经镇党委集体研究决定，特申请"特殊疑难信访问题专项资金"2万元予以救助解决。对信访人的稳控措施主要是给予其专项的信访救助补偿。处理结果：信访人同意处理意见，明确表示接受政府救助后彻底停访息诉。

A9：A市M镇何＊＊上访反映村干部贪污问题

个人情况：何＊＊，男，57岁，农民；反映问题：信访人反映的是村干部贪污、非法转让、倒卖土地及其被打砸车辆公安不破案等问题。调查组建议对何＊有关问题立案调查。根据初核报告建议，A市纪委于2014年9月经纪委常委会议研究，给予何＊党内严重警告处分。市纪委对M镇任村原支部书记何＊的处理意见，何＊＊仍不满意。后受到不明人士打击报复。信访人认为是因反映村干部经济问题而遭到的打击报复，并遭受重大经济损失，从而导致多次赴京上访。稳控责任单位：乡镇政府；稳控措施：该案件属于因举报受到打击报复造成的生活困难的信访个案，经镇党委集体研究决定，申请"特殊疑难信访问题专项资金"10万元予以救助解决。处理结果：信访人承诺拿到救助金后，保证停访息诉永不再上访。

A10：A市XJ村郭＊＊因反映村干部贿选长年上访

个人情况：郭＊＊，男，42，农民；反映问题：该案发生在2012年，信访人郭＊＊等人多次赴京到省上访反映2011年XJ村党支部换届存在贿选等问题。经RN街道工委、办事处组织由纪检、组织、工作片等职能站所专人组织的调查组深入到XJ村调查核实，信访人反映问题不属实。信访人郭＊＊因反复长期上访，致使信访人家中耕地撂荒、务工收入断档，家庭生活水平日益困难。稳控责任单位：街道办事处；稳控措施：经办事处对其家庭经济来源等基本情况了解，其家庭经济确实困难。为社会和谐稳定，特申请"特殊疑难信访问题专项资金"2万元予以救助解决。处理结果：信访人同意处理意见，承诺救助后保证停访息诉永不再上访。

A11：A市胡＊＊反映2009年以来医疗保险问题多年上访

个人情况：胡＊＊，女，65，C市食品公司已退休职工；反映问题：信访人本人认为其在职期间，单位应为其办理城镇职工医疗保险，故不愿办理城镇居民医疗保险或困难企业退休职工医疗保险，从而不断上访。城镇职工医疗保险施行初期，大多国企均未按规定给职工办理城镇职工医疗保险，现在信访人所在单位已改制结束，根据社保部门规定，职工退休后不能参加职工医保。稳控责任单位：商业总公司；稳控措施：考虑到信访人现在生活确实困难，商业总公司特为胡＊＊申请壹万元的信访救助资金解决上述问题。处理结果：信访人表示收到救助后申请加入城镇居民医保或困难企业退休职工医保，以后不再上访。

A12：B市王＊＊因下岗后工资和养老金问题多次上访

个人情况：王＊＊，男，52，职工；反映问题：信访人是B市某购物中心职工，每月工资仅1200元，低于当地最低工资标准。要求补发工资，补交差额部分养老金，解决生活困难问题而长期上访。信访人在购物中心下岗期间没有固定收入，生病住院后需长期服药，生活十分困难。ZA公司承租购物中心后，经购物中心与ZA公司协商，安排王＊＊上班，因其长年有病，身体较弱，只能做保卫工作，每月只有七天夜班，工资较低。因购物中心收入有限，经济上无力帮助王＊＊。稳控责任单位：商业总公司；稳控措施：一是解决其工作岗位；二是为信访人申请壹万元的信访救助资金。该信访事项属特殊疑难信访个案，商业总公司特为王＊＊申请壹万元的信访救助资金解决其生活困难问题。处理结果：信访人表示工资问题已解决，本人同意购物中心养老金补缴办法，收到信访救助后不再上访。

A13：C市X乡盲人夫妇因宅基地遗留问题上访案例

C市X乡是一个典型的农业乡，辖内一盲人夫妇因宅基地遗留问题反复上访。令X乡屡受上级追责。为防止该夫妇上访，X乡构筑了三道"防线"，一是在家门口"蹲点"，在一些重大节假日期间，乡政府委派专员及村干部在该夫妇家周围，几个人轮班把守。二是在交通要地"死盯"，一旦发现盲人夫妇不在家，工作人员会迅速赶赴该地汽车站、火车站等交通要地。去往北京的火车有时凌晨一两点才发车，这就意味着这些信访干部要等到凌晨两点才可以离开火车站。三是北京"劝返"。若两道防线均失守，乡政府则不得不依赖常驻北京的信访"值班"人员，"值班"人员通常在驻守在北京各大火车站、汽车站以及国家信访总局周边，一旦发现本地信访人员，一方面会迅速联系当地政府派员接人，另一方面则会"软磨硬泡"的劝上访者回乡。

A14：D市SF乡李＊＊上访事件

李＊＊曾于1999年至2008在SF乡工作（临时工），上访要求SF乡为其办理低保及退休手续，但是按照政策规定，李＊＊并不能享受上述待遇。在诉求未果后，李＊＊多次到国家信访局、中南海附近上访，D市G区明确李案为督办案件，要求SF乡限期解决，这给SF乡带来了巨大的政治压力。为推动李案解决，SF乡党委书记亲任组长，将李＊＊诉求中所涉及的各个科室负责人整合到了一个工作组内，工作组围绕李案召开了专题会议，党委书记表示要领会市政法委书记最新的讲话精神，顾全乡镇工作大局，"只要信访群众的诉求有一点合理成分，合理成分就要解决到位"，如果低保解决确有困难，可以考虑在其他方面解决。最终，形成了以"房屋征收办牵头，解决李＊＊百村庄安置政策、民政所牵头，解决李＊＊丈夫低保问题、综治办牵头，以信访人家庭困难名义向上级信访部门申请信访困难救助 7000 元整”为主要内容的化解方案。李＊＊最后息访罢诉。

A15：B 市 M 办事处 WT 村毛＊＊要挟性维权案例

1960 年出生在中部 H 省 B 市 M 办事处 WT 村毛＊＊，作为一个外嫁女，要求她及其家人享受村民待遇资格的认定，而根据《WT 村村规民约》，毛＊＊及其家人均不能享受村里的福利待遇。对《WT 村村规民约》，毛＊＊坚决不认同，于是，她开始走上了上访之路，要求享受 WT 村村民的诸如占地补偿费用、村民过节过会福利、丧葬费用补贴等。

从 2005 年 10 月至 2006 年 12 月 4 日，毛＊＊不间断到 M 办事处和 B 市信访办进行了数十次信访活动，主要诉求就是一家人的福利待遇。B 市信访办、M 办事处两级领导及办案人员多次与村两委、村民小组沟通协调，但村委会认为根据应村民自治少数服从多数的原则，村民代表大会不同意其村民资格，毛＊＊一家人不能得到福利待遇。

2006 年 12 月 4 日毛＊＊信访活动的升级，到地级市 D 市信访局上访。随着毛＊＊的村民待遇问题也成为一个越来越大的不稳定因素，办事处改变态度力争协调解决此问题，2007 年 1 月，最终经办事处多次与村两委、村民小组沟通协调，牵头对村规民约进行了调整，毛＊＊本人享受村里的一切福利待遇，其两个儿子享受部分村民福利，其丈夫则不享受村民福利。从处理意见看，毛＊＊通过信访达到了部分目的，但她认为这一结果与自己的诉求还有一定差距，“不同意”办事处的协调处理意见。2007 年 4 月 8 日，经市、县两级复查复核委员会复核，出具了信访事项的终结意见，认为办事处的处理意见“事实清楚，使用依据准确，程序合法，处理恰当，决定维持”，毛＊＊的信访事项已经过三级办理终结。

毛＊＊开始了越级非正常上访的道路。2007 年 5 月 23 日，毛＊＊到北京中南海地区越级非法上访，办事处将毛＊＊接回后，再次责成村两委对其福利待遇问题进行研究。2007 年 5 月 28 日，WT 村两委召开专题会议，维持了以前的处理意见。此后，毛＊＊多次到省市区三级信访部门上访。2007 年 9 月党的十七大召开在即，D 市加强了稳控工作，实行严格的责任追究制度：“在化解矛盾纠纷期间如发生重复赴京到省来市上访 1 次的，市信访工作领导小组对包案领导进行通报批评，发生 2 次的，给予诫勉谈话。”因此，9 月初至 10 月底，M 办事处对毛＊＊采取了 24 小时看守措施。

2007 年 11 月 26 日，毛＊＊又一次前往北京，到东交民巷进行非访，K 区、M 办事处和 WT 村派出工作组进京将其接回。2007 年 12 月 4 日，经反复沟通，毛＊＊和村两委均同意采取公决的方式解决该事项。经 WT 村两委成员、党员、群众代表组成的村民代表会议投票公决，绝对多数不同意其家人获得村民待遇。毛＊＊不服公决结果，于 12 月 7 日、12 日到北京总理驻地、天安门广场非访，并明确表示：不争取到子女及丈夫的福利待遇，誓不罢休！

2008 年元月至 3 月，是各级"两会"集中召开的时间。在这期间，毛＊＊成为重点稳控对象，M 办事处及 WT 村村委会专人负责，人盯人、人看人，期间，毛＊＊多次伺机到北京上访没有成功。两会结束后，2008 年 4 月 7 日、8 日、30 日赴京到国家信访局以及北京天安门等地进行越级上访。在举办奥运会期间，毛＊＊于 2008 年 7 月 29 日她再次到国家信访局上访。

北京奥运会期间，在空前严厉的稳定政策和最为严厉的责任追究制度下，基层政府感受到了前所未有的压力，在县领导的坚持下，2008 年 8 月，县政府领导要求"本着切实做到息诉罢访，确保稳定，具体问题具体解决的精神"，WT 村必须改变村规民约的有关规定，并采用会议形式，形成毛＊＊家人都享有村民福利待遇的结论。县域政府在信访人居高不下的信访诉求，以及全体村民的自治要求和共同利益的维护之间，最终将平衡点偏向了"会闹方"。至此，毛＊＊的信访诉求最终得以全部达到要求并得以解决。

信访问题彻底解决之后，毛＊＊并没有像基层政府想象的那样息诉罢访，又提出了新的要求，要求政府赔偿其因上访而造成的个人经济损失 90 余万元，在遭到拒绝后，又成了信访部门的常客，同时，她还鼓励同村部分群众为了利益共同上访。2008 年 9 月 12 日，毛＊＊与同村几名群众一起到北京国家信访局上访。2009 年 3 月 13 日，毛＊＊和同村其他 4 人到联合国开发署北京驻地进行非正常上访，闯入安全禁区，被北京市公安局朝阳分局行政拘留五日，这次的非正常上访，被确定为缠访闹访，2009 年 3 月 21 日，因涉嫌犯聚众扰乱社会秩序罪，毛＊＊被 D 市公安局 K 区分局刑事拘留，并于 4 月 16 日被逮捕，最终被判处有期徒刑三年，缓刑三年，毛＊＊的信访之路终以犯罪获刑终结。

A16：B市S乡苗＊＊信访案例

个人情况：苗＊＊，女，1934年生，汉族，住B市S乡。因与村干部在承包树园方面发生纠纷多次上访，后因无序上访被判犯非法集会罪、聚众扰乱社会秩序罪而获5年刑期，认为量刑过重，要求改判并给予赔偿。

上访过程：1986年，苗＊＊担任本村第二村民小组组长。期间，主持了本组村民的树园、苇园的承包分配工作。1991年，时任本村村长的孙＊＊开会宣布以前村民承包树园、苇园的合同作废，并强令村民伐树。苗＊＊不服，逐级上告到B市林业局、D市林业局、中部H省林业厅、国家林业部。最后，上级经过调查，承认原承包合同有效并认定了村长孙＊＊滥伐树木上万棵的事实。但村长并未因此得到处罚，而是逐步升迁为本村党支部书记、乡土地所长。苗＊＊不服，从此以后长期告状，而村长孙＊＊及相关村干部则对苗＊＊和她的家人进行报复：阻挠苗＊＊家接电、娶媳妇不开证明、不分土地等。

由于苗＊＊持续不断对已经任村支书的孙＊＊违反计划生育政策举报，1996年，B市计生委下达建议书，建议免去孙＊＊的村支书职务、停止他在土地所的工作。同年11月，告状回家路上的苗＊＊被孙＊＊以一万元价格雇佣的马＊＊、孙＊＊、杨＊＊等四人绑架，并密谋杀害，最终苗＊＊在他人的帮助下逃脱，并报案。1997年，苗＊＊在中部H省省委门前上访时得到在中部H省视察的国家领导的接见。其后，苗＊＊家的用电照明、给媳妇办户口等问题得到了解决。

1998年，2000年，2001年，2002年，参与绑架杀害苗＊＊的直接凶手马＊＊、孙＊＊、杨＊＊、李＊＊分别被抓获，被判如3年、8年、5年等刑事责任和民事责任，苗＊＊不服判决，认为幕后主使孙＊＊未能获得应有判决，持续上访，并于2002年11月，苗＊＊冲击中共十六大会场，闯进人民大会堂。不久，绑架杀害苗＊＊的幕后主使孙＊＊被拘留。2003年，Z市中级人民法院以故意杀人罪判处孙＊＊有期徒刑15年并赔偿苗＊＊经济损失2万元，期间，孙＊＊的亲属多人追打苗＊＊及其家人。判决后，苗＊＊拿到两份判决书，其中一份虽然也是写着判处孙＊＊有期徒刑十五年，可赫然标明孙＊＊的服刑期限到2008年。苗＊＊认为，这是法官故意的，为孙＊＊翻案或早日出狱预留的埋伏，因此依然坚持上访。

2005年4月14日下午，苗＊＊与李＊、李＊＊（两另案处理）等十余人，不听门卫劝阻，强行进入B市市委、市政府大院，在大院和办公楼内高声叫喊、大声吵闹，持续时间达数小时，后被公安人员强制带离。据访谈B市委因此将召开的全市信访稳定工作会议推迟到4月15日。2005年6月10日，苗＊＊与李＊、李＊＊等十余人，再次强行进入市委、市政府大院及办公楼内高声喊叫，大吵大闹，长达数小时，后被强制带离。2005年11月9日，苗＊＊等二十余名上访人员行至北京市日坛路日本驻华大使馆门前，苗＊＊带头穿上白色带"冤"字的上访衣，大声哭着喊冤枉，导致多人围观，后被强制带离。

因多次赴京上访等不当上访行为，2006年5月31日法院做出了刑事判决（2006年B刑初字第128号），以非法集会罪判处有期徒刑三年零六个月；犯聚众扰乱社会秩序罪，判处有期徒刑二年，决定执行有期徒刑五年，宣判后，苗＊＊不服提出上诉。后驳回上诉，维持原判。之后，苗＊＊仍以原判程序违法，向省高院申诉被驳回。

2010年，苗＊＊出狱后，开始持续不断上访。D市法院非常重视该上访案件，成立了以院长李＊为包案领导，主管刑事副院长郑＊为主要负责人，刑庭庭长张＊为责任人，刑庭副庭长孙＊为直接责任人的工作组，专门处理此案。事实上，本案中苗＊＊被判处非法集会罪和聚众扰乱社会秩序罪，是对其不当上访行为的惩罚，因信访被打击处理，案件本身被定性为"三不案件"，即"不受理，不登记，不交办"。

苗＊＊在出狱后仍坚持继续上访，认为自己有冤，D市法院认为她是缠访、闹访属无理信访，将其作为法院和当地党委政府的重点稳控对象来对待。

从1991年开始的二十多年里，苗＊＊奔波在B市、省城、北京等城市之间上访告状上访，乞讨为生、露宿街头或车站，多次被各级部门遣返，累计被收容和拘留四百多天。课题组成员在法院调研期间曾见到过苗＊＊一次，不仅在D市法院门口静坐，还去信访大厅大声喊冤，如今，她还在上访。

A17：D市Z县Y乡朱＊因法院执行不力上访案例

朱＊，男，汉族，Z县Y乡人；朱＊＊，女，汉族，Z县Y乡人，系

朱＊之妻。师＊（原告），女，汉族，Z县W乡人。朱＊、朱＊＊因与师
＊买卖合同一案，不服H省Z县人民法院民事判决，向D市法院提起上
诉，D市法院受理后，依法组成合议开庭审理了此案。判决后师＊胜诉，
但结果是法院迟迟不执行，多次反映情况得到的答复是在走程序，各部门
之间相互推诿，无奈之下师＊开始了上访之路。

案件基本情况：2009年朱＊、朱＊＊养鱼时赊购师＊的饲料二十次，
其中有朱＊出具欠款手续16次，朱＊＊出具欠款手续4次，共计款
140744元。2010年1月25日，师＊与其丈夫到朱＊家催要欠款时，朱
＊、朱＊＊给师＊70000元，由师＊的丈夫给朱＊、朱＊＊出具收款手
续。后师＊催要欠饲料款时，朱＊、朱＊＊以师＊销售的鱼饲料有质量问
题，且称在2010年1月25日已在朱＊、朱＊＊家协商一致，朱＊、朱＊
＊给付师＊饲料款70000元，余款不再给付折抵朱＊、朱＊＊的经济损
失。双方发生纠纷，师＊诉至法院。

2011年，原审法院判决买受人应当按照约定的数额支付价款。朱＊、
朱＊＊不服原审判决，认为一审法院认定事实错误，遂向D市法院上诉。
自2008年，朱＊、朱＊＊赊购师＊丈夫刘小四经销的鱼饲料，口头约定
卖鱼后给付赊欠的鱼饲料款后发现鱼饲料有质量问题，经调换，鱼饲料依
然存在质量问题而且Z县质量技术监督局也进行了调查，由于鱼饲料存
在质量问题致使朱＊、朱＊＊遭受严重经济损失，经双方算则达成口头协
议，下欠的鱼饲料款充抵我们的损失。由于双方相互信任，且有证人作
证，故没有写书面文字。

2012年，D市法院经审理查明事实与一审一致。对于朱＊、朱＊＊
下欠师＊鱼饲料款70744元，各方均没有异议，朱＊、朱＊＊认为，该款
双方已达成口头协议，充抵因师＊提供的鱼饲料有质量问题而给朱＊、朱
＊＊造成的损失。对此，师＊不予认可，朱＊、朱＊＊提供的证人证言不
足以证明其主张。D市法院认为，原审法院认定事实清楚，适用法律正
确，实际处理情况符合法律规定，依法维持原判。

自此，师＊信访路程才刚刚开始。虽然，师＊在一审、二审中均获得
了胜诉，但是其执行却迟迟不能进行。自二审胜诉后，师＊与其丈夫多次
去Z县法院进行上访均未果，无奈之下又多次前往D市法院进行信访，
在D市法院师＊得到了法院接访领导的接待，但得到的多是案件正在其

他部门办结中的模糊答复。后师＊与其丈夫得到消息，因朱＊家中有亲戚在法院工作，有其帮忙庇佑，所以迟迟得不到执行。师＊表示，一日不解决执行不力的问题，她就不会罢休，一直上访。

A18：D 市杨＊要求享受村民资格上访案例

杨＊，女，汉族，D 市 J 区 N 村人，主要信访诉求是，要求享受村民同等福利待遇及参加村民委员会选举。

案件的基本情况：J 区法院于 2008 年 11 月 10 日作出民事判决书，判决确定：一、准许原告杨＊与被告王＊离婚；二、双方婚后各项共同财产及土地承包经分割如下：1、位于 N 村北的被告王＊家承包的 2.8 亩的责任田（现在其上建有蘑菇生产大棚）从南向北的 1.2 亩部分归杨＊承包经营、耕种；2、原、被告双方婚后共同建造的石棉瓦房两（无产权证）南边的一间归原告杨＊使用，北边的一间由王＊使用；3、原、被告双方婚后所得树木补偿款、猪围补偿款及杨＊家场里种的树木折价款等共计55626 元，原、被告各分得 27813 元；4、原、被告婚后共同财产中电视机一台归原告杨＊所有，电动车一辆归被告王＊所有；三、本判决生效后，被告王＊返还原告杨＊补助款 1000 元；四、原告杨＊的其他诉讼请求不予支持。

上述判决生效后，王＊未按判决执行，杨＊于 2009 年 4 月 27 日向 J 区法院申请执行。立案执行后，责令其按期限履行法律义务，被执行人王＊仍未履行，后 J 区法院执行人员前往 D 市 J 区 N 村现场执行。2009 年12 月 16 日 J 区法院调整执行人员被执行人王＊所在的 J 区 N 村民委员会送达民事裁定书、协助执行通知书。2010 年 1 月 25 日 J 区法院采取强制措施将被执行人王＊在 N 村民委员会应得各项收入 31494 元进行扣划，现已发还杨＊。至此，民事决书判决杨＊给付部分已全部执行完毕，判决所涉及的王＊家承包的 2.8 亩的责任田，归杨＊承包经管、耕种的 1.2亩地，石棉瓦房一间。经本院前往 N 村民委员会调查，N 村魏河以南所有土地于 2009 年 10 月已由村集体收回，归集体所有，其中包括位于村北王＊家分产到户的 2.8 亩责任田。2010 年 3 月 16 日，杨＊与 N 村委会达成书面协议，由村委会性补助杨＊10 万元生活困难补助，用于以后生活等内容。

杨＊领取 10 万元后开始信访。J 区法院于 2010 年 4 月至 10 月期间多次传被执行人王＊到庭，与申请执行人协商，与 N 村委会协调；并于 2010 年 6 月 24 日召开了由市妇联、区妇联、区信访局、L 镇政府、镇妇联、N 村委会有关负责人参加的执行协调会。鉴于本案实际情况和杨＊的实际困难，2011 年 7 月 14 日杨＊与 N 村党支部、村民委员会签订了"关于解决杨＊生活困难问题的意见"。除 N 村委会上述给付杨＊10 万元以外，再补偿杨＊10 万元，共计 20 万元，杨＊已领取。当日，J 区法院执行人员对杨＊作了询问笔录，征求杨＊在上述签字的新协议后还有什么要求。杨＊认为：杨＊应给付石棉瓦一间的损失、在判决生效后杨＊使用 1.2 亩责任田期间的收益及电视机一台，共补偿 5000 元。J 区法院经研究救助杨＊5000 元，当日杨＊领走案件款 5000 元，向 J 区法院申请结案。

后杨＊因未达成诉求继续信访，接到信访交办后，J 区法院第一时间与信访人杨＊联系约谈，及时与申请执行人沟通，讲法释理、征得信访人理解。J 区法院已告知杨＊因其涉及村民待遇问题，可通过其基层组织予以解决。同时，J 区法院将积极与镇政府、村委会联督促基层组织落实信访人杨＊反映的情况；做好信访人的释法和说服工作，协调有关部门积极采取措施化解纠纷。根据案件执行情况 J 区法院确定案件稳控责任人为王＊、李＊为稳控责任人。但是，杨＊提出的享受村民同等福利待遇及参加村民委员会选举的诉求，仍然未能得到解决，杨＊认为自己既然是本村的村民就应该享受村民同等福利待遇及参加村民委员会选举的权利，为此杨＊将一直上访，直到达到诉求。

A19：D 市于＊不服法院赔偿决定上访案例

于＊，男，汉族，1966 年 3 月生，Q 市人。反映的主要信访诉求是，刑事案件作无罪处理后，要求追究相关人员滥用职权责任，并尽快给予国家赔偿。

案件基本情况：2009 年 5 月 23 日，于＊被 J 区分局以涉嫌诈骗刑事拘留，同年 6 月 15 日被 D 市 J 区人民检察院批准逮捕，2009 年 9 月 8 日，D 市 J 区人民检察院以涉嫌诈骗起诉至 J 区法院。2010 年 2 月至 2012 年 7 月之间，经历多次判决和发回重审，重审过程中，D 市 J 区人民检察院认为证据发生重大变化，请求撤回对于＊的起诉，J 区法院于 2013 年 8 月 15 日作出刑事裁定书，准许 D 市 J 区人民检察院撤回对于＊的起诉。于＊2013 年 8 月 22 日经检察院决定予以释放。

2014 年 2 月 21 日，J 区法院受理于 * 提出的国家赔偿申请，2014 年 4 月 14 日作出（2014）J 法国家赔偿决定，D 市 J 区人民法院赔偿于 * 被羁押 1553 天的赔偿（根据最高人民法院公布 2013 年国家职工日平均工资数额标准后十五日内以通知书的形式确定具体的赔偿数额）；赔偿于 * 精神损害抚慰金 50000 元；驳回于 * 的其他赔偿请求。于 * 对 J 区法院赔偿决定不服，已经向 D 市法院赔偿委员会提出赔偿请求，后未能及时得到解决于 * 便开始上访。

2016 年，接上级信访转办件后，J 区法院高度重视，由主管院长吕 * 包案，行政庭长任 * 负责，联系约谈信访人，信访人因在外地，委托律师来院，经过沟通，信访人表示对法院信访工作满意。J 区法院会继续与 D 市法院赔偿委员会配合，做好信访人的赔偿案件工作，并做好信访人的信访稳控工作。但是，对于于 * 的诉求至今未能给予满意的答复，于 * 表示将会继续上访直到达成诉求。

A20：D 市 XH 公司因房屋拆迁纠纷上访案例

本案原告是 H 省 XH 公司，住所地 H 省 D 市。法定代表人韩 *，董事长。反映的主要信访诉求是，D 市法院法官不作为，以权代法。

案件基本情况：H 省 XH 公司诉 D 市 J 区人民政府、D 市 J 区安全生产监督管理局、D 市 J 区 YJ 街道办事处筹备工作组强制拆除及行政赔偿一案，2007 年原告 XH 公司向 D 市法院提起行政诉讼。后 D 市法院移交 J 区法院审理，J 区法院受理后，于 2008 年 11 月 13 日作出行政判决，判决认定，被告 D 市 J 区人民政府和 D 市 J 区安全生产监督管理局，没有合法依据强制拆除房屋属违法行为，对于其他诉讼请求不予支持。原告不服，上诉至 D 市法院，D 市法院于 2009 年 7 月 2 日作出行政判决，判决驳回上诉，维持原判。

后原告向省高院申请再审，省高院于 2011 年 5 月 6 日作出行政裁定，指令 D 市法院再审。D 市法院再审后，于 2011 年 11 月 17 日作出新的行政裁定，认为原判决实体不当、证据不足，裁定撤销 D 市法院的行政判决和 J 区法院的行政判决，发回 J 区法院重审。J 区法院重审后，于 2012 年 8 月 20 日作出新的行政判决，判决确认被告 J 区人民政府和 J 区安全生产监督管理局，无合法依据强制拆除房屋属违法行为，判令被告 D 市 J 区人民政府、D 市 J 区安全生产监督管理局于判决生效之日起 30 日内陪偿原告财产损失五百零六万元；驳回原告的其他诉讼请求。判决达成后，原、被告双方不履行该判决，原告又上诉至 D 市法院，D 市法院于 2013 年 4 月 16 日作出行政裁定，裁定撤销 J 区法院新的行政判决，发回 J 区法院重审。

案件经过：1993 年，原告由 H 省科委批准，经 H 省工商局登记注册成立，1994 年，原告接受被告 J 区 L 镇人民政府招商邀请，将生产基地落户到 L 镇 M 村，2007 年 7 月 25 日上午，被告 J 区人民政府、J 区 L 镇人民政府、J 区安全生产监督管理局组织几百名身穿各种服装的政府工作人员（其中有政府工作人员、乡镇企业职工及民工），带着挖掘机、铲车、消防车及铁锤、撬杠、板手等工具，到原告生产厂区，L 镇政府在没有出示任何法律文书，也没有向原告说明任何情况的情况下，镇长命令在场的政府工作人员、乡镇企业职工、民工，先用铁锤把原告的门撬开，用极其粗暴、野蛮的手段将原告公司十几名在现场的职工强行拖拽、推搡、抬架出厂区。用铁锤把厂房大门、车间、仓库一个个砸开，用铲车、挖掘机等将原告的厂房、仓库推成一片废墟。原告的机器设备、原料、成品、半成品包装物等一切全部被砸坏，埋压在废墟，并用链轨车在上边回压，使被砸坏的财产再次遭破坏，彻底成为废品。原告拍摄现场的佳能摄像机及其内的录像资料也被捡走，原告厂长的手提包也被抢走（内装票据、合同、账簿及 1360 元现金全部丢失），被告的这次违法行为使原告遭受厂房、机器设备、原料、产品、半成品等损失，共计 506 万元，请求依法判令三被告强制拆除原告生产用房违法、并违令三被告连带赔偿原告直接损失 506 万元、新产品研发损失 225 万元，间接损失 500 万元共计 1231 万元。

J 区法院于 2014 年 12 月 11 日作出了最新行政判决，但是 XH 公司仍然不服，再次向省高院申请再审，目前该案省高院调卷复查中。

2014 年，案件判决后，韩 * 开始信访。承办人对信访人韩 * 进行了耐心解释，信访人韩 * 认为，因为被告是政府部门，D 市法院法官不作为、以权代法，无故拒不按照法律要求进行审理和判决，有失公允，要求申诉。目前，因该案在省高院申诉复查中，暂时不能给予有效解决，J 区法院将派专人继续做信访人的思想和稳控工作，并耐心劝说和引导信访人，让其通过法律途径解决诉求。但实际上，韩 * 多次上访寻求答复均被

"正在复查中"这样的理由拒绝给予解决，因此韩＊才不断信访。

A21：D市吕＊担保责任认定事实错误上访案例

吕＊，女，汉族，X市人。反映的问题及信访诉求是，原审认定钱＊的担保为一般保证并判决排除钱＊担保责任，属认定事实错误，适用法律错误，请求再审。

案件基本情况：2014年5月7日、2014年5月8日，张＊向吕＊共借款200000元。2014年6月8日张＊给吕＊出具保证一份，保证以上借款于2014年6月13日前全部付清，钱＊在该保证上书写："我愿把车豫A0XB22做保"。经查明，张＊、康＊系夫妻关系，应当共同还款。钱＊为该两笔借款提供担保，但该担保已超过担保期限六个月故不支持对钱＊的诉讼请求。原审判决：一、张＊、康＊偿还吕＊20万元本金及利息。二、驳回原告其他诉讼请求。诉讼费4393元由被告负担。

吕＊诉张＊、康＊、钱＊民间借贷纠纷一案，X市法院（2014）一审民事判决于2015年6月25日生效。原告吕＊于一审判决生效后向D市法院信访反映原审适用法律错误，D市法院信访工作人员对其进行解释和说明后，吕＊于2015年12月8日向X市法院申请再审，X市法院审查后依法裁定另行组成合议庭再审此案。

X市法院依法受理了信访人的再审申请，并另行组成合议庭进行认真复查。复查认为，钱＊承诺"我愿把车豫A0XB22做保"，属物的担保，即使没有办理质押抵押手续，也应当承担相关赔偿责任。原审错误将钱＊的担保行为定性为一般保证适用六个月保证期限，属适用法律错误，原告的再审申请符合《民事诉讼法》、《民事诉讼法解释》规定，应当再审。这之后，吕＊随即停止信访。

A22：D市石＊因法院调解案件程序违法上访案例

石＊，女，汉族，D市人。石＊上访反映的诉求是，反映调解案件程序违法。具体情况是，在办案过程中，存在程序违法，在没有见过主审法官之前，所谓的调解书已经打印好了，并采取非法的暗箱操作，把判决程序改为调解程序，把已经有失公平和有问题的《协议书》合法化。

案件基本情况：1996年6月10日。D市V区法院受理了原告祝成诉被告石＊离婚纠纷一案，6月14日，V区法院通知被告石＊领取了起诉状副本、答辩通知书。6月18日双方到V区法院，主审人对其婚姻状况

等进行调查并进行调解，双方自愿达成协议，并且该协议与 1996 年 4 月
22 日双方在 V 区公证分清的财产起证过的《离婚财产协议书》一致，主
审人根据其协议制作了（1996）民初字第 205 号民事调解书，经原民庭
庭长核责任主管副院长签发后，次日双方到法院领取了民事调解书。后石
* 开始长达 18 年的上访，反映调解案件程序违法，违背本人意愿制作调
解书，将判决改为调解。

　　V 区法院接到该信访案件后，确定该信访案件的包案领导、主要责任
人，次日主管信访的副院长王 * 即用电话直接约谈信访人石 *，想让石 *
告诉我们她现在的居住地或者是来趟法院，但是石 * 既不来注院也不告知
其住处，V 区法院通过其女婿做其思想工作，其女婿明确表示配合法院给
自己的岳母石 * 做思想工作。V 区法院人于 2014 年 4 月 29 日，通过石 *
所在单位退休办的领导通知石 * 次日去老年活动中心，当面约谈石 * 本
人。4 月 30 日，终于见到了信访人石 *，通过谈话，了解了其的诉求，
告知信访人石 * 与原告祝成自愿达成的协议与 1996 年 4 月 22 日在 V 区公
证处公证过的《离婚财产协议书》一致，孩子的抚养权通过另案起诉已
进行了变更，没有分清的财产起诉后 D 市法院已做出了判决且已执行完
毕，故认为信访人石 * 反映的问题均已得到了解决，并且该案已落实稳控
责任。

　　此后，石 * 多次到 D 市法院信访，认为原审法院调解案件程序违法，
在未经当事人同意的情况下，擅自将判决改为调解，对该调解不服要求改
判。但是，D 市法院依据公证过的《离婚财产协议书》和自愿达成调解
协议书一致，并且孩子的抚养权和没有分清的财产都已经通过另案起诉已
进行了变更、判决和执行，故无法解决石 * 的诉求。石 * 则始终对将判决
改为调解表示不服，在不能法律途径解决的情况下，毅然选择信访来反映
诉求。

A23：D 市汪 * 因工程合同纠纷上访案例

　　汪 *，男，汉族，H 省 A 人，系原告河南 YT 公司代理人。汪 * 主要
信访诉求是：认为判决不公，请求法院撤销原判决，进行再审。

　　案件基本情况：信访人汪 * 在 F 区法院涉及 8 个案件，其中 8 个案件
案情基本相同，现仅就（2006）民初字第 502 号原告河南 YT 公司诉 Z 县
政府建设工程合同纠纷一案简要案情进行解读：

1996年3月，Z县E镇人民政府决定建设HG服务园区，并成立负责园区招商、引资、规划等相关事宜的指挥中心。

1998年5月30日，原告和HG服务园区工程项目指挥中心（甲方），签订建设工程施工合同，合同约定：工程内容为S大道的路基和路面；承包方式为包工包料；工程造价为288万元；工程价款结算方式为拨款；符合验收标准并经甲方验收合格后支付；工程价款只结算80%的合同价款，本工程竣工验收后结算；经甲方组织竣工验收并审核竣工结算后，一月内一次性结付工程款；经甲方竣工验收后，原告在两周内提交竣工结算的相关资料；甲方收到原告竣工结算资料后两周内提出审核意见。合同签订后，原告于1998年10月29日向HG服务园区指挥中心申请开工。至1998年12月，原告完成了土方路基、土方路基床等工程，并通过分项工程质量验收。原告自行核算该工程造价为456052.70元。在庭审中，原告承认该工程没有总验收报告，456052.70元的结算报告未经过原工程项目指挥中心认可，后发生纠纷，诉至法院。

2005年5月24日，Z县人民政府成立的协调小组同汪＊（乙方）签订工程款结算协议，共同商定由甲方在2005年9月15日前一次性给付乙方全部E服务园区建设工程款人民币96700元整，再由乙方结清款项。该协议经由Z县公证处公证，且汪＊也在2005年8月16日从Z县人民政府领取了约定款项。但是汪＊依旧认为不公，开始上访。

2008年12月23日，G区法院对信访人汪＊、王＊、李＊、曹＊、付＊、郭＊立案时给予免缴一半的案件受理费44944元，后期又给予退还信访人另一半案件受理费的司法救助494元和分多次给予共13000元司法救助，因其多次信访，Z县人民政府为王＊支付困难补助金176000元，为汪＊支付223000元，为曹＊支付210000元，为郭＊支付200000元，为付＊支付100000元。王＊、汪＊、曹＊等签订息诉罢访协议，但信访人仍未息诉。

2013年11月14日，在G区法院召开有人大代表，政协委法律专家等参加的信访听证论证会，针对案件再审问题进行听证，经过听证结果也是不应进入再审。

2014年1月24日，又联系Z县政府、D市中院召开协调会，由于此案已经经过法院审理程序，且Z县给过困难救助，信访人也签过息访保证，所以也未协调成功。因信访人反映的 9 个同类型案件中的 4 个经过省高院再审驳回，G 区院无法启动再审程序，G 区院将信访人的诉求汇报到 D 市法院二审庭室民二庭，民二庭也同样认为案件经过省院再审驳回，二审法院也不能再审。

2016 年，G 区法院党组在接到中央巡视组交办的信访件后召开党组会，研究化解方案，鉴于信访人反复信访要求再审的诉求，决定再次召开专家论证会，邀请法律专家和 G 区法院在民商事审判方面经验丰富的审判委员会委员，针对信访人的诉求再次论证，为 G 区法院、D 市法院提供参考。

A24：C 市 QL 乡 Q 村李 * 因拆迁赔偿问题上访案例

C 市 QL 乡 Q 村李 * 因在某市重点工程拆迁过程中对赔付标准不认可而拒绝搬迁，后 QL 乡政府为保证重点工程的进展，决定依法对其进行强拆。强拆之后李 * 开始上访维权，且多次越级上访，并在重大节日、重大活动期间多次赴省、国家信访局反映情况。因此从 QL 乡到 C 市无不对李 * 头痛不已，多次与李 * 面谈无果后，然后根据其户籍关系查到其姐在 C 市 Y 乡工作，于是责令其姐对李 * 进行"稳控"，每到重大节日、重大活动李 * 姐姐都会被专门放假专职"稳控"李 *。自此李 * 越级上访，尤其是越级赴省、赴京上访得到有效遏制。

A25：B 市 QP 街办事处 ZL 社区麻 * * 拆迁补偿纠纷上访案例

麻 * *，女，62 岁，QP 街办事处 ZL 社区一组居民。自 2005 年反映 ZJ 公司霸占其宅基地，此宅基地上共有 2 条土桐一间房，麻 * * 从其父亲麻有处继承，以及 2006 年反映 B 市国土资源局非法给 ZJ 公司办理土地证问题。历时 12 年之久，历经持续不断信访，包括 2005 年开始不间断的赴 B 市、D 市、中部 H 省、北京上访，2012 年进行了信访三级终结，2013 年 9 月到国家信访局信访后被出具信访事项不予受理告知单；以及"信法不服法"，D 市人民政府 2007 年 12 月 6 日行政复议、B 人民法院 2013 年 12 月受理、D 市人民法院 2015 年受理、D 市中级人民法院正在审理中。期间，麻不断寻找时机，如在国庆、党和国家重要会议期间、国际会议等，突破重重"稳控"，携上访过程中认识"访友"被麻 * * 认作干爹的郭 * *，多次赴京省上访，仅赴京累计上访 20 次以上，成为当地"最主要"的不稳定因素和最头疼的"麻烦"。

A26：DF 镇政府先行垫付资金解决群众流转土地资金被骗问题案例

2014 年 XY 实业有限公司同 DF 镇 ZD 村签订土地流转合同，租用该村 128 亩土地用于建造玻璃温室大棚。但 2015 年初，多个合作单位和企业员工反映 XY 公司拖欠工程款及涉嫌诈骗问题。2015 年 5 月市公安局经侦队对 XY 实业有限公司涉嫌诈骗案进行立案侦查，并在核查后对该公司法人代表执行逮捕。但群众的土地流转金已经无法兑付，ZD 村村民集体联名上访，迫于压力，镇政府决定先行垫付 ZD 村村民 7 万元 XY 公司拖欠群众的土地租金。

A27：B 市 ZF 镇孟＊＊土地承包及确权上访案例

孟＊＊土地承包及确权诉求问题。孟＊＊，女上访者，90 年代涉及土地承包问题后来延伸到土地确权的问题，索赔金额达上亿元，上访将近 20 年，上访的一些问题已经超出了合理合法的诉求，这是短时间内困扰当地信访局的一个大问题。其与其家人年龄都不是很大，四五十岁左右，家徒四壁，不去干活，经常上访跟政府要钱。信访部门虽不可能答应其赔偿要求，但也会在逢年过节或敏感时期给予其一定的经济救助。

A28：B 市刘＊家庭困难要求社会救助案例

刘＊，年过六旬，其儿子郭＊于 2012 年 1 月 9 日意外死亡，郭＊已与妻子离了婚，留下一个四岁的女儿，刘＊以其年事已高，家庭生活困难为由，进行上访。在信访局的大力协助下，针对该信访问题，为刘＊协调信访紧急救助资金 4 万元，对此刘＊表示非常满意，并承诺今后息诉罢访。

A29：A 市陈＊＊要求解决生活困难问题上访案例

陈＊＊，女，30 岁，高中文化，农业户口。03 年，范＊＊将陈＊＊撞伤，认定为范＊＊主要责任，陈＊＊次要责任。陈＊＊及其母对法院的刑事和民事判决不服，上诉驳回后，接连到北京上访，存在闹访缠访行为。为切实解决陈＊＊的家庭生活困难问题，体现党和政府的关怀，A 市信访工作小组协调，由 A 市法院、公安局、检察院、镇政府、信访局共同筹资解决其生活困难问题，政府累计救助 84300 元。全家四口人全部享受低保，后镇政府为其安排宅基地，就宅基地问题政府补助金 2 万元。

A30：C 市 WL 镇村民李＊＊因患艾滋病而不断提出不合理经济诉求上访案例

村民李＊＊原系 C 市 WL 镇村民，其子和她都患有艾滋病。因其子住院开始到省政府、省民政厅上访，要求增加生活补贴、其子住院费用全额报销等违背政策要求，迫于压力，镇政府积极协调，争取到救助基金27000 元，以及违背政策的医疗费用 13000 元，李＊＊答应不再上访。从此以后，李＊＊开始频频向政府提出各种要求，息访 5 个月后进一步提出购买住房、报销医药、现金补助等要求。尽管政府最终同意为其购买农村社区 120 平小高层一套，但李＊＊旋即提出购买带车库连体别墅一套，导致未能达成一致协议。随后一年中，尽管镇政府陆续为其解决 10000 余元救助，但她仍然多次进京上访，并重新提出在县城购买商品房、每月1500 元生活费、亲属享受低保等 6 项新的要求。第三年，因李＊＊多次赴京非访，因涉嫌寻衅滋事罪被刑拘后，李＊＊丈夫串联其他艾滋病患者到省政府、县委县政府围堵、抗议，多次到北京非访，目前，李＊＊家人仍然在重要节点赴镇、县、市、省各级机关上访。

A31：D 市曹＊＊反映村庄拆迁问题上访案例

曹＊＊，男，37 岁。现户籍所在地为 D 市 XB 村。自 2014 年 10 月至2017 年 9 月，曹＊＊通过多种渠道反映其所购高价院在百村村庄拆迁中得到不公正待遇，并遭遇强拆问题。2014 年 10 月 11 日、10 月 14 日，曹＊＊通过市长热线反映其住所遭强拆问题，市长电话室责成 SF 乡政府开展调查。2015 年 6 月 29 日，SF 乡信访办正式受理了曹＊＊反映事项，并出具了信访事项实体性受理告知书，但随后 2016 年 7 月 1 日，SF 乡信访办以曹案系涉法涉诉案件，再次做出不予受理的决定，并建议曹＊＊走司法程序解决。在 SF 乡信访办作出答复后，曹＊＊多次到 D 市、省信访局等上访，并利用市、区领导视察、下访，以及中央巡视等机会重申自己的诉求，无奈之下，SF 乡信访办于 2016 年 5 月 9 日再次受理了曹＊＊反映事项，并成立由办事处副主任周＊＊为组长的调查小组，调查后于 2016年 7 月 13 日再次做出曹＊＊反映诉求不合理的决定，并上报区、市信访部门。

曹＊＊信访案件在经历了复审、复核后在程序上已宣告终结。但是，因诉求一直得不到满足，曹＊＊心理逐渐产生怨怼情绪，并多次到区、市信访部门扬言要与村委拆迁人员"打仗"，威胁造成拆迁人员伤亡属于"正当防卫"。但是其非理性行为对于其反映事项并无实质帮助，在缺乏新的政策与证据支持的情况下，百村委决定对曹＊＊所有的高价院进行拆除作业。

2017 年 8 月 28 日，SF 乡召开百村拆迁清零工作推进会，要求细化分工，明确责任，做好宣传动员工作，确保按期完成"清零"任务。曹＊＊及其姐所持有的高价院一直未能顺利拆迁，属于百村应完成"清零"任务之一，9 月 4 日，村两委工作人员在寻找曹＊＊妻哥协商解决其违法建筑问题时，曹＊＊驾车冲撞现场人员，继而持械造成工作人员一死一伤后逃逸。9 月 7 日，D 市公安局发布公告抓获曹＊＊，其对犯罪事实供认不讳。曹＊＊最终以极端的方式结束了信访之路。

A32：C 市王＊＊举报后受恐吓殴打上访案例

王＊＊，男，63 岁，农民，曾任 C 市 X 村村民委员会主任。反映在担任村民委员会主任期间，受到该镇副镇长恐吓和殴打，从 2002 年至今，多次到京、省上访，要求公正公平并得到经济补偿，面对巨大的信访压力，该镇副镇长已经被免职判刑，申请"特殊疑难信访问题专项基金"10 万元，上访人签订息诉罢访承诺书。

A33：C 市乔＊＊因土地纠纷上访案例

乔＊＊，女，61 岁，农民，反映村民王＊侵占其宅基地问题，由于两人所持集体土地证存在交叉，年代久远，多次调解无果，信访人不断上访。该案中涉及的客观依据缺失，难以落实责任主体，确属长期特殊疑难信访个案，乡镇政府申请 4 万元"特殊疑难信访问题专项资金"予以救助

二　访谈

B1：B 市 X 街道街道办 Z 主任访谈录音整理

B2：A 市 R 乡的信访人 L 某访谈录音整理

B3：A 市 R 乡 B 村村委书记 Z 某访谈录音整理

B4：A 市 R 乡 B 村村主任 C 某访谈录音整理

B5：H 市法院信访工作人员 W 某访谈录音整理

B6：A 市 R 乡 B 村村委书记 Z 某访谈录音整理

B7：A 市 M 乡镇副镇长 Z 某访谈录音整理

B8：A 市 M 乡镇信访办主任 C 某访谈录音整理

B9：C 市 QL 镇副镇长 L 某访谈录音整理

B10：C 市 QL 镇党委书记 L 书记访谈录音整理

B11：C 市 QL 镇信访办 C 访谈录音整理

B12：B 市 SF 街道信访干部 L 某访谈录音整理

B13：A 市市委书记 G 书记的访谈录音整理

B14：C 市 L 乡 W 乡长访谈录音整理

B15：E 市信访部门信息科 W 科长访谈录音整理

B16：E 市信访人 S 某访谈录音整理

B17：A 市信访部门办公室 W 主任访谈录音整理

B18：B 市信访部门接访办 Z 科长访谈录音整理

B19：B 市 QP 街道办事处信访工作人员 S 某访谈录音整理

B20：B 市综治办工作人员 W 某的访谈录音整理

三　文件

C1：地级市 Z 市《社会治安综合治理领导责任制实施细则》

C2：A 市《信访稳定工作月考核及奖惩办法》

C3：A 市 DY 乡《村支部书记社会冲突治理工作责任书》

C4：A 市《村支部书记综治工作评分表》

C5：A 市《年度信访综治和平安建设工作考评办法》

C6：A 市《关于进一步明确财政经费拨付与信访工作挂钩管理办法的通知》

C7：H 省《社会治安综合治理领导责任制实施办法》

C8：地级市 Z 市《健全落实社会治安综合治理领导责任制规定》

C9：《信访工作责任制实施办法》

C10：B 市《信访局领导信访接待日安排表》

C11：A 市《矛盾纠纷调处化解平台规范化建设实施方案》

C12：中央政府办公室办、国务院政府办公室《信访条例》

C13：《关于进一步加强新时期信访工作的意见》

C14：A 市《全市特定利益群体稳控化解专项治理工作方案》

C15：A 市《X 镇特定利益群体稳控化解专项治理工作会议纪要》

C16：A 市《L 镇领导包案制制度规定》

C17：H 省信访局《关于对来省越级走访信访事项界定通报及核查认定标准的通知》

C18：2014 年 5 月《在 B 市做好新形势下群众工作专题报告会上的讲话》

C19：2015 年 9 月《在全市安全生产暨信访稳定工作会议上的讲话》

C20：2013 年 10 月《在 B 市"听民生、解民忧、促和谐、迎国庆"信访稳定专项治理活动总结表彰会上的讲话》

C21：2013 年 3 月《在全市政法暨平安建设信访工作会议上的讲话》

C22：H 省《关于开展化解信访积案集中攻坚活动实施方案》

C23：A 市委《关于开展信访积案集中攻坚活动的实施方案》

C24：《关于开展信访突出问题和社会矛盾大排查大化解活动实施方案》

C25：《WT 村村规民约》

C26：《信访工作责任制实施办法》

C27：B 市 S 乡《全国"两会"期间信访稳定突发事件应急预案》

C28：H 省信访局《关于对来省越级走访信访事项界定通报及核查认定标准的通知》

C29：《W 镇全国两会期间的信访稳定工作方案》

致　谢

　　学术研究的目的在于洞察真实的世界，从十三年前到豫西一个县挂职参与式观察完成县域政治运作的博士论文，县域治理作为一个学术性命题逐步得到彰显，习近平总书记在赴河南视察指导时，提出了县域治理"三起来"的要求，即"把强县和富民统一起来，把改革和发展结合起来，把城镇和乡村贯通起来"，强调县作为城市与乡村的交汇点以及政策执行的一线指挥部的独特地位。在本书撰写的过程中，经常萦绕在我脑海中的想法是：县域政府社会治理的独特性及其背后的机制是什么，模糊性治理的框架就是在3年多以来县域参与、观察与思考的过程中初步形成的，但还需要进一步阐释、完善和修订。

　　这本书是在笔者国家社科基金项目基础上修改成书的。马闯博士、杨曦博士参与了课题的研究，分别承担了本书第三章和第五章的研究写作工作，在写作的过程中，两位作者精益求精，对其承担的部分进行了多次不厌其烦的修订和完善，出色完成了写作工作。社会治理河南省协同创新中心为本课题研究提供了巨大的调研便利和平台支撑作用，中心每年都承办了地方社会治理的研讨会，会议上我有幸与杨雪冬主任、应星教授、李连江教授、蔡永顺教授、胡洁人教授、刘正强教授、王国勤教授、詹晶教授、马翠军教授等进行探讨交流，对本研究的立意和框架都产生了直接的影响。中心主任郑永扣教授的现实关怀、学术视野和问题意识为本书的研究指明了方向，使我能够一直向下扎根，走在田野上。郑州大学政治与公共管理学院院长高卫星教授创造了良好的工作环境，为本书的出版提供了很大的帮助。对这一切，我的心中充满了感激和感恩之情。

　　这是一个基于3个县调研基础上的个案研究，这一研究的完成得益于许多人无私的帮助。高建军书记、李伟革书记、张会云主席、郭富珍局长、施桂红主任、刘振敏书记等对我调研的完成给予了很大的帮助。我的同事黄辉博士参与了本书资料的搜集和前期调查和研究工作，对本书的完成付出了很大的心血。我的博士生刘晓凤博士全程参与了本课题的资料整理、研究写作和课题管理工作，她勤奋好学、严谨细致，执行力强，对本课题的研究做出了巨大的贡献。我的学生周勇振、张玉娇、李岚春、王艺、李晨煜、王高松、杜鹏辉、耿琼琼、郭志会、王怡楚、刘乐英、王怡娜、陈诗轩、马秋爽等参与了本书调查和资料整理工作，没有他们，本研究不可能如此顺利得以完成。樊琳琳、蔡子瑜、张文玥、汪冰洁、王新星、王鑫鑫、刘东梅等参与了本书的校对工作，在酷热的暑假，她们牺牲了休息时间协助完成了书稿的审订工作。我还要再一次感谢中国社会科学出版社冯春凤女士，她对本书的出版做出了卓越的贡献。

本书的整体框架和思路由笔者提出，第一、二、四、六、七章由笔者完成，从整体框架上来看，在理论对话与现实经验提炼方面还有很多有待提升和改进的地方，在经验和理论之间惊险的一跃，还有待于进一步小心求证，当然，很多疏漏和不足之处完全由笔者自己承担。